QUANCHENG
XUEXIDAN

全程学习单
素养导向的过程性评价实践新探

汤 岚 宋婷婷 等著

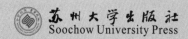

图书在版编目(CIP)数据

全程学习单:素养导向的过程性评价实践新探/汤岚等著. --苏州:苏州大学出版社,2024.12.
ISBN 978-7-5672-5147-2

Ⅰ.G627.3

中国国家版本馆 CIP 数据核字第 2024FW2258 号

QUANCHENG XUEXIDAN——SUYANG DAOXIANG DE GUOCHENGXING PINGJIA SHIJIAN XINTAN

书　　名：全程学习单——素养导向的过程性评价实践新探
著　　者：汤　岚　宋婷婷　等
责任编辑：沈　琴
助理编辑：任雨萌
出版发行：苏州大学出版社(Soochow University Press)
社　　址：苏州市十梓街1号　邮编:215006
印　　装：苏州市越洋印刷有限公司
网　　址：www.sudapress.com
邮　　箱：sdcbs@suda.edu.cn
邮购热线：0512-67480030
销售热线：0512-67481020
开　　本：787 mm×1 092 mm　1/16　印张:18.5　字数:405千
版　　次：2024年12月第1版
印　　次：2024年12月第1次印刷
书　　号：ISBN 978-7-5672-5147-2
定　　价：58.00元

凡购本社图书发现印装错误,请与本社联系调换。服务热线:0512-67481020

全程学习单：多维赋能核心素养落地

苏州市沧浪实验小学校汤岚校长的团队近些年来一直在探索核心素养培育的校本路径，全程学习单作为一种创新的教学工具应运而生。全程学习单以其独特的设计理念和功能，从多维度为核心素养落地提供了有力支撑。

一是以核心素养为引导。核心素养是新课程方案中的统摄性概念，汤岚校长团队开发全程学习单，就是指向核心素养这一课程目标。其基本特点包括以下三个方面：第一，多维度。核心素养本身就具有价值观、关键能力、必备品格等不同的要素和表现维度。这些要素和表现维度在有的课程或学科中是直接对应的，如科学、地理、体育等；在有的课程或学科中是综合体现的，如语文、数学等。汤岚校长的团队主要依据课程目标，对课程（学科）核心素养进行多维度描述，以体现学科育人目标的完整性。如在语文教学中，围绕识字与写字、阅读与鉴赏、表达与交流、梳理与探究等语文实践活动方式，完整刻画了核心素养的表现样态。第二，多层级。从教学落实看，汤岚校长的团队对核心素养目标进行了四个层级的分解：课程（学科）素养目标、学段素养目标、单元素养目标、单篇（节）素养目标，这就使得整体视野中的具体化图景与整体图景相互关联，相互作用。第三，多形态。因为知识呈现方式不同，各种课型有异，素养目标的表达也应该与各自特点匹配。认知课程与经验课程的价值定位、功能定位是不同的，素养目标的研制若能体现课程类型和课程模块各自特点，就能有效地对课程实施进行正确的导航。

二是以"做事情"为载体。新课程方案将"变革育人方式，突出实践"作为义务教育课程应遵循的基本原则之一，这是因为人们普遍认识到，核心素养是在"做事情"上培育，并在"做事情"中体现出来的。苏州市沧浪实验小学校的教师把"做事情"作为核心素养培育的基本载体，他们的"做事情"，其一是指向核心知识的，设计的学习活动总是引导学生触摸知识的肌理；其二是有召唤性的，即将情境任务一体化，使"事情"具有内在的磁力；其三是与积极的学科实践活动相结合的，以学习者为中心，学生在实践活动中过着有尊严的内心期望的学科生活；其四，"做事情"是通过学习共同体协商一起完成的，即在集体学习的模式下讨论问题，开发不同个体交互作用、创造更多积极可能，我们从案例中看到苏州市沧浪实验小学校学习组织的创新，看到他们那么重视教学中多重对话的作用，就可以体会到"做事情"包含了意义协商和同向协力；其五，"做事情"是有始有终的，如杜威说："我们在所经验到的物质走完其历程而达到完满时，就拥有一个经验。"这里的"一个"包括了时间维度的有始有终，新课程方案语境中的"做事情"有始有终，意为从源初经验出发，在体验、建构形成抽象认知后，又回到源初经验的知识具体化应用。苏州市沧浪实验小学校教师的教学案例，都是具备这些特点的。

三是以思维进阶为主线。教学就是引导思维，"做事情"的本质就是发展思维。汤岚校长的团队深谙此道，全程学习单以思维进阶为主线。第一，以思维进阶形成学习内在结构，围绕思维进阶形成渐次推进、拾级而上的学习板块。所有学习单的框架都体现了思维进阶，课前、课中、课后，循序渐进的学习单又形成整个学习过程的思维进阶。第二，通过思维进阶，落实深度学习。教师倡导积极的课堂文化，引导学生在惬意的情境中启迪灵慧；创设问题情境，引导学生寻找可能的解决方法；加强教学的针对性，引导学生科学得体地运用思维方法；重视知识的深度加工，引导学生通过思维领悟学科基本思想；关注思维的连续性，引导学生触类旁通，思接千载，让思维向四面八方打开。第三，让学生在思维发展中形成完整的知识。教师从课程知识的结构化出发，引导学生自主建构认知图式和知识结构，将思维、情感、审美融为一体，在"做中学""用中学""创中学"。其四，"学会"与"会学"相互促进。"学会"和"学会学习"是学习的双重使命，真正"学会学习"才是"学会"的完整意义。而"学会"对"学会学习"又有促进和催生的作用，针对传统教学对"会学"的关注度不够的弊病，汤岚校长的团队开发了蓄能学习单，使"学会学习"有了具体的落脚点。

四是以"教—学—评"一体化为特征。泰勒在《课程与教学的基本原理》中指出教学的四个基本问题：(1) 学校试图达到什么教育目标？(2) 提供什么教育经验最有可能达到这些目标？(3) 怎样有效组织这些教育经验？(4) 如何确定这些目标正在得以实现？"教—学—评"一体化是解决以上问题的核心，而苏州市沧浪实验小学校的全程学习单就是为"教—学—评"一体化服务的学习工具。通过多年探索，他们形成了自己的特点：第一，从呼应到融合。所谓"呼应"，是教、学、评在学习目标这个聚焦点上相互策应；所谓"融合"，是教、学、评三者之间你中有我，我中有你，前者主要是"一致性"，后者则可称为"一体化"。第二，把过程性评价落到实处。过程性评价为评价和发展学生的核心素养提供了生动的、丰富的过程性证据，它将评价视角从关注结果转向关注学习过程，使评价对教学的促进更准确、更及时。全程学习单的"全程"，就是让整个学习过程"被看见"，为过程性评价的展开提供了基本条件。第三，充分发挥评价积极的杠杆作用。评价包含在学习设计过程中，促进逆向教学设计，落实以终为始，提升教学效率。通过蓄能学习单、单元学习单，引导学生自我反思，自我提升，也推动教师基于证据和数据的教学反思，较好地发挥了评价促进发展的功能。

CONTENTS 目 录

第一章　绪　论　/ 1

第二章　概念阐释　/ 13
 第一节　全程学习单的定义与内涵　/ 13
 第二节　全程学习单的核心要素　/ 15
 第三节　全程学习单的功能与作用　/ 17

第三章　理论基础　/ 24
 第一节　建构主义理论　/ 24
 第二节　情境学习理论　/ 27
 第三节　多元智能理论　/ 30
 第四节　全人教育理论　/ 34

第四章　设计原则　/ 39
 第一节　目标性原则　/ 39
 第二节　主体性原则　/ 45
 第三节　实践性原则　/ 50
 第四节　系统性原则　/ 55
 第五节　开放性原则　/ 59

第五章　评价实施　/ 64
 第一节　评价内容与指标　/ 64
 第二节　评价主体多元参与策略　/ 74
 第三节　定性与定量评价方式的运用　/ 88
 第四节　评价结果的有效处理　/ 94

第六章　学科案例　/ 99

第一节　语文学科案例　/ 99

第二节　数学学科案例　/ 144

第三节　英语学科案例　/ 187

第四节　科学学科案例　/ 227

第五节　跨学科案例　/ 248

第七章　实践成效　/ 270

第一节　学生发展　/ 270

第二节　教师成长　/ 278

第三节　学校品牌形象的有力塑造　/ 282

参考文献　/ 287

第一章 绪 论

教育评价作为衡量教育质量、引导教育实践的核心机制，其历史沿革与时代发展紧密相连，不仅映射出教育理念与文化背景的深刻变迁，更为现代教育评价体系的构建提供了宝贵的经验。本章旨在深入探索教育评价的历史根源与新时代背景下的改革动向，进而聚焦以全程学习单为抓手的过程性评价创新实践，为教育实践者提供一套科学、全面、有效的评价工具与方法，推动教育评价改革向更深层次迈进。

一、关于教育评价的历史溯源

在教育领域，教育评价作为衡量教育质量、指导教育实践的重要手段，其发展轨迹既深刻反映了不同文化背景下教育理念的演变，也为我们理解现代教育评价体系提供了丰富的历史。以下，我们将追溯教育评价的历史，从中国古代教育评价的发展脉络，到国外教育评价的历史进程，再到我国现代教育评价的演变之路，共同探索这一关键教育领域的发展历程。

（一）中国古代教育评价的发展

中国古代教育评价活动与选拔官员的制度紧密相连，逐渐演化出一套涵盖教育、考试及人才选拔的严密体系。

1. 西周的"视学"考试制度

西周时期的"视学"考试制度是我国学校教育评价实践的起源。学生按年度入学，并接受定期的考核。第一年考查文义与志向，第三年考查学业与同窗切磋，第五年评估学识与尊师，第七年检验论学与择友。这一系列考核通过后称为"小成"，第九年若学生能融会贯通则视为"大成"。这一制度不仅激发了士子们追求学问的热情，也为后来的教育评价与选士制度相融合的发展模式开辟了道路。

2. 汉代的"学选"制度

汉武帝设立的太学不仅是最高教育机构，还兼具考试机构的职能。太学未设定固定学习年限，学生通过考试即可毕业并获得官职。西汉时期，太学实行一年一次的考试制度，通过者授予官职，称为"学选"。东汉时考试频率调整为每两年一次，考试办法称为"策试"。

3. 隋唐的学校考试制度

从隋唐开始，学校考试制度随着科举考试的发展而发展。学校考试分为旬考、岁考、毕业考。旬考后因时间太密改为月考，岁考考一年所学课程，毕业考则由博士出题，国子祭酒监考。这一系列考试制度为学生提供了逐步晋升的机会，同时也为选拔人才提供了依据。

4. 宋代的"三舍法"

宋代王安石在改革太学时创立了"三舍法"。该制度采用升舍考选制度，将太学分为外舍、内舍、上舍三等，学生依次升舍。上舍生考试成绩优异者直接授官，中等者参加殿试，下等者参加省试。这一制度不仅注重学问，还强调德行，实施积分法，使总成绩评定更加合理、准确。

5. 元朝的"升斋积分法"和"贡生制"

元朝国子学实行"升斋积分法"和"贡生制"。学员按教育程度分别编入三斋（后改为六斋），每季考核，依次递升。坐斋三年以上即可充贡举，最优者可直接授官。这一制度延续了西周以来学校考试与选士制度相结合的传统。

6. 明朝的"六堂教学法"

明朝国子监教学组织分为"六堂"，初等生员入"正义""崇志""广业"三堂，修业一年半以上；中等生员入"修道""诚心"二堂，修业期满后升高等，入"率性"堂。生员升入"率性"堂后，用积分制按月考试，积分达到八分者为及格，毕业后派相应官职。

回顾中国古代教育评价历史，可以发现两大特征：一是教育评价与选拔官员制度紧密相连；二是科举考试制度成为教育评价体系的典范。随着科举考试在不同朝代的演变，人们对考试价值及其与学校教育之间关系的理解日益深刻，从而在考试的组织架构、管理规范、实施方法以及评分标准等方面，逐渐构建起一套相对严密且系统的制度。这不仅是中国传统文化的一大亮点，也是教育评价理论与实践领域的重要贡献，为现代教育评价体系的萌芽与发展提供了宝贵的实践经验和基础。

（二）国外教育评价的发展历史

尽管教育评价的思想在中国源远流长，但教育评价作为一个科学概念的明确提出、现代教育评价理论和方法的系统探索，以及将其作为一门独立学科的研究与发展，均始于20世纪上半叶的美国。依据教育评价方法的演变，我们将西方教育评价的历史划分为三个阶段：萌芽期、发展期、重建期。

1. 萌芽期（20世纪30年代以前）

现代教育评价虽然产生于20世纪30年代的"八年研究"，但在此之前，教育评价已在西方学校教育中以萌芽和片段的形式存在和发展了很长时间。这一时期的教育评价实践丰富，但尚未形成专门的理论体系。

以考试为主的时期。在19世纪上半叶以前，学校评价学生的基本方法是口试。这种评价通常伴随教学进行，或在教学之后进行，具有较大的随意性和主观性，没有统一的标准，缺乏客观性。随着工业革命的到来，提高劳动者素质和技能成为迫切需求，笔试逐渐取代口试成为主要的评价形式。1702年，英国剑桥大学首次以笔试代替口试，1845年美国马萨诸塞州波士顿教育委员会也倡导以笔试考查毕业生，笔试在西方得到官方认可。至19世纪下半叶，笔试成为西方学校考试的主要形式。

以教育测验为主的时期。19世纪末，实证主义对客观性与科学性的追求促使人们关注笔试中的问题。为解决笔试主观性强、难以全面反映学生学习情况的问题，学者们展开了大量研究，提出用教育测验替代传统考试。1864年，英国格林尼治医学校校长费舍尔公布首个基于价值标准的评分量表，标志着用科学方法研究教育测验的初步尝试。1897年，美国巴尔的摩市教育长莱斯发表拼字测验结果，引起广泛关注，被誉为教育测量的先驱。1904年，桑代克出版《精神与社会测验学导论》，详细介绍了统计方法和测验编制原理，标志着教育测验运动的开端。随后，美国麦柯尔进一步补充了测验理论，桑代克编写了标准化测验工具，成为教育测验史上最早的标准量表。

教育测验运动长达20多年，其间测验研究取得显著成果，测验范围广泛、类型多样，包括学业成就测验、智力测验、人格测验等。同时，编制了大量测验量表，追求科学性与客观性。然而，随着教育测验运动的发展，其弱点也逐渐显现，如测验只能进行片段性测定，无法全面了解人格与知识的发展过程；注重客观信度而忽视效度；教师采用的学业测验过于依赖教科书；测验或考试容易培养个人主义和被动式学习态度。因此，对教育测验的批判以及对教育评价思想的倡导应运而生。

2. 发展期（20世纪30年代—20世纪70年代中期）

这一时期从泰勒主持的"八年研究"开始，至20世纪70年代中期止，是现代课程评价从产生到繁荣发展的一段时间。

泰勒模式阶段（1930—1945）。1929年至1933年，资本主义世界遭遇经济危机。与此同时，美国高中课程内容狭窄、教学考试依赖教科书，无法满足社会需求和学生兴趣。为了应对这一挑战，美国进步主义教育协会领导了"八年研究"。为了评估课程改革成效，他们邀请了泰勒教授进行评估。泰勒及其团队对当时的教育测验运动进行了深刻反思，指出传统测验过于以教科书为中心，忽略了对学生运用知识解决实际问题的评估。因此，他们强调测验应基于明确的教育目标进行设计和实施，首次明确提出了"教育评价"的概念，并将教育目标作为评价过程的核心要素，同时详细阐述了实施评价的具体方法、步骤以及评价结果的运用。这一理念构成了泰勒的"目标模式"，也称"泰勒模式"。

稳定发展阶段（1946—1957）。在这一阶段，教育评价研究虽未取得突破性进展，泰勒模式依然占据重要地位并发挥着指导作用，但也产生了若干新的成就与发展。一方面，标准化测验迎来迅速发展时期，众多全国性标准化测验应运而生；另一方面，评价技术也取得了进一步发展，教育目标分类学的出现是一大亮点。为了向方案设计人员提供明确方向，需要清晰表述教育目标。因此，在20世纪50年代至60年代早期，与泰勒评价模式相契合的技术得到发展，教育目标分类的研究也随之兴起。布鲁姆及其团队提出了认知领域的教育目标分类学；克拉斯沃尔则完成了情感领域的目标分类体系，这些成果对泰勒模式的运用与推广产生了积极推动作用。

反思与改造阶段（1958年—20世纪70年代中期）。1958年，美国联邦政府出台《国防教育法》，规定投入大量资金推动新教育计划发展，并明确要求对实施的新教育计划进行评估。然而，当人们遵循泰勒模式评估政府投资效益时，一些问题逐渐被暴露出来，促使一些学者开始质疑泰勒模式的有效性和适用性。

3. 重建期（20世纪70年代以来）

20世纪70年代起，全球经济的快速增长和对教育质量的更高要求推动了教育改革的全面深化。在此背景下，对泰勒评价模式的批判从局部调整转变为全面审视与重构，教育评价领域呈现出多元化、活跃化的态势。众多新的评价观点和方法涌现，包括决策导向评价、目标游离评价、阐释性评价、对手式评价、效用评价等。

进入20世纪70年代后，学者们在批判泰勒模式的过程中逐渐意识到其根本性局限：若教育评价仅围绕预设目标展开，目标的合理性和可行性如何确保？教育活动往往伴随非预期效应，这些又该如何评价？教育过程是个人自我实现的过程，每个人都是自身生活的主宰，用统一目标和模式束缚个体发展、以固定标准衡量教育成果显然不可取。

在对泰勒模式的质疑与批判声中，教育评价领域开始了重构之旅，一系列全新评价理念和模式应运而生，其中，目的游离模式、应答评价模式和自然主义评价模式尤为突出。这些模式针对泰勒模式的局限，提出了目的游离、重视过程、关注评价参与者需求、强化自然主义质性评价等评价思想，并发展了一系列相应的方法和技术。这一持续的批判与重构努力反映了近几十年来多元化政治、社会和哲学思潮对教育评价的影响，预示着教育评价模式未来的发展趋势。

（三）中国现代教育评价的发展

尽管古代中国孕育了教育评价思想的萌芽，但这些思想未能得到充分发展。直到中国1905年废除科举制度，借鉴西方现代学校体系，现代意义上的教育评价才开始兴起。历经一个多世纪的发展，中国逐渐构建起具有自身特色的现代教育评价体系。

1. 断续发展阶段（1905—1977）

初步建立现代教育测评制度。鸦片战争后，中国思想界经历变革，推行"新教育",包括建立新学堂和制定新学制,加速了科举制度的衰落,推动了新型教育评价制度的诞生。壬寅和癸卯学制中,教育体系被划分为三等七级,详细规定了各级各类学校的培养目标、测评考试制度及评分标准。

初步探索心理与教育测量。克雷顿在广东进行心理测试,标志着测验方法传入中国。樊炳清介绍"比纳—西蒙量表",俞子夷编制"小学生毛笔书法量表"。中国测量学会于1931年成立,加强了相关理论研究。

引进苏联评价模式。20世纪50年代初期至中期,中国全盘学习苏联,教育评价研究主要是学习苏式成绩考评法。20世纪50年代末至60年代初,中苏论战爆发,教育系统对苏联教育模式由学习转为批判。

2. 理论积累阶段(1977—1985)

引进国外教育评价研究成果。20世纪70年代末,教育评价研究兴起。80年代初,我国学者译介国外教育评价文章及专著。1984年,中国加入IEA(国际教育成就评价协会),开展大规模现状调查和评价。

开展教育测评的理论与实践研究。各级、各类学校的教育测验和评价实践活动逐渐恢复发展。学期、学年考试制度重新恢复,百分制成为学生评价的主流方法。华东师范大学心理系和上海市教科所联合进行学科考试研究,标志着我国学科评价的开端。

3. 持续发展阶段(1985—2001)

1985年,《中共中央关于教育体制改革的决定》颁布,标志着我国教育改革进入新阶段。其后,国务院指出要加强教育事业管理,逐步建立系统的教育评估和监督制度。

成立专门的教育评价研究机构。1988年,我国成立"全国普通教育评价研究会",后更名为"全国普通教育评价专业委员会"。1991年,"中国教育评估研究协作组"成立。1992年,国家教育委员会成立"全国高等学校设置评议委员会"。1994年,"中国高等教育学会高等教育评估研究会"成立。

初步构建我国的教育评价理论体系。1985年以后,我国学者开始编辑教育评价教材和专著,形成了一批教育评价理论研究成果,初步构建了我国的教育评价理论体系。这一时期出版的教育评价相关理论著作有40余部。

出台一系列教育评价改革政策。1990年,国家教育委员会发布了《普通高等学校教育评估暂行规定》,标志着我国教育评价活动走向规范化。1993年,《中国教育改革和发展纲要》对与市场经济相适应的教育体制改革目标及教育评价的地位、作用做出了明确规定。

4. 全面改革阶段(2001年以后)

2001年,教育部启动新一轮基础教育课程改革,颁布《基础教育课程改革纲要(试行)》等一系列政策文件。

全面推行发展性评价体系。《基础教育课程改革纲要(试行)》提出改变课程评价过分强调甄别与选拔的功能，发挥评价促进学生发展、教师提高和改进教学实践的功能。建立促进学生全面发展的评价体系，注重过程评价、多元评价、全面评价。在此指导下，我国重构了中小学课程标准与教材，广泛实践学生、教师、课堂、学校及课程教材的评价改革。

教育评价理论研究走向深化。进入21世纪，针对课程发展中出现的挑战，我国教育评价领域的专家进行了广泛而深入的理论探索。近十几年来，以教育评价为主题的出版物已超过百部。

进一步完善高校招生考试制度。2004年秋季，高中新课程改革实验在多地启动，随后全国所有省份的高中均全面推行这一轮课程改革。2014年，国务院颁布《关于深化考试招生制度改革的实施意见》，指出考试招生制度存在的问题，并提出改革方向。

推进教育管办评分离。2015年，教育部发布《关于深入推进教育管办评分离 促进政府职能转变的若干意见》，旨在推动教育管办评分离，明确政府、学校、社会三者的权责界限，构建新型良性互动关系。

总体来看，改革开放以来，我国教育评价在理论与实践层面均取得了稳步进展，特别是在新世纪课程改革的推动下，教育评价改革已触及更深层次的问题。随着教育改革的深入，教育评价势必将朝着更加科学与合理的方向迈进。

二、新时代教育评价改革和全程学习单的提出

在新时代教育评价改革的背景下，教育评价作为衡量教育质量和学生发展水平的重要标尺，正经历着前所未有的变革。为促进学生全面发展、引领教育发展方向，如何将宏观的教育政策导向与微观的教学实践创新连接起来，新时代赋予了教育评价新的使命和内涵。在这场变革中，苏州市沧浪实验小学校以其前瞻性的视野和扎实的实践基础，聚焦教学评价领域的探索与实践，提出全程学习单与过程性评价的融合探索，以期为教育实践提供新的思路和方法，推动教育评价改革向纵深发展。

（一）新时代教育评价改革的政策指引

我国教育改革正以前所未有的力度和深度向前推进，其中教育评价改革作为关键一环，对于引领教育发展方向、促进教育公平与质量提升具有至关重要的作用。近年来，一系列关于深化教育评价改革的政策文件相继出台，为构建更加科学、全面、公正的教育评价体系提供了根本遵循和行动指南，体现了我国教育评价改革的深远规划和宏伟蓝图，对推动我国教育事业高质量发展具有重要意义。

1. 深化新时代教育评价改革的总体要求

2020年10月13日，中共中央、国务院印发了《深化新时代教育评价改革总体方案》（以下简称《总体方案》），明确提供了教育评价的方向和指引，充分体现了我国教

育评价改革的长远规划和宏伟蓝图。《总体方案》指出："教育评价事关教育发展方向，有什么样的评价指挥棒，就有什么样的办学导向。"《总体方案》提出的改革目标是经过 5 至 10 年的努力，促进学生全面发展的评价办法更加多元以及社会选人用人方式更加科学。到 2035 年，基本形成富有时代特征、彰显中国特色、体现世界水平的教育评价体系。

《总体方案》明确提出了"五个坚持"的主要原则。一是坚持立德树人。这是教育评价改革的根本任务，强调为党育人、为国育才的使命，通过教育评价的指挥棒作用，引导确立科学的育人目标，确保教育正确发展方向。二是坚持问题导向。从党中央关心、群众关切、社会关注的问题入手，破立并举，推进教育评价关键领域改革取得实质性突破，体现了改革的针对性和实效性。三是坚持科学有效。通过改进结果评价、强化过程评价、探索增值评价、健全综合评价等方式，充分利用信息技术，提高教育评价的科学性、专业性、客观性，进而提升教育评价的质量和水平。四是坚持统筹兼顾。针对不同主体和不同学段、不同类型教育特点，分类设计、稳步推进，增强改革的系统性、整体性、协同性，体现了改革的全面性和协调性。五是坚持中国特色。扎根中国、融通中外，立足时代、面向未来，坚定不移走中国特色社会主义教育发展道路，强调了教育评价改革要体现中国特色和时代特征。

2. 构建中国特色义务教育评价体系

与《总体方案》相配套，2022 年 3 月，中华人民共和国教育部制定了《义务教育课程方案（2022 年版）》（以下简称《课程方案》），《课程方案》提出了聚焦中国学生发展核心素养，培养学生适应未来发展的正确价值观、必备品格和关键能力，引导学生明确人生发展方向，成长为德智体美劳全面发展的社会主义建设者和接班人的指导思想。明确教学评价改革重点，细化了评价与考试命题建议，注重实现"教—学—评"一致性。

《课程方案》在课程实施中提出要改进教育评价。全面落实新时代教育评价改革要求，改进结果评价，强化过程评价，探索增值评价，健全综合评价，着力推进评价观念、方式方法改革，提升考试评价质量。更新教育评价观念，强化素养导向，注重对正确价值观、必备品格和关键能力的考查，开展综合素质评价。倡导评价促进学习的理念，注重提高学生自我评价、自我反思的能力，引导学生合理运用评价结果改进学习。严格遵守评价的伦理规范，尊重学生人格，保护学生自尊心。创新评价方式方法，注重对学习过程的观察、记录与分析，倡导基于证据的评价。关注学生真实发生的进步，积极探索增值评价。加强对话交流，增强评价双方自我总结、反思、改进的意识和能力，倡导协商式评价。注重动手操作、作品展示、口头报告等多种方式的综合运用，关注学生的典型行为表现，推进表现性评价。

3. 其他关于新时代教育评价改革的论述

2021 年 3 月，教育部、中共中央组织部、中共中央机构编制委员会办公室、国家发展和改革委员会、财政部、人力资源和社会保障部六部门制定了《义务教育质量评价指南》，提出："遵循学生成长规律和教育规律，加快建立以发展素质教育为导向的义务教育质量评价体系，强化评价结果运用，健全立德树人落实机制，构建德智体美劳全面培养教育体系。"坚持育人为本，面向全体学生，注重综合素质评价，促进全面培养。坚持问题导向，完善评价内容，突出评价重点，改进评价方法，统筹整合评价。坚持以评促建，强化过程性评价和发展性评价，有效发挥引导、诊断、改进、激励功能。

2021年12月，教育部印发了《普通高中学校办学质量评价指南》，提出注重学生发展："包括品德发展、学业发展、身心健康、艺术素养和劳动实践等5项关键指标，旨在考查学生德智体美劳全面培养全面发展情况，引导学校注重加强德育、体育、美育和劳动教育，引导学生注重提高自身综合素质，扭转重知识、轻素质的倾向，培养学生适应终身发展和社会发展需要的正确价值观、必备品格和关键能力。"

2023年5月，教育部办公厅印发了《基础教育课程教学改革深化行动方案》，提出："改进和完善学生评价。落实《义务教育质量评价指南》《普通高中学校办学质量评价指南》中关于学生评价的相关要求，建设义务教育质量评价指南自评系统，研究制订《中学生综合素质评价实施指南》，指导各地各校对标研判、依标整改，引导广大教师注重过程性、实践性、发展性评价，促进学生全面健康发展。"

（二）苏州市沧浪实验小学校的教学评价研究

在教育改革的大潮中，苏州市沧浪实验小学校始终站在时代的前沿，积极探索教学评价的新路径，致力于构建更加科学、全面、有效的评价体系。自20世纪80年代以来，学校便开始了对教学评价的改革，历经数十年的不断探索与实践，逐步形成了具有鲜明特色的教学评价模式。

20世纪80年代初，学校即对制约学生全面发展的瓶颈——考试制度实施改革，将平时形成性测试与期终的总结性考查相结合，加入了能力考查，建立了推行免试制度。学校在"九五"期间，开展了"小学生素质全面发展的评价体系的实践与研究"，首创以"素质报告书"来代替传统的"成绩报告单"，对学生的评价从成绩评定到关注素质，此举得到了专家、领导的肯定；"十五"期间，着力"多元化个性化的评价体系的研究"，开拓了评价的视角；"十一五"期间，尝试基于"差异"理论，以"小学差异评价促进学生发展的实践研究"为题，进行了"十一五"教育部重点规划课题子课题的研究，初步形成了差异评价策略；"十二五"期间，继续进行差异教学与评价研究，获得"十二五"教育科研先进集体称号，并在苏州市义务教育综合质量评价改革实验项目中，进行"炫彩评价"的校本研究，深化评价内涵。2014年4月，学校《差异评价促进学生自主学习》被评为"苏州市'教是为了不教'教育教学改革实验成果一等奖"。2015年12月，学校被评为苏州市义务教育改革项目工作先进集体，项目研究成果获苏州市义务教育改革项目优秀成果二等奖，并于2016年和2017年分别获得苏州市教育教学成果二等奖、江苏省教学成果二等奖。此外，学校与苏州大学、华中师范大学苏州研究院建立了长期的教学合作关系，两所大学为项目提供了技术、资源、教学研究等各方面的支持。

从 2018 年起，苏州市沧浪实验小学校参加江苏省基础教育前瞻性教学改革实验，开展"'全息化'学习单研发与应用"项目研究。项目旨在丰富学习单资源建设，形成学习单评价系统，构建智能物质平台，项目内容涉及教师培训工程、平台建设研究、课堂改进策略研究、评价体系研究等。项目注重前瞻理念引领，精准设计了"全息化"学习单，聚焦学科核心知识，旨在驱动学生的自主学习，通过构建包含导学、探究、练习、检测四个环节的"四单"框架，有效地提升了学生的学习能力。实践创新成果丰硕，成功形成了基于"全息化"学习单的教学范式，学生经历了从提出问题到探究、验证、拓展的完整学习过程。同时，创新了学习评价模态，确立了明确的学习目标，制定了科学的评价标准，实现了学与评的深度融合，并利用大数据技术对教学效益进行了精准评估。教学效能显著提升，实现了 4 个关键转变：导引自主性，使学生学习更具主动性；合作交往性，促进了学生之间的交流与合作；延展深度性，加深了学生对知识的理解和应用；诊断精确性，通过精准评估学生的学习情况，提供了个性化的辅导策略。此外，学校推行了"全域时空"教育理念，延展了学生的学习时空，实现了知识的结构化教学，提升了学生的学习效果，激励了教师的专业成长，显著提高了教师的科研能力。辐射带动效果深远，研究成果得到了广泛推广，学校向苏州市沧浪教育集团成员校分享了经验，并与 9 所学校结成了研究联盟，共同分享和探讨"全息化"学习单的应用与实践，项目研究活动还多次被市级主流媒体报道，产生了广泛的社会影响。理论建树深厚扎实，系统阐述了"全息化"学习单的设计样态，深入探讨了其在教学中的应用价值，完整思考并构建了基于"全息化"学习单的教学范式，为教学实践提供了有力的理论支撑，精准实现了借助大数据分析的教学改进，为教学质量的持续提升提供了有力保障。

（三）过程性评价下全程学习单的提出

教育评价如同指南针，引领着教育的航向。随着新时代的到来，教育评价从传统的以分数论英雄，发展为如今多元化、全面化的评价体系，教育评价正在经历一场深刻的变革。在这场变革中，各种新型评价形式如雨后春笋般涌现，为教育的公平、质量和效率提供了新的可能。苏州市沧浪实验小学校在探索教育评价改革的过程中，提出将全程学习单融入过程性评价中，以期呈现一幅教育评价改革的新图景。

1. 新时代教育评价改革的多种形式

在新时代背景下，教育评价作为衡量教育质量和学生发展水平的重要手段，正经历着深刻的变革。新时代教育评价形式多样，如结果性评价、过程性评价、增值性评价、综合性评价等，对这些教育评价的理解，能为本书的研究提供理论支撑和实践参考。

结果性评价：结果性评价是在一个时间单元（如学期、学年）结束时开展的评价，提供了学生学业成就或者教育效果的证据。它属于正式评价，并有较高的利害性，评价设计和实施都相对严谨严格。结果性评价通常具有标准化和客观化的特点，如期末考试、升学考试等，这些评价结果在很大程度上决定了学生的教育机会和未来发展。

过程性评价：过程性评价是一种关注学生学习全过程、强调动态性和发展性的评价方式。它主张将评价嵌入教学过程，通过对学生学习行为、学习结果和学习态度的持续观察和分析，来评估学生的学习进展和素养提升。过程性评价具有灵活性、及时性和反馈性强的特点，有助于激发学生的学习兴趣和主动性，促进教学相长。

增值性评价：增值性评价侧重于评估学生在一段时间内的进步幅度和成长速度，强调评价的增值效应。这种评价方式有助于关注学生的个体差异和发展潜力，鼓励学生在原有基础上不断进步。然而，增值性评价的实施难度较大，需要建立科学的评估体系和长期的跟踪观察机制。

综合性评价：综合性评价是对学生德智体美劳等多方面发展情况的全面评价。综合性评价的评价内容、手段和主体多元，包括学生综合素质评价、学校综合评价等。它可以是过程性评价，也可以是结果性评价，还可以将增值性评价作为指标内容。

2. 教育评价理念的革新与全程学习单的提出

《总体方案》指出："树立科学成才观念。坚持以德为先、能力为重、全面发展，坚持面向人人、因材施教、知行合一，坚决改变用分数给学生贴标签的做法，创新德智体美劳过程性评价办法，完善综合素质评价体系，切实引导学生坚定理想信念、厚植爱国主义情怀、加强品德修养、增长知识见识、培养奋斗精神、增强综合素质。"随着教育改革的深入推进和教育评价理念的不断更新，评价不再仅仅是一种静态的、终结性的活动，而是逐渐融入教学过程中，成为促进学生全面发展的重要手段。在这一背景下，全程学习单的概念应运而生。全程学习单旨在记录学生在学习过程中的各项表现与成就，包括但不限于课堂参与度、团队合作能力、创新思维、问题解决能力、道德品质展现以及实践操作技能等。它强调评价的全面性、过程性和发展性，通过记录学生在不同学习阶段的表现，为教师提供更为详尽、多维的学生学习画像，从而帮助教师更好地了解学生的学习状态与需求，进而调整教学策略，实现因材施教。

3. 全程学习单与过程性评价的融合探索

全程学习单是一种以学生为中心、以学习过程为导向的学习工具。它贯穿于学生的整个学习过程，记录着学生的学习行为、学习结果和学习态度等方面的信息。全程学习单具有灵活性、个性化和即时反馈等特点，能够帮助学生更好地了解自己的学习状况和发展趋势。

过程性评价是通过分析受教育者在学习过程中的表现，判断教育方案、教育过程与教育活动中存在的问题，为正在进行的教育活动提供反馈信息，以提高教育者的学习质量和教育活动的质量而进行的评价。构建德智体美劳全面培养、"五育"并举的教育体系的关键是建立和完善以素质教育为导向的科学评价体系，通过创新德智体美劳过程性评价办法，扭转学生评价中以鉴定性、总结性评价为主，诊断性、过程性评价不足的现状，进一步强化德育、体育、美育和劳动教育的育人功能。

全程学习单与过程性评价的结合是本书研究的核心内容。通过将全程学习单作为过程性评价的载体，教师可以更加全面、准确地了解学生的学习状况和发展需求，从而为学生提供更具针对性的指导和帮助。同时，全程学习单还能够促进教师与学生之间的交流和互动，增强学生的学习主动性和自我管理能力。

三、本书各章节概览

本书共分为七章，分别从绪论、概念阐释、理论基础、设计原则、评价实施、学科案例、实践成效等方面进行了详细的论述。围绕如何以全程学习单为载体，实施过程性评价的创新实践，剖析素养导向教育评价的内涵与意义，阐述全程学习单的理论基础，为全程学习单的实践提供了理论依据和政策导向。关于全程学习单的设计，本书提出了明确的设计原则，提供了不同学科的学习单设计案例，包括语文、数学、英语、科学等，展示了如何根据学科特点和素养目标进行个性化设计及运用的案例。同时，本书阐述了基于全程学习单的过程性评价实施策略，包括评价主体多元化、评价指标体系构建以及评价结果的有效反馈与利用。

第一章：绪论。主要追溯了教育评价的历史发展，探讨了新时代教育评价改革的政策指引与苏州市沧浪实验小学校在教学评价领域的探索，提出了全程学习单这一概念，强调评价应贯穿于整个教学过程，简要论述了本书各章节的主要内容，为教育评价实践提供新思路和方法。

第二章：概念阐释。详细解析了全程学习单的定义、内涵、核心要素、功能与作用以及应用场景与限制。其中，核心要素包括学习目标设定、学习任务设计、学习资源整合和学习评价体系。全程学习单旨在促进学生自主学习、提升教学有效性并推动教育个性化。此外，该章还探讨了全程学习单在不同学科、年级和教学模式中的应用实例，以及可能面临的限制与挑战。

第三章：理论基础。从建构主义理论、情境学习理论、多元智能理论和全人教育理论四个角度，阐述了全程学习单设计的理论基础。这些理论为学习单的设计提供了指导，如建构主义理论强调学生在已有经验基础上主动建构知识，情境学习理论注重创设真实情境任务，多元智能理论倡导设计多样化任务以满足不同智能需求，而全人教育理论则强调学习单在培养学生认知、情感、意志等方面的作用。

第四章：设计原则。提出了全程学习单设计的五大原则：目标性原则、主体性原则、实践性原则、系统性原则和开放性原则。这些原则旨在确保学习单能够精准导航学习之旅,唤醒学生学习内驱力,搭建知识与应用的桥梁,编织学习的连贯网络,并拓展学习的无限可能。

第五章:评价实施。详细探讨了全程学习单评价实施的过程,包括多元评价主体的参与策略(学生自评、同伴互评、教师评价、家长评价)、定性与定量评价方式的运用以及评价结果的有效处理。这些措施旨在确保评价的全面性和有效性,为教学调整与学生学习改进提供依据。

第六章:学科案例。通过语文学科、数学学科、英语学科、科学学科以及跨学科全程学习单的设计案例,展示了全程学习单在不同学科中的应用实践。这些案例为其他教师提供了可借鉴的模板和思路。

第七章:实践成效。从学生发展维度、教师成长层面、学校品牌形象三个方面,总结了全程学习单实践取得的显著成效。学生方面,全程学习单提升了他们的学习成绩、自主与合作学习能力以及综合素养,促进了他们的个性发展;教师方面,全程学习单促使他们革新教学理念与方法,优化教学设计与组织能力,并推动教育科研与专业发展;学校方面,全程学习单有力塑造了学校品牌形象,提升了教学质量与特色,增强了教育声誉与社会认可,使学校发挥了示范引领与辐射带动作用。

第二章

概 念 阐 释

第一节 全程学习单的定义与内涵

全程学习单作为一种创新的教学工具应运而生。它以学生为中心，贯穿学习全过程，将学习目标、内容、方法及评价有机整合，为学生提供清晰的学习路径和自主学习框架，有助于激发学生的学习兴趣与主动性，培养多种能力，促进全面发展。

一、全程学习单的定义

全程学习单是教师依据教学目标与学情分析，为学生精心设计的贯穿学习全流程的引导性材料。它整合了课前预习、课中探究、课后复习与拓展等环节，以任务驱动、问题导向等形式，清晰呈现学习目标、内容、方法及评价标准，为学生自主学习搭建有效支架。与传统教学材料相比，全程学习单具有鲜明特色。传统教材多按知识体系编排，注重知识传授的系统性，而全程学习单聚焦学生学习过程，更具灵活性与针对性。它依据学生学习节奏与需求设计，能更好地激发学生主动性与创造性。这样的全程学习单使学生从被动接受转为主动探索，在过程中培养自主学习、合作探究与创新思维能力，促进知识整合与内化，提升综合素养。

全程学习单主要包含学习目标、学习任务、学习资源和学习评价等要素。学习目标是对学生学习预期结果的明确表述，应依据课程标准、教材内容与学生学情确定，具有明确性、可操作性与可检测性；学习任务是学生为达成学习目标需要完成的具体活动，设计时要紧扣目标，富有启发性与趣味性，兼顾个体差异，促进合作学习。学习资源是支持学生学习的材料与信息，包括教材、教具、多媒体资料及网络资源等，教师可筛选并整合优质资源，引导学生合理利用。学习评价是对学生学习过程与结果的评估，评价主体多元（教师、学生、家长），内容全面（知识技能、学习过程、情感态度），方式多样（定量和定性结合，如考试、作业、课堂表现观察、自我评价、小组互评等），及时反馈评价结果以促进学生学习改进与发展。

二、全程学习单的内涵

（一）导向自主学习

全程学习单以学生为中心，充分尊重学生的主体地位，旨在激发学生的学习兴趣与主动性，培养其自主学习能力与习惯。在课前预习方面，全程学习单引导学生在课前主动探索知识，激发他们对课文的兴趣，为课堂学习做好铺垫；在课中，全程学习单包括小组合作探究任务，通过小组合作，学生相互交流、启发，共同解决问题，培养了合作探究能力和团队精神；课后，教师可利用全程学习单布置拓展性任务，鼓励学生将课堂所学知识运用到实际生活中，拓展了学习的深度和广度，促进了知识的迁移与创新。通过全程学习单课前、课中、课后的系统设计，学生在各个学习环节都能发挥主体作用，自主规划学习路径、探究问题、总结经验，逐步形成自主学习的习惯和能力，实现从"要我学"到"我要学"的转变，为终身学习奠定坚实基础。

（二）促进知识整合

全程学习单在促进知识整合与跨学科学习方面具有显著作用。如环保类跨学科全程学习单，教师整合语文、数学、科学、美术等多学科知识。在学习过程中，学生发现，科学实验提供了环境污染的实际数据，语文倡议书则将这些数据和环保理念以文字形式传达给更多人，而美术宣传画又以直观的视觉形象吸引人们的关注，三者相辅相成，形成了一个较为完整的环保知识传播体系。这种跨学科学习方式打破了学科界限，让学生在真实情境中体验知识的实用性和关联性，培养了学生从多学科视角分析问题和解决问题的能力，为学生应对未来复杂多变的社会挑战奠定了坚实基础。

（三）引领知识过程

全程学习单在学习过程中发挥着重要的引导与监控作用。课前预习全程学习单中，教师引导学生自主选择任务主动思考，为课堂学习做好铺垫。在完成任务过程中，教师可通过检查全程学习单了解学生认知程度和掌握情况，发现问题及时给予个别指导，实现对学生预习过程的监控。课中探究全程学习单以问题导向和小组合作探究的形式，引导学生深入思考和实践，培养学生的动手能力、合作能力与逻辑推理能力。在学生探究过程中，教师巡视各小组，观察学生的操作方法、讨论情况，及时给予启发和引导，掌握学生对知识的理解与应用情况，及时调整教学节奏与方法。课后复习与拓展全程学习单包含总结和练习，加深了学生对知识的理解，提升知识应用能力；拓展任务则有助于激发学生的创新思维与探索精神，培养学生跨学科知识迁移能力。教师通过批改学生的总结和练习题，了解学生对知识的掌握程度和存在的问题，针对薄弱环节进行强化辅导；对拓展任务的完成情况进行评价，鼓励学生积极思考与创新，进一步提升学生的综合素养。

全程学习单通过明确各学习环节的任务与要求，为学生规划了清晰的学习步骤，提供了学习方法方面的指导，使学生在学习过程中有章可循，逐步深入探究知识。同时，教师借助全程学习单能够有效监控学生的学习进度与质量，及时发现学生的困难与问题，给予针对性的支持与帮助，从而更好地促进学生的学习与发展。

第二节　全程学习单的核心要素

全程学习单由四大核心要素支撑，包含学习目标、任务设计、学习路径和评价要求。四大核心要素紧密相连，学习目标引领任务设计，任务依循学习路径展开，评价要求贯穿全程，对学习成果进行检验与反馈，共同构成完整的全程学习单体系，助力学生高效学习。

一、学习目标

学习目标是全程学习单的核心与灵魂，精准定位学习目标对于教学活动的有效性起着至关重要的作用。为了确保学习目标既符合课程标准的要求，又能满足学生的实际需求，教师需要深入研究课程标准，将其细化为具体、可操作的学习目标，并充分考虑学生的学习基础、兴趣爱好和学习需求，使学习目标具有针对性和可实现性。

深入研究课程标准是精准定位学习目标的基础。教师应仔细研读课程标准，明确学科的总体目标、学段目标以及各知识点的具体要求。在深入理解课程标准的基础上，教师还须充分了解学生的学习基础、兴趣爱好和学习需求。通过课堂观察、作业分析、问卷调查、学生访谈等方式，收集学生的学习信息，分析学生的学习优势和不足，把握学生的学习兴趣点和学习动机。

此外，学习目标的表述应清晰、具体、可衡量，避免使用模糊、笼统的词语。同时，学习目标应涵盖文化自信、语言运用、思维能力和审美创造四个维度，促进学生素养全面发展。

二、任务设计

学习任务的设计是全程学习单的关键环节，优化学习任务设计对于激发学生的学习兴趣、提升学习效果具有重要意义。在设计学习任务时，应注重情境性与综合性，使学生在真实的情境中运用知识解决问题，培养学生的综合素养。

注重情境性，就是要紧密联系生活实际，创设真实有效的学习情境。例如，在数学学科中，学习"百分数的应用"时，可以创设商场购物打折的情境："某商场进行促销活动，一件商品原价500元，现在打8折出售，请问打折后的价格是多少？如果在此基础上再享受5%的会员优惠，最终需要支付多少钱？"这样的情境贴近学生的生活经验，能够让学生感受到数学在实际生活中的应用价值，从而提高学习的积极性。

强调综合性，即要整合多个知识点或学科领域，培养学生的综合运用能力和创新思维。例如，在综合实践活动中，开展"社区环境调查与改善方案设计"项目，学生需要运用数学知识进行数据统计和分析，运用语文知识撰写调查报告和方案，运用美术知识绘制宣传海报，运用社会学知识与社区居民沟通交流等。通过这样的综合性任务，学生能够打破学科界限，形成系统的知识网络，提高解决复杂问题的能力。

三、学习路径

强化学习路径功能是全程学习单设计与应用中的重要环节，对于提升学生的学习效果和促进其自主学习能力的发展具有重要意义。在实际教学中，教师应根据学生个体差异和学习进度，提供个性化的学习路径指导，以满足不同学生的学习需求；同时，随着学习过程的推进，动态调整学习路径，使其与学生不断变化的学习需求相适应，为学生的学习提供持续有效的支持。

个性化学习路径的设计与提供，需要教师深入了解每个学生的学习情况、兴趣爱好、学习风格以及知识储备等方面的差异。对于学习困难的学生，教师应提供更多的指导和提示，帮助他们逐步克服学习障碍。同时，教师还可以提供一些相似题型的解题范例，让学生通过模仿和借鉴，逐渐掌握解题技巧。对于学有余力的学生，教师则应提供拓展性的学习资源，激发他们的学习潜力。

动态调整学习路径是适应学生学习过程变化的必然要求。在学习的初期阶段，学生可能对所学内容较为陌生，需要较多的基础知识讲解和学习方法指导。教师可以提供详细的学习指南、概念解释和简单的练习，帮助学生建立起初步的知识框架。随着学习的深入，学生的知识水平和能力逐渐提高，教师应逐渐减少对学生的直接指导，增加问题的开放性和挑战性，引导学生自主思考和探索。此外，教师还应根据学生在学习过程中的反馈及时调整学习路径。如果发现学生在某个知识点或技能上普遍存在困难，教师应及时增加相关的学习指导，如组织小组讨论、进行专项辅导；如果学生对某个学习任务表现出较高的兴趣和能力，教师可以进一步拓展学习任务的深度和广度，提供更具挑战性的学习指导，满足学生的学习需求。

四、评价要求

完善的学习评价体系是全程学习单有效实施的重要保障，它对于全面、客观、公正地评估学生的学习情况，促进学生的成长与发展具有极为关键的作用。在构建学习评价体系时，应摒弃传统的只重视结果的评价模式，将过程性评价与发展性评价有机结合，充分发挥评价的激励、导向与反馈功能。

过程性评价关注学生在学习过程中的表现与进步，注重对学生学习态度、学习方法、参与度、合作能力等方面的考查。例如，在学生完成学习任务的过程中，观察他们是否积极主动地思考问题、是否善于与同伴合作交流、是否能够按时完成任务并及时反思总结等。通过课堂观察、学习日志、小组讨论记录等方式，收集学生在学习过程中的丰富信息，为全面评价学生提供翔实依据。

发展性评价则着眼于学生的长远发展，强调评价的激励与促进作用。它不仅仅关注学生当前的学习成绩，更重视学生在学习过程中所展现出的潜力与发展趋势。评价结果应以鼓励性、建设性的语言呈现，帮助学生树立学习信心，激发他们进一步探索与学习的热情。同时，根据学生的评价结果，为他们提供个性化的学习建议与发展方向指导，如推荐适合的学习资源、提出针对性的学习策略等，帮助学生更好地规划自己的学习路径，实现可持续发展。

第三节 全程学习单的功能与作用

全程学习单是学习的强力助推器。它发挥学习引导功能，让学生明确学习目标与路径。全程学习单的知识整合功能把零散知识串联，助于构建体系。全程学习单的评价反馈功能提供实时学习监测，给出多元反馈。同时，它还能促进学生自主学习，培养独立思考能力。凭借这些功能，全程学习单全方位助力学生成长，让学习更高效、更具深度。

一、全程学习单的功能

（一）学习引导功能

全程学习单的学习引导功能，是学生学习过程中的重要支撑，它能帮助学生更加自主、高效地开展学习活动。

小学阶段的学生理解能力有限，全程学习单上的目标表述力求简洁直白，让学生一目了然，清楚地知道学习后要达成的能力。将目标与学生日常生活相联系，增加目标的趣味性与可感性。同时考虑到学生个体差异，设置基础、提高、拓展三层目标。以三年级英语学习为例，基础目标是"掌握课本中重点单词和句型的听说读写"，提高目标为"能用所学单词和句型进行简单对话交流"，拓展目标是"尝试用英语描述自己的周末活动"，不同层次学生都能找到努力的方向。

在任务形式上力求丰富多样，依据不同学科特点设计任务，激发学生参与热情。任务内容上设计小组合作任务，并明确各成员分工。在语文综合性学习"探索传统节日"中，教师通过全程学习单安排"小组内成员分别负责收集不同传统节日的起源、习俗、相关诗词等资料，最后共同整理制作成手抄报"，确保每个学生都清楚自己在小组中的职责。

任务完成后赋予清晰明确的评价标准。全程学习单上的每项任务都有具体的评价标准。例如在数学作业任务后，评价标准为"答案正确得 3 分，计算过程清晰得 2 分，书写工整得 1 分"，学生能清楚知道作业的得分点，便于自我评估和改进。将过程性评价与结果性评价结合，不仅关注学习任务的最终成果，也重视学习过程，全面反映学生的学习情况。

全程学习单的学习引导功能贯穿于课前、课中和课后。

课前主要引导预习，明确方向，首先是知识铺垫与导入，教师通过学习单提供与新课相关的基础知识回顾或简单的前置问题，帮助学生唤起已有的知识和经验，为新知识的学习做好铺垫。例如在学习数学"小数乘法"前，教师可能会让学生回顾整数乘法的计算方法，以及小数的基本性质，通过这些知识的复习，自然地引入小数乘法的学习。同时，教师通过学习单设置有趣的情境或问题，如"超市里苹果每千克 3.5 元，买 2.5 千克需要多少钱？"来激发学生对新课的学习兴趣，引导学生主动思考。其次在预习内容与方法指导上，全程学习单清晰地展示预习的具体内容和方法。在语文课文预习中，学习单会引导学生阅读课文，标注自然段，圈出生字词，并提供查阅字典等工具书的方法指导，帮助学生初步理解课文内容。对于英语课程，会指导学生听录音模仿发音，预习单词和简单的句型，让学生在课前对新知识有初步的了解，明确课堂学习的方向。

课中的作用在于辅助学习，促进参与，引导思考。课堂上，学习单以任务的形式引导学生逐步深入学习。例如在科学课探究"物体的沉浮"实验中，学习单上会依次列出实验步骤，如"将不同的物体（如石块、木块、塑料块等）轻轻放入水中，观察并记录它们的沉浮状态"，然后提出问题引导学生思考，"为什么有的物体下沉，有的物体上浮？物体的沉浮与什么因素有关？"通过这些任务和问题，驱动学生积极参与课堂探究活动，培养学生的观察能力、思考能力和动手操作能力。同样，在小组合作学习中，全程学习单成为小组交流的重要载体。例如在语文综合性学习"了解家乡的传统文化"

中，教师通过学习单明确小组分工，如"资料收集组负责收集家乡的传统节日、民间艺术等方面的资料，整理汇报组负责将收集到的资料进行整理，并在课堂上向全班同学汇报"。小组同学围绕学习单上的任务和要求，共同讨论、合作完成，促进学生之间的交流与合作，培养学生的团队协作精神。

课后则着力于巩固拓展、自我提升。教师通过学习单设计一系列与课堂知识紧密相关的练习题，帮助学生巩固所学知识。例如在数学课后，学习单上会有针对课堂上所讲的数学概念和解题方法的练习题，题型多样，包括填空题、选择题、解答题等，通过练习，学生能熟练掌握知识点，提高解题能力。同时，对于语文的字词、课文背诵等基础知识，学习单上也有相应的巩固任务；而拓展延伸与自主探究则是为学生延长了"学程"，除了基础知识的巩固，学习单还会提供一些拓展性的任务，引导学生进行自主探究。在学习了英语动物相关的单词后，学习单可能会引导学生通过查阅资料，了解更多动物的英文表达，并制作一份以"动物世界"为主题的手抄报。这样的任务既拓宽了学生的知识面，又培养了学生的自主学习能力和创新精神。

（二）知识整合功能

在单元学习或学期复习时，全程学习单能够将分散在不同课时、章节的知识点进行有机串联，帮助学生构建完整的知识体系。如数学"多边形的面积"这一单元，全程学习单开篇梳理本单元涉及的平行四边形、三角形、梯形等多边形的概念，随后引导学生回顾每种多边形面积计算公式的推导过程，从平行四边形通过割补法转化为长方形推导面积公式，到三角形、梯形借助拼接等方式转化为已学图形，让学生明白知识之间的内在逻辑联系。同时，设置综合性题目，如给出一个组合图形，要求学生运用所学多边形面积知识进行分割、计算总面积，使学生在解题过程中强化对知识的整体把握，认识到不同多边形面积计算方法并非孤立存在，而是相互关联、层层递进，共同构成解决复杂图形问题的有力工具。

全程学习单通过引导学生对所学知识进行总结归纳、反思拓展，促使他们将外在的知识信息转化为内在的认知结构。在学习完一篇语文课文后，全程学习单引导学生概括文章主要内容、分析人物形象特点、探讨文章主题思想，如学习《将相和》时，学生需要总结蔺相如和廉颇从产生矛盾到和解的过程，剖析蔺相如顾全大局、廉颇知错能改的人物性格，思考文章传递的关于团结协作、以国家利益为重的价值观念。在英语学习中，每单元结束后，教师通过全程学习单安排学生用所学单词、短语、句型编写短文，描述日常生活场景，如"My Weekend"，让学生在实际运用中加深对词汇语法的理解记忆，将书本知识真正内化为语言表达能力，实现知识的活学活用，提升学习的深度与质量。

（三）评价反馈功能

过程性评价是对学习过程的动态监测和评估，对于全程学习单而言，主要采取以下方式：一、定期检查与跟踪。教师设定固定的时间节点，例如每周、每两周或每月对学生的全程学习单完成情况进行检查。及时发现学生在学习过程中的问题和困难。跟踪学生的学习进度，看是否按照学习单的预设节奏推进。对于进度滞后的学生，及时了解原因并给予帮助。二、学生参与和自我评估。教师鼓励学生在学习单上记录自己的学习感受、遇到的问题以及解决方法，这可以反映学生的学习态度和自我反思能力。设计自我评价环节，让学生对自己在每个学习任务中的表现进行打分或评级，同时说明理由。三、教师的批注与指导。教师在检查学习单时，不仅要关注答案的正确性，更要注重学生的解题思路和方法。通过批注给予具体的反馈和建议，帮助学生改进。针对学生的共性问题，在课堂上进行集中讲解和讨论，促进学生之间的交流与互助。四、内容的多样性评估。对于知识理解类任务，教师评价学生对概念的掌握程度、能否运用所学知识解决实际问题，对于实践操作类任务，观察学生的操作过程是否规范、熟练，结果是否准确，对于小组合作任务，评估学生的团队协作能力、沟通能力和分工合理性。五、阶段性总结与反馈。教师每隔一段时间，例如一个单元或一个学期，对学生的全程学习单进行阶段性总结。分析学生在各个方面的表现趋势，找出进步和不足之处，将评价结果及时反馈给学生和家长，让他们了解学生的学习状况，共同促进学生的成长。六、调整与改进。教师根据过程性评价的结果，对全程学习单的内容和设计进行调整。对于难度过高或过低的任务进行优化，使学习单更符合学生的实际需求。不断改进评价方法和标准，使其更加科学、合理、全面，能够更准确地反映学生的学习过程和发展情况。

通过以上多种方式对全程学习单进行过程性评价，全程学习单可以更好地发挥其在学习过程中的指导作用，促进学生的全面发展和不断进步。以小学语文作文评价全程学习单为例，全程学习单上的评价板块能够帮助评价者从作文立意、内容丰富度、语言表达准确性与流畅性、结构合理性等多个维度对作文进行评价。若学生作文立意新颖，教师可评价指出："本文立意独特，能够从与众不同的角度看待问题，展现出了较强的思维创新性，值得称赞。"对于内容空洞的作文，教师则可以写道："文章内容略显单薄，缺乏具体事例的支撑，使得文章说服力不足，建议在今后的写作中多增加一些细节描写。"这样的评价能够让学生清晰地了解自己作文的优点与不足。积极的反馈对学生的学习动力具有强大的激励作用。当学生在全程学习单上看到教师对自己的肯定与表扬，如"你的解题思路非常清晰，步骤完整，继续保持！"或者"这篇阅读理解回答得很准确，对文章细节的把握很到位，看得出你在阅读时非常认真"时，会感受到自己的努力得到了认可，从而增强自信心，激发进一步学习的热情。

在学生自评环节，教师通过全程学习单设置一系列引导性问题，如"我运用了哪些修辞手法来美化文章？""我有没有把事情的经过写清楚？"等，学生通过对这些问题的思考与回答，反思自己的写作过程，发现自己在写作时的思维漏洞与技巧缺失。在互评过程中，学生相互阅读作文，从同学的视角给出评价，如"你的作文描写很生动，让我仿佛身临其境，不过结尾部分如果能再简洁有力一些就更好了"。这种互评不仅能让学生学习他人的写作长处，还能通过指出他人的不足，进一步加深对写作要点的理解。通过教师评价、学生自评与互评，学生能够全面地接收关于自己作文的反馈信息，从而有针对性地改进写作方法，提高写作水平。

评价标准还对学习方向起到引导作用。全程学习单上明确的评价标准，如数学作业中对解题准确性、规范性、创新性的要求，语文作业中对书写工整、阅读量积累、写作手法运用等方面的规定，会像灯塔一样为学生指引学习的方向。学生知道自己应该朝着哪些方面努力，才能在学习中取得更好的成绩。例如，当全程学习单强调数学解题创新性时，学生就会在掌握基本解题方法的基础上，积极思考其他解题途径，培养创新思维能力；当全程学习单侧重语文阅读量的积累时，学生就会主动增加阅读时间，广泛涉猎各种书籍，提升阅读理解能力与知识储备量。

二、小学全程学习单的作用

（一）让自主学习成为可能

一是激发学习兴趣，引导自主探索。全程学习单上丰富多样且充满趣味的任务，能吸引学生主动参与学习。例如，在科学课全程学习单中设置"自制彩虹"的实验任务，学生只需利用常见的材料，如手电筒、镜子、水盆等，就能在家中观察到彩虹形成的奇妙现象。这种新奇有趣的任务激发了学生的好奇心，促使他们主动去尝试、探索，在探索过程中不断发现问题、解决问题，逐渐养成自主学习的习惯；将学习内容与生活紧密相连，让学生感受到学习的实用性。在数学全程学习单中有"记录家庭一周的开支情况，并计算各项支出占总支出的比例"的任务。学生通过完成这一任务，不仅能运用所学数学知识解决实际问题，还能体会到数学在生活中的广泛应用，从而提高对数学学习的兴趣，更积极主动地投入自主学习中。

二是提供学习路径，培养自主规划能力。全程学习单为学生规划了详细的学习步骤，从预习、课堂学习到课后复习，每个环节都有明确指引。以语文全程学习单为例，预习时，学习单要求学生"圈出生字词，借助工具书理解字词意思，尝试概括课文主要内容"；课堂学习时引导学生"跟随老师的讲解，思考课文的写作手法和表达的情感"；课后复习则安排"背诵课文重点段落，完成相关练习题"。学生按照这些步骤逐步推进学习，逐渐学会如何自主规划学习过程，提高自主学习能力。全程学习单会提供多种学习方式供学生选择，尊重学生的学习差异。在英语全程学习单中，对于单词的学习，学习单上既推荐"通过制作单词卡片，反复认读记忆"的方法，也提供"观看英语动画视频，在情境中理解记忆单词"的途径。学生可以根据自己的喜好和学习风格，选择适合自己的学习方式，从而更加自主地开展学习。

三是强化自我反思，提升自主学习效果。全程学习单中设置的自我评价环节，让学生能够对自己的学习过程和结果进行反思。例如，在数学作业完成后，全程学习单引导学生"检查自己的解题过程，看看是否有错误，如果有，分析错误原因并改正"。通过这种自我评价，学生能够及时发现自己在学习中的不足之处，主动调整学习策略，提高学习效果。鼓励学生进行互评的全程学习单活动，促进了学生之间的交流与学习。在作文互评环节，学生阅读他人作文，从内容、结构、语言等方面提出评价和建议。在这个过程中，学生不仅能从他人的作文中学习优点，还能从评价他人作文的角度反思自己的写作，从而不断提升自己的写作水平和自主学习能力。

（二）让个性化学习变为现实

一是满足不同学习进度需求。教师会通过全程学习单，根据知识点的难易程度，设计基础、提高、拓展等不同层次的任务。学习进度较慢的学生可以从基础任务入手，扎实掌握基础知识后再逐步挑战提高任务；而学习进度较快的学生则可以直接从提高任务开始，甚至尝试拓展任务，在挑战中不断提升自己。此外，全程学习单中不会对学生完成任务的时间有严格、统一的规定，而是给予一定的弹性空间。例如，在语文阅读全程学习单中，对于阅读一篇课外文章的任务，学生可以根据自己的阅读速度和理解能力，在一周内自主安排时间完成阅读，并完成相应的阅读思考问题。阅读速度快、理解能力强的学生可以在较短时间内完成并深入思考文章内涵；而阅读速度较慢的学生则可以有更充裕的时间去慢慢阅读，逐步理解文章内容。每个学生都能在自己的节奏下完成学习任务，实现个性化的学习进度安排。

二是契合独特兴趣发展和延伸。教师可利用全程学习单围绕不同的主题设置多样化的任务，供学生根据自己的兴趣进行选择。在综合实践课全程学习单中，可能会有"探索动物世界""走进传统文化""科技小发明"等多个主题任务。对动物感兴趣的学生可以选择"探索动物世界"主题，深入研究动物的生活习性、分类等知识；喜欢传统文化的学生则可以选择"走进传统文化"主题，学习传统节日、民间艺术等内容；对科技感兴趣的学生就可以投身于"科技小发明"主题，进行创意设计和实践制作。通过这种方式，学生能够根据自己的兴趣爱好选择学习任务，提高学习的积极性和主动性。在全程学习单中，教师针对学生的兴趣爱好，还会设计一些拓展任务，进一步深化学生对感兴趣领域的学习。例如，对于喜欢音乐的学生，在音乐全程学习单中，除了基础的歌曲演唱任务，还会包含拓展任务，如让学生了解不同乐器的发声原理、尝试创作简单的旋律等。这样的任务设计不仅满足了学生的兴趣需求，还能引导学生在自己感兴趣的领域不断探索和学习，实现个性化的深入发展。

三是助力不同能力发展。教师注重根据学生的思维发展特点，利用全程学习单设计不同层次的思维训练任务。在语文全程学习单中，对于低年级学生，教师可能会设置一些简单的逻辑思维训练任务，如根据故事的开头猜测结尾，培养学生的推理能力；对于高年级学生，则会设计更具挑战性的批判性思维任务，如对一篇文章的观点进行分析和评价，提出自己的见解，培养学生独立思考和批判性思维能力。通过这些任务，不同思维能力水平的学生都能得到相应的锻炼和提升。一些开放性的活动任务更能激发学生的创新能力。如数学全程学习单中有这样一个实际问题："如何利用有限的材料设计一个最能装东西的容器？"学生发挥自己的想象力和创造力，提出不同的解决方案，并通过实际操作或数学计算来验证方案的可行性。这种开放性的任务没有固定的答案，旨在鼓励学生大胆创新，培养学生的创新思维和实践能力，满足不同创新能力水平学生的发展需求。

（三）让自我评价有据可依

一是明确学习目标与成果预期。全程学习单将每一项学习任务的目标细化为具体、可操作的内容，细化目标清晰呈现。例如在语文写作学习中，目标可能设定为"能够围绕一个主题，写一篇不少于300字的记叙文，文中要包含至少两个具体事例，且语句通顺、标点使用正确"。学生在开始学习任务前，就对最终要达成的成果有清晰认知，这为自我评价提供了基础。完成写作后，学生可依据这些明确的目标，判断自己是否达到了要求，从而进行自我评价。部分全程学习单会提供优秀成果示例，引导学生对比。如美术全程学习单中，教师展示不同风格但都符合本次创作主题的优秀绘画作品。学生在完成自己的画作后，通过与示例作品对比，从色彩运用、构图设计、创意表达等方面进行自我评估，发现自己作品的优点和不足，实现有效的自我评价。

二是提供自我评价工具与方法。全程学习单会配备详细的评价量表，方便学生直观对照。以数学的解决问题任务为例，评价量表从解题思路的正确性、步骤的完整性、答案的准确性以及书写的规范性等方面提供评分依据。如解题思路正确得3分，步骤完整得3分，答案准确得3分，书写规范得1分。学生完成题目后，依据量表逐一对照，直观地给自己的表现打分，实现自我评价。全程学习单通过设置一系列自我提问的问题，引导学生进行自我评价和反思。如在科学全程学习单中，问题包括"实验过程中你遇到了哪些困难？你是如何解决的？实验结果与你的预期是否一致？如果不一致，你认为原因是什么？"学生通过思考这些问题，对自己在实验过程中的表现进行反思，从而实现自我评价。

三是促进学习过程自我监控。全程学习单中包括学习步骤记录栏，学生可在完成每个学习步骤后进行记录。例如在英语课文预习中，全程学习单要求学生依次完成听课文录音、圈出生词、尝试翻译课文等步骤，并在相应位置记录完成情况。学生在记录过程中，能实时监控自己的学习进度和完成质量，及时发现自己在哪个步骤出现问题，以便进行自我评价和调整。更重要的是学生学习态度的自我觉察：在全程学习单中，包含关于学习态度的自我评价板块，如"今天学习时，你是否能集中注意力？遇到难题时，你是立刻放弃还是努力思考？"通过这些问题，学生对自己的学习态度进行自我觉察，实现对学习过程中态度方面的自我评价。

第三章

理 论 基 础

第一节　建构主义理论

一、建构主义核心观点及其对教育的影响

建构主义起源于 20 世纪 80 年代，它是在行为主义、认知主义基础上发展而来的，维果斯基、皮亚杰和布鲁纳等人早期的建构主义思想也是建构主义的重要基础。建构主义强调以学生为中心，强调知识能力的内化，认为学习是学生在原有认知的基础上，结合自身的生活经验，理解和建构新知。

皮亚杰从认识的发生和发展视角对儿童心理学进行研究，提出"发生认识论"：主体对客观世界的认识都依赖于自身的认知结构，即认识是以一种主体已有的知识和经验为基础的主动建构活动。① 通常情况下，主体在遇到新的刺激时会唤醒原有的认知结构对其"同化"，以求达到新的认知平衡；个体若不能"同化"，则继续采取"顺应"方式，通过调节原有认知结构或重构认知结构得到新平衡。② "同化"与"顺应"之间的平衡即主体在认知上的适应，平衡过程主要在于适应主体与背景之间的相互作用，从而引起认知结构的一种新建构。③

建构主义的核心观点主要包括以下几点。

---

① 郑毓信，梁贯成. 认知科学建构主义与数学教育 [M]. 上海：上海教育出版社，1998：151 - 161.

② 温彭年，贾国英. 建构主义理论与教学改革：建构主义学习理论综述 [J]. 教育理论与实践，2002（5）：17 - 22.

③ Simon, A. M. Reconstructing mathematics pedagogy from a constructivist perspective[J]. *Journal for Research in Mathematics Education*, 1995(2):114 - 145.

一是知识观。建构主义认为知识不是对现实的纯粹客观的反映,而是人们对客观世界的一种解释、假设或假说。知识会随着人类的进步以及人们认识的发展而不断地被革新。例如,在物理学领域,从牛顿力学到相对论的发展,就体现了知识的动态性和相对性。

二是学习观。强调学习是学习者主动地建构内部心理表征的过程。学习者不是被动地接受知识,而是基于自己已有的知识经验来对新信息进行加工处理。比如,学生在学习历史事件时,会根据自己之前对相关人物、背景的了解来理解新的历史事件,而且学习是在社会文化背景下通过人际间的协作活动来实现意义建构的。

三是学生观。建构主义认为学生不是空着脑袋走进教室的,他们在日常生活和以往的学习中已经形成了丰富的经验。所以教学不能无视学生的这些经验,而是要把学生现有的知识经验作为新知识的生长点,引导学生从原有的知识经验中"生长"出新的知识经验。例如,在教授数学概念时,了解学生已有的计算基础和对数字的认知就很重要。

建构主义理论目的是帮助学习者实现对知识的意义建构,在这个过程中,要以学习者为主体,教师要起到主导的作用。知识或学习是主体赋予自身经验从而进行有意义的建构。学生在熟悉的社会背景下,通过教师引导和同伴协作进行意义建构。建构主义学习理论主张学生通过探索、发现解决实际问题,教师的作用在于引领学生积极参与并搭建适当支架。[1]

教师在学习者的意义建构中起到帮助者、促进者作用,而不是知识的传授者与灌输者[2]。学生是信息加工的主体,是主动建构者,而不是被动接受者和被灌输的对象。学生要成为意义的主动建构者,就需要在以下几个方面发挥主体作用:(1)认识建构知识的意义所在;(2)在建构意义过程中主动搜集并分析有关的信息和资料,对学习内容提出各种假设并努力加以验证;(3)将新知与最近发展区建立关联,并对这种联系加以认真的思考。

教师要作为建构意义的帮助者,需要在以下几方面发挥作用:(1)激发学生的学习兴趣;(2)创设新旧知识之间联系的线索,帮助学生建构知识网络;(3)组织协作学习,并对引导学生朝意义建构的方向发展。

二、建构主义理论对素养导向下的全程学习单的指导意义

建构主义理论说明了学习的发生、知识的建构、概念的形成等,对素养导向下的全程学习单具有重要启示。

---

[1] 皮亚杰. 发生认识论 [M]. 北京:商务印书馆,1990.
[2] 苏晓云. 试论建构主义学习理论在课程建设中的作用 [J]. 石油教育,2010(2):59-61.

建构主义强调学习者的个体认知和学习过程中的活动性。建构主义认为教学不是教师直接向学生传授已有的知识，而是要创设一定的教学情境，调动学生已有的知识经验实现意义建构。素养导向下的全程学习单和建构主义都强调自身的参与、理解、内化。学习是新旧知识、经验之间反复的、双向的相互作用建构而成的，突出学习者的主体地位。素养导向下的全程学习单的课堂教学是根据学生自己已有的知识经验，对学习单的问题进行思考，并通过小组交流整理加工信息，获得自己的意义。

　　建构主义强调学习的自我建构性，促使学生在学习过程中积极主动地建构自己的知识结构。建构主义强调学生通过自主探究、协作交互、情境支持来构建知识、理解世界。[1] 素养导向下的全程学习单和建构主义都强调学习是一个主动的过程。学习不是由教师向学生的传递，而是学生主动建构自身知识结构的过程，不可由他人替代。素养导向下的全程学习单的设计，让学生在被教授新知前先自主尝试建构新知，再通过互动交流完善新知的建构。学习者对知识的理解不仅受到知识本身的影响，也会受到自身的知识经验影响。素养导向下的全程学习单学习行为一般是学习者根据自身的爱好和需求来进行的，更多相关知识则需要学习者自己去探索，可见学习者在素养导向下的全程学习单学习中具有很高的主体地位。学习者依据自身具备相关认知结构和社会经验对新知识做出编码解释，建立实质性的联系，从而使其获得知识意义建构[2]。

　　建构主义强调给予学生解决问题的自主权。教师应该刺激学生的思维，促使他们自己解决问题。素养导向下的全程学习单能够明确学习目标与任务，让学习者清楚知晓学习方向；梳理知识脉络，使碎片化知识得以系统整合；促进思考与探究，激发学习者主动挖掘知识内涵；提供学习路径，像脚手架般支撑学习者逐步攀升知识高峰，助力其从已有知识经验出发，通过自主探索与协作交流，在完成学习单任务的过程中不断完善认知结构，达成深度理解与知识内化，最终实现知识的有效建构与能力的切实提升。

　　建构主义强调学习者先验知识的重要性。先验知识能够帮助学生分析、思考和探索。素养导向下的全程学习单和建构主义都重视知识经验基础。教学中教师不能无视学生已有知识经验和认知能力，应把原有知识经验作为生长点，引导学生从原有的知识经验中"生长"出新知识。基于此，在素养导向下的全程学习单设计中增加了课前预学部分，让学生能够为开展学习做好准备。

　　建构主义提倡发展学生自我控制的技能，让学生成为独立的学习者。建构主义提倡设计支持和激发学生思维的学习环境，支持学生对所学内容与学习过程的反思。而学习单使学习素材成为一本有意义建构在内的学习过程记录，可以辅助学习能力弱的学生学习；强化了知识的建构方法，将使学生更好地理解巩固所学的知识；学习单对教材进行

---

[1] 施良方. 学习论 [M]. 北京：人民教育出版社，2001：168 – 170.

[2] 郑毓信，梁贯成. 认知科学建构主义与数学教育 [M]. 上海：上海教育出版社，1998：151 – 161.

了补充，让学生在复习时能再现学习过程，提高学习的效率；学习单的蓄能进阶部分也包含对本单元学习的评价与反思。

第二节　情境学习理论

一、情境学习理论要点与教育应用价值

情境认知与学习理论的早期研究可追溯到马克思的知识社会学、杜威的实用主义、维果斯基的文化历史学说、人种方法论、生态心理学等许多领域。1929年，怀特海在其著作《教育目的》中就认为，无背景的情境下获得的知识经常是惰性的和不具备实践作用的，因而不能解决实际问题。20世纪80年代中期以后，由于受到认知科学、生态心理学、人类学及社会学等学科发展的影响，情境认知与学习理论初步形成了其思想体系。1987年，瑞兹尼克在美国教育研究协会发表了《学校内外的学习》的演说，认为校内学习是个体化的、抽象的，而校外学习是合作的、情境化的、具体的。这一演说及她随后发表的著作极大地推动了认知情境学习理论的研究。随后，布朗、科林斯与杜吉德等人从教育心理学的角度展开了研究。而莱夫等人则从人类学的视角对情境认知与学习进行研究。虽然他们研究的角度、重点不同，对有些问题的看法也不一样，但基本观点是一致的。共同促进了情境认知与学习理论的迅速发展。

情境学习理论以多元论或转换论为哲学思想，注意个体与个体之间、个体与物理环境和社会环境的相互作用，吸取行为主义学习理论、信息加工的学习理论中的有益成分，具有较大的整合性和包容性。该理论认为知识、学习、行动都是基于情境的，并不是由个体自身的主客观因素决定的。[①] 该理论主张在教学中应当对情境的设计加以重视，可以创造有利于学习的真实情境或者基于网络的虚拟情境，也可以将二者结合起来，同时要在情境中添加互动元素。

情境学习是在自然情境下对认知进行的研究，个体心理常常产生于构成、指导和支持认知过程的环境之中。认知过程的本质是由情境决定的，情境是一切认知活动的基础。

情境认知与学习理论的主要内容有：

---

① 吴珊. 馆校结合背景下场馆学习活动模型的构建研究 [D]. 呼和浩特：内蒙古师范大学，2019.

1. 学习实质

情境学习理论认为，校内学习有个体化、抽象性等特征，所学到的知识是呆滞的，学习者只是知道了这些知识，出了校门却不会用。学习包含着建立一个对"他们在其中使用工具的世界，和对工具本身进行日益丰富的内在的理解"。[①] 因而，学习的实质是个体参与实践，与他人、环境等相互作用的过程，是形成参与实践活动能力、提高社会化水平的过程。

2. 学习目的

情境学习理论认为，学习是一个不断增长其实践能力、不断社会化的过程，学习的根本标志就是越来越容易地、有效地参与团体重要的实践活动。学习的最终目的是形成个体参与实践活动能力，并在实践活动中对所在团体做出自己的贡献。[②] 具体表现在四个方面：（1）明确正在学习的知识和技能的目的与用途；（2）灵活地使用知识进行学习而不是被动地接受；（3）明确所学知识和技能适用的不同环境条件；（4）归纳抽象多种情境下所学知识和技能的共性。[③]

3. 学习方式

情境学习理论认为，学习应是情境、文化和学习活动的共同功能，学习需要社会交互与合作，脱离个体生活的真实环境来谈学习是毫无意义的。个体与环境的相互作用是形成能力以及社会化的必经途经，个体只有在共同体中才能有效地学习，共同体的创设要求其成员有共同的文化历史传统、有共同的目标、信息系统和体现自己规范的集体故事，成员在共同体进行意义协商，个体通过将共同体的实践个人化而转变和维持着共同体。而共同体通过提供个人化的机会和最终促成文化适应的途径来转变和适应个体。个体和共同体是互动的，共同体也是一个更大集体的组成部分，它是开放的，总是不断地进行自我生产，不断吸收新成员，新成员通过文化适应逐步从边缘参与者成为核心成员。

4. 教师的作用

情境学习理论认为，在学习过程中，教师是学生学习的促进者、引导者、合作者及参与者，教师的作用在于提供真实的学习情境，搭建学习支架，了解学习者先前的知识经验，促使学习者利用他们在物理的、社会的环境中去建构知识和意义，促进学习者能力的发展。教师要与学习者共同分享责任，共同做出决定，相互尊重。

---

① 乔纳森. 学习环境的理论基础［M］. 郑太平，任友群，译. 上海：华东师范大学出版社，2002：27.

② Levine, J.M. Resnick, L.B. & Higgins, E.T. Social foundations of cognition［J］. Annual Revien of Psychology, 1993(44):585 – 612.

③ 钟志贤. 新型教学模式新在何处（下）［J］. 电化教育研究，2001（4）：11 – 18.

5. 学习环境设置的原则

威尔逊认为，学习环境就是"学习被刺激和支持的地点"[①]。根据情境学习理论，对学习环境的设计应遵循两个指导思想：学习应在高度真实的环境中进行；学习者必须能参与实践，在环境中能有效地与他人、环境进行协商、合作，与环境互动。

二、情境学习理论对素养导向下的全程学习单的指导意义

情境学习理论强调学习是在特定的情境中发生的，学习单的设计要提供真实的情境或类真实的情境。真实情境任务为知识提供了丰富的背景与应用场景。在设计学习单时，要注意结合具体情境，使得学生能够在具体情境中与教师、同伴产生互动。在情境中搭建学习框架时，可以利用学习单来促进师生、生生互动。学习只有在特定的情境中才有意义。设置的情境要有上下文或背景。情境在历史脉络中才有意义，描述问题产生的情境如社会化的背景才利于控制、定义问题。真实情境任务培养了学生在特定情境中灵活运用知识解决问题的能力，使学生理解知识的适用性与局限性，从而在面对新情境时能够迅速调用已有的知识经验并进行适应性调整，提高了学习的迁移性与灵活性。

情境学习理论认为学习是参与实践共同体的过程。素养导向下的全程学习单要创建学习共同体。实践共同体包括了一系列个体共享的信念、价值观、技术等。在真实情境任务里，学生分组进行各项活动，如共同设计实验、收集与分析数据、展示成果等，形成了一个实践共同体。在这个共同体中，学生有着共同的学习目标，他们彼此交流、协作、分享经验与见解，相互学习借鉴。学习者在学习共同体中学习，共同体中成员结构要有异质性，使学生能够更多地接触、感受、理解来自不同文化背景的成员的思想与情感，要设置认知冲突并使学习者参与其中，产生互动、建构意义。

情境学习理论强调通过实践促进学生的深度学习并提升互动体验。学生参与的实践必然要在具体情境中进行，所以，学生在学习单的引导下学习，可以更好地对知识进行反思、抽象和概括，达到满意的学习效果。

情境学习理论强调学习单借助情境促进知识迁移与应用。真实情境任务能激发学生的学习动机与主动性。对于教学环境的营造，情境学习理论建议构建模拟真实场景的学习环境。与脱离情境的枯燥学习相比，在真实且富有意义的情境中，学生更容易产生好奇心与求知欲。他们能够切实感受到学习内容与现实世界的紧密联系，意识到所学知识的价值，进而主动投入任务中，积极思考、勇于探索，符合情境学习理论中通过创设情境激发学生内在学习动力的要求，使学生从被动接受知识转变为主动的知识探索者与建构者。

[①] Wilson, B. G. *Metaphors for instruction: Why we talk abont learning environments Educational Techology*[M]. 1995.

第三节 多元智能理论

一、多元智能理论内涵与不同智能维度

传统的智能理论认为智能（intelligence）是以语言文字和逻辑能力为核心的一种能力。近几十年来，在科技的推动下，特别是对大脑智能研究的快速进步，传统单一智能理论已经受到越来越多的各种新的理论的挑战。认知神经科学的研究显示，相对独立的多种智能在人的神经系统的长期演化进程中不断形成，因此，每一个正常的个体应该都拥有多项的智能，而并不是只有单一智能。智能的发展程度和智能的不同组合也造就了人类个体的差异。在这样的形势下，单一观的智能理论逐渐淡出，既符合认知科学的研究成果，又尊重学生不同智能发展及个体差异的"多元观的智能理论"，受到各界尤其是教育界的管理者和教师越来越多的关注和重视。代表性的多元观的智能理论有瑟斯通的基本心智能力理论（Primary Mental Abilities）[1]、吉尔福德的智能结构论[2]、斯滕伯格的三维智能结构理论[3]。在挑战传统智力理论方面最彻底、在世界教育领域产生影响最深远的智力理论当属哈佛大学心理学家加德纳提出的多元智能理论（Theory of Multiple Intelligences）。

加德纳在 1983 年提出多元智能理论。它宣告了传统智能偏颇论调的破产，同时也进一步对智能的内涵进行了拓展和延伸。基于多年来对人类潜能的大量实验研究，加德纳认为智能是在一种文化环境中个体处理信息的生理和心理潜能，这种潜能是可以被文化环境激活的（也可以不被激活），激活后的这种潜能会被用来去解决实际问题，以及创造所在文化环境下所珍视的产品。和原有概念相比，加德纳教授提出的智能概念有以下两个特点：一是智能被看作潜能，不再是肉眼可见的；二是潜能依赖于特定文化环境中可以获得的机会，通过自己、家庭和教师等人所做出的不同选择，个体的智能可能被激活，也可能不被激活。

根据上述新的智能定义，加德纳提出了关于智能结构的新理论——多元智能理论。这一理论认为：就其基本结构来说，智能是多元的，不是一种能力而是一组能力。而且

---

[1] Thurstone. *Primary Mental Abilities*[M]. Chicago：University of Chicago Press, 1938.

[2] Guliford, J. P. 创造性才能：它们的性质、用途与培养[M]. 北京：人民教育出版社, 1991：11-12.

[3] Sternberg, R. J. Implicit theories of interlligence, creativity, and wisdom [J]. *Journal of Personality and Social Psychology*, 1985, 49(3):607-627.

这组能力中的各种能力不是以整合的形式存在的，而是以相对独立的形式存在的。加德纳认为，支撑多元智能理论的是个体身上相对独立存在着的、与特定的认知领域或知识范畴相联系的八种智能。换句话说，个体身上相对独立存在着的、与特定的认知领域或知识范畴相联系的八种智能构成了多元智能理论的基本结构，经过"智能选择依据系统"的严格筛选。

加德纳把构成多元智能理论基本结构的八种智能分别确定为：

（1）言语—语言智能（Verbal-linguistic intelligence），指个体听、说、读、写的能力。表现为个体能够顺利而高效地利用语言描述事件、表达思想并与人交流的能力，在记者、编辑、作家、演讲家等人身上有比较突出的表现。

（2）音乐—节奏智能（Musical-rhythmic intelligence），指个体感受、辨别、记忆、改变和表达音乐的能力，表现为个体对节奏、音调、音色和旋律的敏感以及通过作曲、演奏和歌唱等表达自己思想和情感的能力。在作曲家、指挥家、歌唱家、演奏家、乐器制造者和乐器调音师等人身上有比较突出的表现。

（3）逻辑—数理智能（Logical-mathematical intelligence），指个体运算和推理的能力，表现为个体对事物间各种关系，如类比、对比、因果和逻辑等关系的敏感以及通过数理运算和逻辑推理等进行思维的能力。在侦探、律师、工程师、科学家和数学家等人身上有比较突出的表现。

（4）视觉—空间智能（Visual-spatial intelligence），指个体感受、辨别、记忆、改变物体的空间关系并借此表达自己思想和情感的能力，表现为个体对线条、形状、结构、色彩和空间关系的敏感以及通过平面图形和立体造型将它们表现出来的能力。在画家、雕塑家、建筑师、航海家、博物学家等人身上有比较突出的表现。

（5）身体—动觉智能（Bodily-kinesthetic intelligence），指个体运用四肢和躯干的能力，表现为个体能够较好地控制自己的身体，对事件能够做出恰当的身体反应以及善于利用身体语言来表达自己思想和情感的能力。在运动员、舞蹈家、外科医生、赛车手和发明家等人身上有比较突出的表现。

（6）自知—自省智能（Intrapersonal intelligence），指个体认识、洞察和反省自身的能力，表现为个体能够正确地意识和评价自身的情绪、动机、欲望、个性、意志，并在正确的自我意识和自我评价的基础上形成自尊、自律和自制的能力。在哲学家、小说家、律师等人身上有比较突出的表现。

（7）交往—交流智能（Interpersonal intelligence），指个体与人相处和交往的能力。表现为个体觉察、体验他人情绪、情感和意图并据此做出适宜反应的能力。在教师、律师、推销员、公关人员、谈话节目主持人、管理者和政治家等人身上有比较突出的表现①。

（8）自然观察智能（Naturalist intelligence），指个体对不同环境的特征进行辨别、分类和利用的能力，并能对不同环境所产生的各种现象的不同事物之间的内在联系进行判断，知道自己该如何去爱护和适应自然，并进行考察和研究的能力。这项智能是后来加入的智能，也被翻译为博物学家智能或自然智能，相关职业包括植物或动物学家，环保主义者等。②

多元智能理论具有四种含义：一是每一个体的智能都具有自己的特点和独特的表现形式；二是智能强调的是个体解决实际问题的能力和生产及创造出社会需要的有效产品的能力；三是个体智能的发展方向和程度受到环境和教育的影响和制约；四是多元智能理论重视的是多维地看待智能问题的方法。③

多元智能理论的教育意义在于：每个学生都是重要的，每个学生都是不同的，因此要认真了解每个学生，创造适合每个学生发展的教育。④ 因此，评价应对学生的发展发挥更大的促进作用，应善于运用评价发现学生的优势智能，应依据学生的年龄特征采用多元化的评价方法，应建立"在学中评"的评价机制，树立积极乐观的学生观，重视评价的激励、反馈功能；丰富评价内容，实现学生个性化的全面发展；制定多元化的评价标准；倡导情境式评价，重视学生解决实际问题的能力；推动评价主体多元化，实施人本评价。

二、多元智能理论对素养导向下的全程学习单的指导意义

多元智能理论认为个体具备多种智能维度，且各有差异，该理论对学习单中的多样化任务设计有重要意义。

多元智能理论确立了多元的学生观和评价观。多元智能理论认为每一个学生的智力都各具特点并有自己独特的表现形式，有自己的学习类型和学习方法。每个个体都是有差异的，每个人拥有的智能都是不同的，只有这些差异不被忽视或否认，教育才是有效的⑤。认真对待人类内部的差异是多元智能理论的核心。传统的统一化学校教育的前提是每个人都是一样的，所以才可以用同样的方式教育和评价每一个人。而承认智能的多

---

① Gardner, H. *Frames of mind: The theory of multiple intelligences*[M]. New York：Basic Books，1983.
② Gardner, H. *Multiple intelligences: The theory in practice*[M]. New York：Basic Books，1993.
③ 霍力岩. 多元智力理论及其对我们的启示[J]. 教育研究，2000（9）：71-76.
④ 陶西平. 最好的未来：一种视角改变着教育[J]. 北京教育学院学报，2012，26（4）：1-3+11.
⑤ Gardner. 智力的重构：21世纪的多元智力[M]. 北京：中国轻工业出版社，2004.

元化是鼓励和支持多样化存在的基本前提。当我们用科学的、包容的态度来看待和评价学生的智能组合和学习能力时，就树立了积极乐观的学生观。没有所谓"差生"的存在，就能够更充分地评价和肯定学生智能和学习能力的独特性，真正实现因材施教。这种积极乐观的学生观要求素养导向下的全程学习单做到：第一，对所有学生都抱有热切的成才期望。充分尊重每一个学生的智能特点，使教育真正成为"愉快教育"和"成功教育"。第二，针对不同学生和不同智能特点进行"对症下药"的教育教学，即教师的教学方法不仅应该根据不同的教学对象而有所不同，而且还应该根据不同的教学领域而有所不同。第三，对学生的评价应该从智能的各个方面、通过多种渠道、采取多种形式、在多种不同的实际生活和学习情景下进行，并以此为依据选择和设计适宜的教学内容和教学方法，使我们对学生的评价确实成为促进每一个学生充分发展的有效手段。

多样化的学习单满足学生多元智能发展需求。加德纳的多元智能理论认为人的智力领域是多方面的，人们在解决实际问题时所需要的智能也是多方面的。现实生活需要每个人都充分利用多种智能来解决各种实际问题。由此加德纳的多元智能理论为我们保证学生的全面发展提供了一个理论上的新支点——我们再也不能片面地向学生展示某几个智能领域了。我们向学生展示的智能领域应该是全方位的，是能够在真正意义上保证学生全面发展的。保证学生的全面发展要求素养导向下的全程学习单做到以下几点：

（1）就知识建构而言，不同智能在知识获取与理解过程中作用各异，课堂教学中基本知识和基本概念的教学应该涉及多个智能领域，从不同的角度、通过不同的活动帮助学生理解和学习，以调动学生的多方面智能潜能，提高教学活动的质量。语言智能可助力文本知识的吸收与表达，逻辑—数学智能有助于理解规律与关系。学习单的多样化任务能从多智能维度促进知识建构。如在故事创作任务中，学生运用语言智能组织情节、塑造人物，同时在创作过程中可能涉及编排情节顺序逻辑、空间想象场景设置等多智能参与，使知识从单一维度学习变为多维度整合。

（2）就学习内容而言，重新思考和设计学习单的任务内容。传统教学常侧重语言和逻辑—数理智能，忽略其他智能发展。素养导向下的全程学习单设计多样化任务能弥补这一不足。例如，对于空间智能强的学生，立体图形构建任务可让他们在构建和绘制视图中充分发挥优势，而对于人际智能突出的学生，小组合作项目能提供人际互动交流契机，使他们在团队协作里如鱼得水。这样依据不同智能设计的任务尊重了学生个体智能差异，为每个学生提供了展示和发展智能的机会，避免单一智能评价造成的人才埋没，符合因材施教原则。合作完成时人际智能也参与其中，这种多智能协同工作促进知识在不同智能网络中迁移与整合，加深学生对知识的全面理解与深度建构。

（3）学习动机激发来看，以多样化任务匹配不同智能，从而提高学生学习兴趣与参与度。当学生面对契合自身智能优势的任务时，更易产生成就感与自信心。例如音乐—节奏智能好的学生在歌曲改编任务中能发挥特长，享受创作乐趣，这种积极情感体验会迁移到其他学习任务中。同时，多样化任务打破传统学习单调性，为学生带来新鲜感与挑战欲，如在自然观察智能任务中探索未知的动植物生长奥秘或天文现象，激发学生内在好奇心与求知欲，使学生从被动接受知识转为主动探索知识，提升学习的自主性与积极性，为终身学习奠定良好基础。

多元智能理论注重培养学生的创造能力。因为在多元智能理论看来，智能的开发就是要将全部智能进行综合运用，进而提升创造性地解决现实生活中未曾遇到过的新问题的能力。多元智能理论为我们注重培养学生的创造能力提供了一个理论上的新依据。素养导向下的全程学习单应该从培养学生的实践能力着手，着重培养学生的创造能力，即解决现实生活中实际问题的能力和创造出社会需要的物质产品和精神产品的能力。注重培养学生的创造能力要求素养导向下的全程学习单做到：第一，充分认识创造和及早培养创造能力的重要性。第二，挖掘教学中的创造因素。教师利用素养导向下的全程学习单进行教学活动时，充分挖掘、增加培养创造能力的内容并进行创造性地教与学，使学生的创造意识不断萌发，创造能力迅速提高。

第四节 全人教育理论

一、全人教育理论的教育目标与理念

19世纪末20世纪初，西方发达国家借两次工业革命的强劲动力，纷纷进入工业时代。科学技术的迅猛发展和人类知识领域的空前扩张深刻地影响乃至规范着人类的心理倾向和行为模式。随着人本主义心理学得到主流心理学的承认，20世纪60年代，一些人本心理学的领袖人物，包括马斯洛和苏蒂奇等人经常讨论超越人本主义的问题，他们越来越不满足人本心理学只关注个体的自我及其实现，意识到应该将自我与个人以外的世界和意义联系起来，这个领域属于超越的领域或超出自我关怀的精神生活领域。[①] 于是，他们开始酝酿一种关注这一领域的心理学，即第四势力心理学——超个人心理学。超个人心理学的研究逐渐影响到教育学领域，在20世纪70年代中期，出现了一种"超个人教育"运动，在20世纪70年代末期，这群关注人类潜能的学者成为首次实际采用全人教育（Holistic Education）这个名词的团体。

在20世纪80年代中期，"全人教育"这个专有名词已经在人类潜能和新时代运动中被广泛使用，但这并不能被很系统地呈现出来，直到两位都叫米勒的学者出现。他们

---

① 郭永玉. 超个人心理学的理论与实践［D］. 南京：南京师范大学，2000.

分别是美国的罗恩·米勒和加拿大的约翰·米勒。在 1988 年，两人同时独立完成并出版自己的著作，试图界定全人教育为一个独特的运动。罗恩·米勒在美国创办了第一份以全人教育研究为宗旨的学术季刊——《全人教育评论》。约翰·米勒在加拿大出版了《全人课程》。《全人教育评论》后来更名为《交汇——寻求生命意义与社会正义的教育》，这一期刊的宗旨是"为处于现代教育边缘的、体制之外的以人为中心的教育运动提供一个论坛"。①

1990 年 6 月，80 位支持全人教育的学者在芝加哥签署《芝加哥宣言》，学者们共同宣布："整体论强调一项富有挑战性的事业，就是创造一个坚固的、公平的、与和平的社会，并且能够与地球和它的生命和谐共融。整体论赞颂我们内在的潜能：直觉、情感、身体、想象力和创造力，以及理性的、逻辑的，和语言的，来寻求扩大我们看待自己的方式，以及我们与世界的关系。"② 宣言的发表促成了"教育改革全球联盟"（The Global Alliance for Transforming Education，简称 GATE）的创办。1991 年，第二届全人教育国际会议在科罗拉多召开，会议签署了《教育 2000：全人教育的观点》这一文件，并宣布了全人教育的十大原则，即"教育最主要的和最基本的目的就是滋养人类发展的内在潜能；每一位学习者都应该拥有学习能力；教育是一种经验的事件，应与世界产生互动；教育过程要注重整体性；教育者要能够成为学习的促进者；形成一种教育的真正民主模式；培养全球化的公民；重新振作个人与自然界之间的关系；人类最有价值的部分是他内在、内省的生命"。

综上所述，全人教育的说法来自人本主义教学理论，该理论是在人本主义学习观的基础上形成并发展起来的，它讨论的是根植于其自然人性论的基础之上的。在罗杰斯的教育理想中，他想培养的是"躯体、心智、情感、心力融为一体"的人，也就是既用情感的方式思考，又用认知的方式行事的知情合一的"完人"或者"功能完善者"。这便是全人教育的主旨。

全人教育不仅具有追求完美理想的浪漫色彩，更是一种具有深刻内涵和重大影响的教育理想。约翰·米勒着眼于全人教育理念下的课程研究，建构了旨在培养"完整人"的全人课程思想。

全人教育是一种整合以往"以社会为本"与"以人为本"两种教育观点，形成既重视社会价值、又重视人的价值的教育新理念。这是一种理想的教育观念，也是中外教育家的一种理想追求。

1996 年，国际 21 世纪教育质量委员会在向联合国教科文组织提交的《教育——财富蕴藏其中》中指出，教育应当促进每个人的全面发展，即身心、智力、敏感性、审美

---

① Miller, Ron. *New Directions in Education*[M]. Brandon：Holistic Education Press, 1999：1.
② Gang, Philip S. Our Challenge[J]. *Holistic Education Review*. 1990(4).

意识、个人责任感、精神价值等方面的发展。① 联合国教科文组织 2009 年出版的新书《学会求知：迈向和平与可持续的未来》特别在第九章对全人教育进行了阐释。我国《学生发展核心素养》特别强调"人文"和"科学"的平衡和主动互补发展，新一轮课程改革也是以扭转课程过分注重知识和技能而倡导全人教育为特征的。结合中华民族伟大复兴的时代使命，南京师范大学博士孙军对国内的全人教育做如下界定：全人教育是以儿童为核心，以学校为主导、家庭共同参与实施的整体、系统的教育。该教育面向全体儿童，通过课程建设、师资培训、课堂教学、综合实践活动、家长学校等途径，致力于儿童的心智与体魄的全面发展、和谐发展、持续发展。②

二、全人教育理论对素养导向下的全程学习单的指导意义

素养导向下的全程学习单就是以"全人发展"为育人理念，聚焦学生的主体性发展，尊重学生的差异化发展，对作业目标、内容、形式等进行变革，能充分发挥作业的教育功能，进一步落实"立德树人"的根本任务。具体来说，全人教育理论对素养导向下的全程学习单有以下指导意义。

素养导向下的全程学习单设计和全人教育都强调以生为本，学生作为独立的个体，作为完整的人，有着无限的潜能。教师要充分挖掘其潜能，促进学生能力提升。

（1）分层设计，实现"减负增效"。在组织学生参与学习活动时，教师会发现面对相同的学习内容，不同学生学习知识的进度与效果存在较大差异，有些学生能够轻松地完成知识的建构，有些学生则需要耗费更多的时间、精力才能够取得相似的效果。因此，在进行素养导向下的全程学习单设计时，教师应当意识到学生个体之间的差异性，主动结合学生的个性化学习需求，进行学习单的分层设计，以便每个学生都能够得到针对性的培养，助力学生全面发展。在学生参与学习活动的过程中，教师要细心观察学生的学习过程、学习状态、学习效果，根据学生的学习水平、兴趣爱好、性格特点等因素进行分层，再进行精准的分层学习单设计。

（2）巧妙设计，助力学生全面发展。全人发展教育理念关注学生的个性化发展和全面发展，基于此，在设计学习单时，教师要挖掘学生的潜能，进行多元化的学习单设计，并鼓励学生进行自主选择，让学生在相对自由、宽松、灵活的作业训练过程中，实现综合能力的发展。可以围绕教学内容，选择多样化的学习单形式，如实践类、调查类、探究类等，并依次向学生介绍每项任务的基本要求，让学生初步了解完成任务的程序。最后，在清楚了每一项任务的具体要求后，引导学生根据自身的兴趣点、认知水

---

① 联合国教科文组织. 教育：财富蕴藏其中［M］. 联合国教科文组织总部中文科，译. 北京：教育科学出版社，1996：68.
② 蔡辰梅，薛彦华. 全人教育理论与实践［M］. 北京：北京师范大学出版社，2019：276.

平、生活经验等做出选择，从而让学生以自己擅长的方式完成对知识的探究，让学生成为主动的学习者，让"自学习、自教育、自成长"真实发生。

素养导向下的全程学习单课堂实践和全人教育都强调学生积极自主的学习，强调学习并非教师以填鸭式的方式让学生接受新知识，而是通过学习单的创设学生积极主动的学习。素养导向下的全程学习单课堂实践重视的是学生主动探究知识的过程，以学生的自学探究、互动交流作为课堂的主要活动，通过了解学生的最近发展区，重视学生从原有高度跳至新高度的心理及内在变化，通过设计全方位的教学内容、全面和谐发展的教学目标、立体化的教学资源、人性化的教学情境、差异性的教学策略、学习化的教学评价以及反思性的教学实施与再评价来促进人的发展。

素养导向下的全程学习单和全人教育都强调合作学习发展学生能力。人本主义理论强调人的内心世界的重要性，它将人的思想、情感和情绪置于个体心理发展的前沿地位。合作学习是将心理学、社会学等众多理论与教学实际相结合而产生的一种教学模式。它主要通过促进学习者心理及其主体意识两方面的发展，为全人教育创造条件。[①]素养导向下的全程学习单设计时，有些环节需要学生小组合作完成，这符合全人教育的理念。小学生的知识积累和生活经验有限，倘若作业有一定的难度，学生很难依靠个人的力量在有限的时间内完成。受到成长背景、学习经历、生活环境等方面的影响，不同学生的发展方向、发展进度呈现出较大的差异，因此，学生之间具有一定的互补性。对此，教师可以根据学生的实际情况，为学生创建合作学习的平台，鼓励学生以小组为单位，共同完成作业，培养学生的协作能力。

素养导向下的全程学习单和全人教育提倡跨学科学习。教师根据不同学段内容特点和学生特点，设计丰富多样的阶梯式作业，有助于培养学生的创新能力。全人教育指导下的学习单，是以学习单为抓手逐步探索跨学科融合课程建设新路径。"跨学科学习"作为拓展型学习任务群之一，第一次进入语文课程内容。《义务教育语文课程标准（2022年版）》针对该任务群的价值定位指出：本学习任务群旨在引导学生在语文实践活动中，联结课堂内外、学校内外，拓宽语文学习和运用领域；围绕学科学习、社会生活中有意义的话题，开展阅读、梳理、探究、交流等活动，在综合运用多学科知识发现问题、分析问题、解决问题的过程中，提高语言文字运用能力。[②]《义务教育数学课程标准（2022年版）》的"综合与实践"板块内容也强调：综合与实践是小学数学学习

---

① 郭文玲. 从人本主义理论谈合作学习模式下的全人教育［J］. 教育理论与实践，2005（8）：45-46.

② 中华人民共和国教育部. 义务教育语文课程标准（2022年版）［S］. 北京：北京师范大学出版社，2022：34.

的重要领域。① 由此可见，跨学科、大单元、情境性、实践性是小学语文、数学等学科"无边界学习"课程体系发展的核心要求。就教学实践而言，在"双减"背景下，实现"无边界学习"的有力抓手无疑是在作业设计上下功夫，从而更好地突出跨学科融合。教师以学科作业设计为抓手，积极探索作业设计新路径，促进跨学科融合课程体系建设，有助于"无边界学习"课程体系的完善和发展。

---

① 中华人民共和国教育部. 义务教育数学课程标准（2022年版）[S]. 北京：北京师范大学出版社，2022：42.

第四章

设 计 原 则

学习单作为引导学生学习的得力工具,其设计与运用的科学性、合理性至关重要。它就像一把钥匙,能否精准地开启学生知识宝库的大门,取决于其设计与运用是否遵循正确的原则。

目标性原则为学习单指引方向,如同灯塔照亮学生前行的道路;主体性原则将学生置于核心地位,尊重他们的独特需求与潜力,激发无限的学习动力;实践性原则搭建起知识与现实的桥梁,使学生在实践中领悟知识的真谛,提升应用能力;系统性原则,构建起知识的有序框架,让学生在循序渐进中搭建稳固的知识大厦;开放性原则则为学生打开一扇通往广阔世界的窗,让他们拓宽思维边界,接纳多元的知识与观点。

这些原则不是孤立存在的,而是相互交织、相互促进,共同塑造着学习单的灵魂。在接下来的章节中,我们将深入探讨目标性原则、主体性原则、实践性原则、系统性原则、开放性原则对学习单设计与运用的意义与指导,剖析它们如何在教育实践中发挥关键作用,为广大教育工作者、研究者以及关注教育的人士提供有价值的参考,共同探寻优化学习单、提升教育质量的有效路径。

第一节 目标性原则

在学习单的设计与运用领域,目标性原则宛如定海神针,发挥着提纲挈领的关键作用。它不仅是学习单设计的起点,更是贯穿其运用过程的核心指引。

一、目标性原则的内涵

目标性原则是指在设计学习单时,要明确学习目标,并围绕这些目标来组织和安排学习内容、活动等。学习目标是学习单设计的出发点和归宿,它为整个学习过程指明了方向。

目标性原则要求学习单的设计要体现内容的系统性和连贯性，这是确保学习单有效性的关键所在。

1. 目标性原则要求学习单的设计要体现内容的系统性与连贯性

学习单作为辅助教学与学习的工具，其内容涵盖了学习的各个环节与层面。目标性原则犹如一条主线，将预习、课堂学习、复习等不同阶段的任务与活动紧密串联起来。

例如，在以"探索自然生态系统"为主题的全程学习单设计中，若明确了"使学生理解生态系统的组成、结构、功能以及其相互关系，并能分析人类活动对生态系统的影响"这一总体目标，那么在预习环节可以安排学生观察身边的自然环境，收集相关生物与非生物的信息，初步感知生态系统的要素；课堂上则通过教师讲解、小组讨论、案例分析等方式深入探究生态系统的内在机制；复习阶段设计综合性的实践活动，如模拟生态系统的修复方案制定等。这样各个环节的内容都围绕着既定目标展开，形成一个逻辑严密、层次分明的学习体系，避免了学习单内容的零散与无序，使学生在逐步推进的学习过程中构建起完整而系统的知识框架。

2. 目标性原则要求学习单的设计要为评价提供明确依据

学习单不仅是学习的引导，也是评价学生学习成果与过程的重要载体。目标性原则确立了清晰的评价标准与方向。当学习单依据明确的目标设计时，教师可以针对每个目标设定相应的评价指标。

比如，在一份关于"数学运算能力提升"的学习单中，若目标是"学生能够熟练掌握整数、小数、分数的四则运算，且运算准确率达到90%，并能运用运算知识解决实际生活中的数学问题"，那么在评价学生的学习单完成情况时，就可以从其对各类运算的掌握程度、解题的正确率、实际问题的解决思路与方法等方面进行量化与定性评估。这种基于目标的评价方式能够客观公正地反映学生的学习成效，精准发现学生的学习优势与不足，为后续的教学调整与个别辅导提供有力的参考依据，同时也能让学生清楚了解自己的学习状况，明确努力的方向。

3. 目标性原则要求学习单的设计要引导学生学习的方向与深度

小学生在学习过程中，自主规划与深度探究的能力相对较弱。目标性原则为他们在学习单的使用过程中指明了方向并界定了深度。

以"阅读经典文学作品《鲁滨逊漂流记》"的学习单为例，如果目标设定为"学生能够梳理鲁滨逊在荒岛上的生存经历，分析其人物性格特点，理解作品所传达的坚韧不拔、勇于创新与自我救赎的精神内涵，并能将鲁滨逊的精神品质与现代社会中的挑战与机遇相联系，进行批判性思考"，那么学生在预习时就会有针对性地阅读文本，关注鲁滨逊的关键行为与决策，标记出体现其性格的语句；课堂上在教师的引导下深入探讨人物形象与作品主题，参与相关话题的辩论与交流；复习时则进一步整合自己的理解，撰写读后感或进行角色扮演等活动来深化对作品的感悟。目标明确后，学生就知道在每个学习环节应该投入多少精力，对学习内容应该达到何种程度的理解与掌握，从而避免了学习的盲目性与表面化，逐步提升学习的深度与广度，培养自主学习与探究的能力。

二、基于目标性原则的学习单设计方法

1. 深入剖析课程标准

课程标准是教育教学的纲领性文件，它规定了不同学科、不同学段学生应达到的知识与技能、过程与方法、情感态度与价值观等多方面的总体要求。在确定学习单的学习目标时，首先要对课程标准进行深入细致的剖析。

例如，小学科学课程标准对于"物质的变化"这一主题，要求学生"认识物质的变化可以分为物理变化和化学变化，了解常见的物理变化和化学变化现象，知道物质发生化学变化时会伴随一些特征现象，如发光、发热、产生气体、生成沉淀等，初步建立科学的物质观"。教师在设计关于"物质的变化"的全程学习单时，就需要将这一总体要求分解为具体的、可操作的学习目标。如"学生能够通过观察日常生活中的物质变化实例，如蜡烛燃烧、水的蒸发、铁生锈等，准确区分物理变化和化学变化，并能用自己的语言描述两种变化的本质区别；能够设计简单的实验来验证物质的变化类型，记录实验现象并得出正确结论；在学习过程中体会到科学探究物质变化的乐趣，培养严谨的科学态度与观察习惯"。在剖析课程标准时，要特别关注其中的行为动词，如"认识""理解""掌握""应用"等，这些动词明确了学生对知识的掌握程度与能力要求，为确定学习目标的层次与深度提供了重要依据。

2. 精准把握学情

学情是确定学习目标的另一个关键因素。每个学生都是独一无二的个体，他们在学习基础、学习能力、学习兴趣、学习风格等方面存在着显著差异。为了精准把握学情，教师可以采用多种方法。例如，通过课堂提问、作业批改、阶段性测试等方式了解学生对已有知识的掌握情况；通过课堂观察、小组活动评估学生的学习能力与合作能力；通过问卷调查、学生访谈等方式探究学生的学习兴趣与学习风格。

以小学英语教学为例，如果通过学情分析发现班级学生在单词拼写与简单句型运用方面较为熟练，但在英语听力与口语表达方面相对薄弱，且大部分学生对英语故事与歌曲比较感兴趣。那么在设计"英语听说训练"学习单时，就可以确定如下学习目标："学生能够听懂语速适中、与日常生活密切相关的英语对话与短文，理解其主要内容，并能回答相关问题，听力准确率达到 70%；能够模仿听到的语音、语调进行口语表达，就熟悉的话题进行简单的对话交流，对话时长不少于 3 分钟；通过听英语故事、唱英语歌曲等方式提高英语学习的兴趣与积极性，增强语感与口语流利度。"只有充分考虑学情，才能制定出既符合学生实际水平又具有一定挑战性的学习目标，确保每个学生在学习过程中都能有所收获与成长。

3. 整合课程标准与学情确定目标

在深入剖析课程标准与精准把握学情之后，需要将两者有机整合来确定学习单的最终学习目标。

以小学数学"图形的面积计算"教学为例，课程标准要求学生"掌握长方形、正方形、三角形、平行四边形、梯形等常见图形的面积计算公式，并能运用这些公式解决实际生活中的面积计算问题"。教师通过学情分析发现，班级学生已经对长方形和正方形的面积计算较为熟悉，但对三角形、平行四边形和梯形的面积计算较为陌生，且学生在空间想象能力与数学逻辑思维方面存在差异。基于此，教师制定的学习目标如下："全体学生能够通过回顾长方形和正方形的面积计算方法，类比迁移到三角形、平行四边形和梯形的面积探究中，理解并掌握这些图形的面积计算公式，能正确计算给定图形的面积，解题准确率达到85%；对于学有余力的学生，要求他们能探究不同图形面积公式之间的内在联系，尝试解决一些综合性较强的图形面积计算问题，如组合图形的面积计算，并能运用所学知识设计简单的图形面积计算应用方案，如校园花坛面积的估算等；在学习过程中，培养学生的观察、比较、分析、推理等数学思维能力，提高学生运用数学知识解决实际问题的意识与能力，让学生体验数学与生活的紧密联系，增强学习数学的自信心与成就感。"这种整合方式确保了学习目标既不偏离课程标准的要求，又能满足不同层次学生的学习需求，使学习单在教学过程中发挥最大的效益。

三、目标性原则在教学中的细化与落实

（一）预习环节的目标细化与落实

1. 目标细化

预习环节是学生自主探索新知识的开端，其目标应侧重于激发学生的学习兴趣，引导学生初步感知学习内容，为课堂学习做好铺垫。以"小学语文古诗词学习"为例，若总体学习目标是"学生能够理解古诗词的意境、情感表达与艺术手法，背诵并默写古诗词"，那么预习环节的目标可细化为"学生通过查阅工具书、阅读古诗词注释，初步理解诗词中生字词的含义，能够正确朗读古诗词，读准字音、节奏；借助诗词配图、相关故事或动画等资料，感受古诗词所描绘的大致场景与氛围，对古诗词的主题有初步的推测与判断；标记出自己在预习过程中不理解的字词、诗句或意象，带着疑问进入课堂学习"。

2. 目标落实

为了落实预习环节的目标，可以在学习单上设计以下内容：一是提供古诗词的原文，并标注出重点生字词，旁边附上简单的拼音与释义提示；二是设置朗读练习板块，如划分好节奏线的诗词文本，让学生跟着节奏朗读，并可以录制自己的朗读音频或视

频,便于教师检查与反馈;三是安排资料收集任务,如给出一些与古诗词相关的网站、书籍或视频资源链接,要求学生选择至少一种资源进行查阅,然后在学习单上简要记录自己所了解到的诗词背景故事或相关意象的含义;四是设置疑问栏,让学生写下自己在预习过程中的困惑与问题。例如,在预习李白的《静夜思》时,学习单上可以有这样的任务:"查阅字典,写出'疑''举''思故乡'的意思;按照'/'划分的节奏朗读古诗词,并录制朗读音频;观看一段关于《静夜思》的动画视频,说说你从视频中看到了怎样的画面;把你不明白的地方写在疑问栏里,比如'为什么诗人会疑是地上霜呢?'"通过这些设计,引导学生在预习环节主动探索,积极思考,为课堂上深入学习古诗词奠定良好的基础。

(二)课堂环节的目标细化与落实

1. 目标细化

课堂是学习的核心环节,目标应聚焦于知识的深度理解、技能的训练提升以及情感态度价值观的培养。以"小学体育篮球技能教学"为例,课堂学习目标可细化为:"学生能够理解篮球运动的基本规则,如走步、二次运球、打手犯规等;掌握篮球的基本运球技巧,包括原地运球、行进间运球,运球时手部动作规范、力度适中、节奏稳定,能连续运球 50 次以上且失误率不超过 10%;学会篮球的传球方法,如双手胸前传球、单手肩上传球,传球准确到位,能在小组传球练习中成功率达到 80%;通过篮球团队比赛或游戏,培养学生的团队协作精神、竞争意识与勇于拼搏的体育精神,让学生在运动中体验到篮球的乐趣与魅力。"

2. 目标落实

在学习单的课堂学习部分,可以设计如下任务来落实目标:针对篮球规则理解,设置规则问答环节,如给出一些篮球比赛场景的图片或视频片段,让学生判断其中是否存在犯规行为,并说明理由;对于运球技巧训练,安排不同难度层次的运球练习场地,如在平坦的地面上进行原地运球练习,设置标志桶进行行进间运球绕桩练习,同时在学习单上记录每次练习的运球次数、失误次数等数据,以便观察进步情况;在传球方法学习方面,组织学生分组进行传球练习,学习单上设计传球准确性测试表格,记录每组学生的传球成功次数与失败次数,分析原因并进行改进;为了培养团队精神与体育精神,设计篮球团队比赛方案,如"三人篮球挑战赛",在比赛前让学生讨论团队战术,比赛后进行总结反思,在学习单上写下自己在比赛中的角色与贡献、团队合作的感受以及对体育精神的新认识。例如,在学习篮球双手胸前传球时,学习单上的任务可以是:"两人一组,相距 3 米进行双手胸前传球练习,每组练习 20 次,记录传球成功次数;观察对方传球时的动作,互相纠正不规范的地方;小组讨论如何在团队比赛中更好地运用传球技巧,制定一个简单的传球战术,并在比赛中尝试运用。"这些课堂学习任务的设计,让学生在实践中逐步掌握篮球技能,同时培养了学生多方面的素养。

(三)复习环节的目标细化与落实

1. 目标细化

复习环节旨在巩固所学知识与技能,构建知识体系,提升知识的迁移应用能力。以"小学美术绘画创作复习"为例,复习目标可细化为:"学生能够回顾本学期所学的绘画题材,如人物画、风景画、静物画等,总结不同题材绘画的构图方法、色彩搭配原则与绘画技巧;整理自己在本学期绘画作品创作过程中的优点与不足,如线条运用是否流畅、色彩是否协调、创意是否独特等;根据所学知识与自身感悟,创作一幅主题性绘画作品,要求融合多种绘画技巧,构图合理、色彩丰富、主题明确,能够表达出一定的情感或思想;通过作品展示与交流,欣赏他人作品,反思自己的创作,进一步提高审美能力与艺术表现力"。

2. 目标落实

为实现复习目标,学习单的复习部分可设计如下内容:一是提供绘画知识梳理框架,如以表格形式列出不同绘画题材的构图、色彩、技巧要点,让学生进行填空或补充说明;二是安排作品自评与互评环节,要求学生拿出自己本学期的绘画作品,在学习单上写下作品的名称、创作意图、自己满意的地方与不足之处,然后与小组同学交换作品进行互评,记录他人对自己作品的评价与建议;三是设置主题绘画创作任务,给出几个主题供学生选择,如"我的梦想家园""欢乐的校园时光""美丽的四季"等,在学习单上提供创作思路引导,如"先确定主题,构思画面内容与构图形式,然后选择合适的绘画工具与色彩,注意运用本学期所学的绘画技巧,如遮挡法、渐变法等,最后为作品命名并写下创作心得";四是开辟作品展示区,学生可以将自己的复习创作作品拍照上传或在教室的展示栏展示,同时在学习单上写下自己对其他同学作品的欣赏与学习心得。例如,在复习风景画绘画时,学习单上的任务可以是:"回顾风景画的构图方法,如远景、中景、近景的布局,总结色彩搭配在表现不同季节、天气的风景画中的应用;拿出自己之前画的风景画作品,分析画面中构图与色彩存在的问题,提出改进方案;以'秋日的公园'为主题创作一幅风景画,运用所学技巧表现出秋天的色彩与氛围,在学习单上记录创作过程中的灵感来源与遇到的问题;欣赏小组同学的作品,选出你认为最有创意的一幅,说明理由,并借鉴其优点对自己的作品进行再次修改完善。"通过这些复习任务的设计,帮助学生系统地复习美术知识与技能,提高绘画创作水平与艺术综合素养。

在全程学习单的设计中,目标性原则贯穿始终。从统领学习单的整体设计,到依据课程标准与学情确定合理目标,再到将目标细化落实到预习、课堂、复习各个环节,每一步都紧密相连,不可或缺。只有遵循目标性原则,才能设计出高质量、高效益的全程学习单,为学生的学习与成长提供有力的支持与保障。

第二节 主体性原则

在教育教学改革不断深化的当下，关注学生主体地位成为教育发展的关键方向，而在学习单的设计与运用中，主体性原则更是具有不可忽视的重要价值。

一、主体性原则的内涵

主体性原则是指在学习单设计中以学生为中心，充分考虑学生的主体地位，学习单的内容和任务难度契合学生的能力水平，以激发学生主动参与学习的兴趣。

（一）主体性原则要求学习单的设计尊重学生主体地位

1. 以学生为中心

学习单的设计要围绕学生的认知水平、学习兴趣、学习风格等展开，将学生视为学习的主人。例如，对于喜欢动手操作的学生，可以设计一些实践操作类的活动；对于善于思考的学生，可以设计一些探究性、思考性的问题，充分满足不同学生的需求，让学生在学习过程中能够积极主动地参与。

2. 发挥学生主动性

注重激发学生的学习内驱力，使学生能够自主地去探索知识、解决问题。比如在学习单中设置一些开放性的问题或任务，让学生自己去查阅资料、搜集信息、分析思考，而不是仅仅让学生被动地接受知识，从而培养学生的自主学习能力和主动探索精神。

（二）主体性原则要求学习单的设计关注学生个体差异

1. 因材施教

充分考虑学生在知识基础、学习能力、学习速度等方面的差异，设计不同层次的学习单。例如，对于基础薄弱的学生，学习单可以侧重于基础知识的巩固和基本技能的训练，难度相对较低；对于基础较好的学生，可以设计一些拓展性、挑战性的内容，如综合运用知识解决复杂问题、进行创新性思考等，让每个学生都能在适合自己的学习单引导下获得进步。

2. 个性化指导

学习单中可以提供一些个性化的学习建议和指导方法。比如针对学生在学习过程中可能出现的困难和问题，给出相应的解决策略；或者根据学生的学习特点，推荐适合的学习方法和学习资源，帮助学生更好地完成学习任务，提高学习效果。

（三）主体性原则要求学习单的设计强调学生体验与参与

1. 注重学习体验

学习单的设计要让学生在学习过程中能够获得积极的情感体验。例如，创设生动有趣的学习情境，让学生在情境中感受知识的魅力；或者设计一些富有挑战性的任务，让学生在完成任务的过程中体验到成功的喜悦，从而增强学生对学习的兴趣和热情。

2. 促进学生参与

鼓励学生积极参与学习单的各个环节中。比如在学习单中设置小组合作学习的活动，让学生在小组内进行交流讨论、分工协作，共同完成学习任务；或者设计一些互动性的环节，如让学生对学习内容进行评价、提出自己的见解和疑问等，让学生在参与中加深对知识的理解和掌握，同时也培养学生的合作能力和沟通能力。

（四）主体性原则要求学习单的设计培养学生自主学习能力

1. 引导自主学习方法

学习单要为学生提供自主学习的方法和途径，帮助学生掌握有效的学习策略。例如，可以教学生如何制订学习计划、如何进行知识的归纳总结、如何运用思维导图等工具来整理知识等，让学生在学习单的引导下逐步学会自主学习，提高学习效率。

2. 培养自主学习习惯

通过学习单的设计，引导学生养成良好的自主学习习惯。比如，可以设置一些预习、复习的环节，让学生养成课前预习、课后复习的习惯；或者设计一些自我检测的题目，让学生养成自我检查、自我评估的习惯，使学生能够在学习过程中自觉地进行自主学习，不断提升自己的学习能力。

二、基于主体性原则的学习单设计方法

（一）以学生为中心设计学习目标

1. 了解学生需求

通过问卷调查、访谈、课堂观察等方式，深入了解学生的知识基础、学习兴趣、学习难点等，使学习目标的设定更加贴合学生的实际情况。例如，在设计物理学习单前，教师可以调查学生对物理现象的好奇点和困惑点，据此设定学习目标，让学生在满足自己好奇心的同时解决学习中的问题。

2. 设定多元目标

除了知识与技能目标，还要关注过程与方法、情感态度与价值观目标。例如，教师在学习单中不仅要求学生掌握某个知识点，还要引导学生学会通过查阅资料、实验探究等方法获取知识，同时培养学生对学科的兴趣与合作精神等。

（二）设计多样化的学习内容与形式

1. 贴近学生生活实际

选取与学生生活密切相关的内容，让学生感受到学习的实用性和趣味性。比如在数学学习单中，设计关于家庭购物预算、房屋面积计算等实际问题，让学生在解决实际问题的过程中学习数学知识。

2. 提供丰富的学习资源

除了教材内容，还可以提供图书、网络资源、实验器材等多元化的学习资源，满足不同学生的学习需求。例如，在学习历史学习单时，除了课本知识，还可以推荐一些历史纪录片、历史小说等资源，拓宽学生的学习视野。

3. 采用多样的学习形式

结合学生的认知特点和学习风格，设计自主学习、合作学习、探究学习等多种形式的学习活动。例如，在学习语文古诗词时，可以让学生先自主学习古诗词的字词解释和大意，然后小组合作探讨诗词的意境和情感，最后全班探究诗词的写作手法和艺术特色。

（三）尊重学生个体差异，分层设计学习单

1. 难度分层

根据学生的知识水平和学习能力，将学习单分为基础层、提高层和拓展层。基础层主要针对基础知识和技能的掌握，适合所有学生；提高层增加一些难度较大的题目和任务，适合中等及以上水平的学生；拓展层则设计一些富有挑战性和创新性的内容，适合学有余力的学生。例如，在数学学习单中，基础层是简单的计算题和概念理解题，提高层是综合运用知识解决问题的题目，拓展层是数学建模或探究性问题。

2. 任务分层

在同一个学习主题下，设计不同层次的学习任务。例如，在英语写作学习单中，对于基础薄弱的学生，任务是仿写一段简单的英语短文；对于基础较好的学生，任务是根据给定的关键词和情境独立完成一篇英语作文；对于英语水平较高的学生，任务是创作一篇具有创新性和深度的英语故事或评论。

（四）引导学生自主学习与自我评价

1. 提供学习方法指导

在学习单中嵌入学习方法提示，如预习方法、阅读技巧、笔记整理方法等，帮助学生掌握有效的学习策略。例如，在历史学习单中，提示学生通过时间线索、事件关联等方式梳理历史知识，提高学习效率。

2. 设计自我检测与评价环节

让学生在完成学习任务后，通过自我检测题目或评价量表对自己的学习情况进行评

估,了解自己的学习收获和不足。例如,在学习单的最后设置一些选择题、简答题等自我检测题目,以及从知识掌握、学习态度、合作表现等方面设计一些自我评价量表,引导学生进行自我反思和总结。

（五）鼓励学生参与学习单的设计与改进

1. 收集学生意见

在学习单使用过程中,及时收集学生的反馈意见,了解学生对学习单内容、形式、难度等方面的看法和建议。可以通过课堂提问、课后作业反馈、学习小组讨论等方式获取学生的信息。例如,在每次使用学习单后,让学生填写一份简单的反馈表,询问他们对学习单的喜爱程度、遇到的困难等。

2. 让学生参与设计

在条件允许的情况下,可以让学生参与到学习单的部分设计工作中。例如,让学生为某个学习主题设计一些练习题或活动方案,或者让学生对学习单的版面设计、色彩搭配等提出自己的创意,增强学生对学习单的认同感和参与感。

三、主体性原则促进学生自主学习、合作学习的策略

（一）促进自主学习的策略

1. 目标导向与问题驱动

在"神奇的植物世界"学习单中,学习目标为"让学生了解植物的基本结构、生长习性以及植物与人类的关系"。为了引导学生自主学习,学习单提出了一系列问题,如:"植物的根有哪些作用？""为什么有些植物喜欢阳光,而有些植物却适合生长在阴暗的地方？""我们日常生活中的食物有哪些是来自植物的？"这些问题犹如一把把钥匙,开启了学生探索植物世界的大门。学生会主动查阅植物百科全书、观看科普视频,甚至到植物园进行实地观察,以寻找问题的答案。在"趣味写作坊"学习单中,目标是培养学生的写作能力,让学生从简单的语句写作到段落写作再到完整的文章写作。问题设置如下:"你最喜欢的季节是什么？这个季节有什么独特的景色？""如果让你设计一个未来的城市,它会是什么样子的？"通过这些问题,激发学生的想象力和创造力,让他们在思考和写作的过程中不断提高自己的写作水平。

2. 提供学习资源与路径指引

在"历史的长河"学习单中,为了让学生更好地了解古代文明,学习单提供了丰富的学习资源,推荐了一些适合小学生阅读的历史故事书籍,如《中华上下五千年》等,并提供了相关的电子书链接或图书馆借阅信息。同时,还列出了一些历史纪录片的名称,如《河西走廊》《如果国宝会说话》等,以及观看渠道。在学习路径指引方面,告诉学生先阅读书籍中的某个章节,了解古代文明的起源和发展脉络,然后观看纪录片

中的相关片段,加深对历史事件和人物的印象,最后可以尝试制作一个简单的历史手抄报,展示自己对古代文明的理解和认识。在"信息技术小达人"学习单中,针对小学生学习电脑绘画的任务,教师在学习单上提供了一些免费的绘画软件下载链接,如"画图3D""Sketchpad"等,并给出了软件的基本操作视频教程。学习路径为:先观看软件操作教程,熟悉绘画工具的使用方法;然后尝试模仿一些简单的绘画作品,如绘制一朵花或一个小动物;最后发挥自己的创意,创作一幅属于自己的电脑绘画作品。

3. 自我反思与总结环节

在"舞蹈小精灵"学习单中,在学生完成一段舞蹈练习后,教师设置自我反思问题,如:"在舞蹈动作的协调性方面,自己做得怎么样?有没有哪个动作总是容易出错?""在舞蹈表情和情感表达上,是否能够传达出舞蹈的意境?"通过这样的反思,学生能够清楚地认识到自己在舞蹈学习中的优点和不足,从而有针对性地进行改进。在"书法小天地"学习单中,学生在完成一幅书法作品后,思考:"自己在笔画的粗细、长短控制上是否得当?""字与字之间的间距和整体布局是否美观?"这种自我反思与总结有助于学生不断提高自己的书法技巧,培养良好的书写习惯。

(二)促进合作学习的策略

1. 小组任务设计

在"校园文化节筹备"学习单中,教师布置了一个大型的小组任务:策划并组织一场校园文化节活动。小组成员包括擅长组织协调的学生、有艺术特长的学生、擅长文案写作的学生等。任务分工明确,有的学生负责确定文化节的主题和活动流程,有的学生负责设计文化节的宣传海报和舞台布置,有的学生负责撰写活动的主持人台词和宣传文案,还有的学生负责联系表演嘉宾和安排场地设备。在"环保小卫士行动"学习单中,小组任务是对校园周边的环境进行调查并提出环保建议。小组成员一起制订调查计划,有的负责实地考察垃圾分布情况,有的负责采访周边居民和商户对环境问题的看法,有的负责查阅环保法规和相关案例,最后共同撰写环保调查报告,并向学校和社区提出可行的环保建议。

2. 合作学习流程引导

在"小组合唱比赛"学习单中,教师详细规划了合作学习流程。首先是小组组建,学生根据自己的唱歌水平、音色特点等自由组合成小组,并推选一名组长。然后进入歌曲选择环节,小组成员共同讨论,根据小组的整体风格和优势选择一首适合合唱的歌曲。接下来是练习阶段,组长组织安排排练时间,成员们在练习过程中互相倾听、互相纠正发音、节奏和音准等问题。在磨合阶段,注重团队的和声配合和情感表达,通过多次排练不断提高合唱的整体效果。最后是比赛阶段,小组成员在舞台上共同展示自己的努力成果,并在比赛后进行总结反思,回顾整个合作过程中的经验和教训。在"科学实验探究小组"学习单中,流程如下:小组集合后确定实验主题,如"探究影响植物生长的因素"；然后成员们分工查阅资料，设计实验方案，包括实验材料的准备、实验步骤的设定等；在实验操作过程中，大家密切配合，记录实验数据；实验结束后，共同分析数据，得出结论，并撰写实验报告。

3. 合作评价机制建立

在"小组阅读分享会"学习单中，教师建立了完善的合作评价机制。小组内成员互评方面，要求成员评价其他同学在阅读分享过程中的表现，如是否认真阅读了书籍、分享内容是否有深度、表达是否清晰流畅、是否能够积极回应其他同学的提问等。小组自评则从小组整体的阅读氛围营造、分享会的组织安排、讨论的深度和广度等方面进行评价。教师评价主要从阅读的质量、团队合作的效果、学生在阅读和分享过程中的成长与进步等方面进行综合考量。评价结果不仅作为小组和个人在本次阅读分享会中的成绩评定依据，还可以为后续的小组合作学习提供参考和改进方向。在"数学小组竞赛"学习单中，成员互评包括对其他成员在竞赛解题思路、团队协作中的贡献、应对压力的表现等方面的评价。小组自评关注小组在竞赛策略制定、时间管理、成员优势发挥等方面的情况。教师评价着重于小组的知识运用能力、竞赛成绩以及团队合作精神的展现，通过这种多元评价机制，激励学生在合作学习中积极发挥优势，共同提高学习效果。

全程学习单设计中的主体性原则在小学教育中具有不可替代的重要性。通过以学生为中心的设计核心，教师精准地洞察学生的需求与特点，并运用有效的策略和方法促进学生的自主学习与合作学习，能够为小学生打造一个丰富多彩、富有成效的学习环境。在这个环境中，每一个孩子都能够充分发挥自己的潜力，像茁壮成长的幼苗，向着知识的阳光奋力生长，为他们未来的学习和发展奠定坚实而稳固的基础。教育工作者应深刻理解并积极践行这一原则，不断探索创新，让全程学习单成为小学教育教学中有力的助推器，助力孩子们在学习的道路上越走越远、越飞越高。

第三节　实践性原则

在教育领域不断探索创新的进程中，实践性原则在学习单设计与运用里的重要性愈发凸显，它犹如一座桥梁，紧密连接着理论知识与现实生活的两端。

一、实践性原则的内涵

实践性原则是指在设计学习单时，着重强调将学习内容与实际操作、生活应用相融合，以动手实践活动为主要方式，引导学生在实践体验中获取知识、锻炼技能并加深对知识理解的一种设计理念。

1. 实践性原则要求学习单的设计要强调知识与实际生活的联系

它要求学习单的内容设计要结合生活场景，让学生能够把学到的知识运用到实际生活中。例如，在数学学习单中，设计购物算账的实践活动，让学生在模拟购物场景中运用四则运算知识计算商品总价、找零等，这样能使学生真切地体会到知识的实用性。

2. 实践性原则要求学习单的设计要注重动手操作

实践性原则鼓励学生通过动手操作来获取知识和技能。如在科学学习单里，安排学生动手制作简单的电路实验，让他们在连接电路元件的过程中理解电路的原理，这种亲身体验比单纯的理论学习更加深刻。

3. 实践性原则要求学习单的设计要强调学习过程的体验性

学生在实践活动中能获得各种体验，包括成功的喜悦、失败的反思等。比如在手工制作学习单中，学生完成一个手工艺品后会获得成就感，而在制作不顺利时也能总结经验教训，这些体验有助于学生更好地理解知识和发展能力。

二、基于实践性原则的学习单设计方法

（一）理论与实践相结合

1. 知识应用导向

学习单设计应注重将理论知识与实际操作相结合，引导学生将所学知识应用于实际情境中，使学生在实践中掌握知识。例如，在物理力学学习单中，教师不仅讲解理论公式，还设计实验操作任务，让学生通过实验验证公式，加深对知识的理解。

2. 情境创设

创设贴近学生生活、富有挑战性的实践情境，激发学生的学习兴趣，让学生在实践中发现问题、解决问题。例如，在语文学习单中，可以创设与课文内容相关的生活场景，让学生在场景中进行角色扮演，体会课文情感。

（二）学生主体地位的体现

1. 主动探究

实践性原则强调学生在教学过程中的主体地位，教师应尊重学生的个性差异，激发学生的学习兴趣，让学生在实践活动中主动探究、主动学习。例如，在数学学习单中，设计一些开放性问题，让学生自主探索解决方案，而不是直接给出答案。

2. 合作交流

鼓励学生之间的互动交流与合作学习。学习单中可以设计一些小组合作、讨论交流、同伴互助等环节，让学生在与他人的互动中分享观点、碰撞思想、共同解决问题，培养学生的合作精神和沟通能力。

（三）创新与实践相结合

1. 培养创新意识

实践性原则要求教师在教学中注重培养学生的创新意识和实践能力，鼓励学生在实践中发现问题、解决问题，提高学生的综合素质。例如，在科学学习单中，设计一些创新性实验或项目，让学生自主设计实验方案，探索新的科学现象。

2. 问题解决能力

通过实践性任务，培养学生的动手能力和问题解决能力。例如，在历史学习单中，设计一些历史事件重现或历史人物扮演的活动，让学生在活动中理解历史，同时培养解决实际问题的能力。

（四）实践任务的设计

1. 任务导向性

学习单应以任务为核心，通过设定具体任务来引导学生学习和探究知识，强调学生的主体性和实践性。任务应具有明确的目标，与教学大纲和学习要求相一致，能够指导学生完成任务。

2. 任务的真实性和情境性

任务的设计应注重真实性和情境性，能够贴近学生的生活实际，使学习内容更具实用性和可操作性。例如，在英语学习单中，设计一些模拟实际英语交流的场景，如模拟餐厅点餐、酒店入住等，让学生在真实情境中运用英语。

3. 任务的挑战性和启发性

任务应具有一定的挑战性和启发性，能够激发学生的思考和探究欲望，促进他们的知识积累和能力提升。例如，在数学学习单中，设计一些需要学生运用多种数学知识和技能解决的复杂问题，激发学生的思维。

（五）评价与反馈

1. 过程性评价

实践性原则强调过程性，关注学生在活动中的成长过程。教师应关注学生的参与程度、合作意识、问题解决能力等方面的表现，及时给予反馈和指导，帮助学生不断改进和提高。

2. 自我评价与反思

学习单设计要体现一定的评价功能，使学生在学习活动中获得激励，产生竞争意识，从而对学习过程和结果进行自我强化和纠正，提升学习质量。例如，在学习单的最后设置自我评价和反思环节，让学生总结自己的学习收获和不足。

三、实践性原则在教学中的具体实施

(一)结合学科知识设计实践任务

1. **语文学科**

在小学语文教学中,教师可以设计多种实践任务。例如,在学习古诗词时,为了让学生更好地理解古诗词意境,教师可安排"古诗配画"的实践任务。让学生根据自己对古诗词的理解,用画笔描绘出诗词所描绘的画面。以《静夜思》为例,学生通过绘画明月、床榻、诗人等形象,能更加深刻地体会到诗人在异乡漂泊时思念故乡的情感。同时,还可以开展"诗词朗诵会"实践活动,学生在朗诵过程中,通过对语调、节奏、情感的把握,进一步加深对古诗词内涵的理解。据统计,参与"古诗配画"和"诗词朗诵会"实践活动的学生,在古诗词理解测试中的正确率比未参与者高出20%。

2. **数学学科**

对于小学数学,实践任务的设计要紧密围绕数学概念和运算。如在学习"图形的认识"时,教师设计"制作七巧板并拼搭图案"的任务。学生在制作七巧板的过程中,深入了解三角形、正方形、平行四边形等图形的特征,然后通过用七巧板拼搭各种图案,如动物、人物、建筑等,进一步巩固对图形的认识和空间想象能力。在学习"统计与概率"时,安排学生进行"校园内同学兴趣爱好调查"实践活动。学生自己设计调查问卷、收集数据、整理数据并制作统计图表,最后分析数据得出结论。这样的实践过程让学生切实掌握了数据收集与分析的方法,在相关知识的应用测试中,参与实践活动的学生正确率比未参与的学生高出25%。

3. **英语学科**

将学习内容与学生的生活实际紧密结合,创设真实或模拟的真实情境,让学生在情境中运用英语进行实践。例如,在学习有关购物的单元时,教师设计一个"超市购物"的情境,让学生在学习单上完成购物清单的制作、价格计算、与店员的对话模拟等任务,使学生在真实的购物情境中练习英语表达。教师还可以围绕单元主题,设计涵盖听、说、读、写等多技能的综合实践活动。如在学习完有关环境保护的单元后,让学生制作一份关于环保的海报或手抄报,并在班级进行展示和讲解,这不仅考查了学生的语言运用能力,还培养了他们的综合实践能力。再如,让学生以小组为单位,开展"我的家乡"项目,他们需要通过调查、采访等方式收集家乡的信息,然后用英语撰写报告、制作PPT,并在课堂上进行展示和分享,这个过程充分体现了学生的自主实践和合作探究。

4. **科学学科**

小学科学课程本身就具有很强的实践性。在学习"植物的一生"时,教师让学生亲自种植一种植物，从播种、浇水、施肥、观察记录到收获，全程参与。在这个过程中，学生能够直观地了解植物生长的各个阶段所需的条件，如阳光、水分、土壤等。在学习"声音的传播"时，教师设计"土电话制作"实践任务。学生利用纸杯、棉线等简单材料制作土电话，通过实际操作探究声音如何通过固体传播，这比单纯的理论讲解更能让学生理解声音传播的原理。有数据显示，经过此类科学实践活动训练的学生，在科学知识应用与实验操作考核中的表现更突出。

（二）基于学生生活经验设计实践任务

小学生对周围的生活世界有着丰富的感知经验，基于此设计实践任务能够让他们更好地将知识与生活联系起来。例如，在学习"人民币的认识"时，教师可设计"模拟超市购物"实践活动。在教室里布置一个简易的"超市"，摆放各种标有价格的商品，让学生扮演顾客和收银员，进行人民币的兑换、找零等操作。这样的实践活动让学生在熟悉的购物情境中熟练掌握人民币的面值、换算以及简单的加减法运算。调查发现，参与"模拟超市购物"实践活动的学生，在人民币相关知识的测试中，准确率比未参与的学生高出35%左右。

又如，在学习"环境保护"主题时，教师组织学生开展"校园垃圾分类行动"实践任务。学生先学习垃圾分类的知识和标准，然后在校园内进行垃圾分类宣传、垃圾桶设置规划以及监督垃圾投放等活动。通过这个实践过程，学生不仅深刻理解了垃圾分类的重要性和方法，还培养了社会责任感和环保意识。在对学生环保知识和意识的测评中，参与该实践活动的学生比未参与的学生更具环保理念。

（三）分层设计实践任务满足不同学生需求

由于小学生在学习能力、知识基础等方面存在差异，因此在设计实践任务时要分层设置。针对学习能力较弱的学生，在语文阅读实践任务中，可以设计"故事复述"任务。让学生阅读一篇简单的故事后，用自己的话将故事的主要情节复述出来，重点在于锻炼他们的阅读理解和语言表达能力。在数学实践任务方面，设计"基础运算练习卡片制作"任务，如让学生制作加法、减法运算卡片，在制作过程中巩固运算知识。

针对中等水平的学生，在语文方面可安排"故事续写"实践任务。给定一个故事的开头，让学生发挥想象续写故事，这需要他们运用已有的知识和一定的创作能力。在数学上，设计"数学谜题解答"任务，如一些趣味性的数学脑筋急转弯或简单的数学应用题，培养他们的思维能力和知识应用能力。

针对学习能力较强的学生，语文实践任务可以是"文学作品改编"，如将一篇经典童话改编成剧本并进行表演，这要求学生对文学作品有深入的理解，并具备较强的创作和组织能力。在数学领域，开展"数学小课题研究"实践任务，如让学生探究"生活中的黄金分割现象"，引导他们自主查阅资料、设计调查方案、进行数据分析并得出结论，培养他们的综合数学素养和科研探索精神。通过分层设计实践任务，不同层次的学生都能在实践中有所收获，提升自己的知识理解与技能掌握水平。

综上所述，全程学习单设计中的实践性原则通过重视实践地位、精心设计实践任务以及构建培养学生解决实际问题能力的作用机制，为小学教育教学提供了一种有效的教学工具和策略。它能够让小学生在实践中更好地理解知识、掌握技能、培养综合素养，为他们未来的学习和生活奠定坚实的基础。教育工作者应充分认识到这一原则的重要性，并积极将其应用到全程学习单的设计与教学实践中，以促进小学生的全面发展。

第四节 系统性原则

在学习单的设计与运用过程中，系统性原则犹如教育大厦的坚实架构，发挥着基础性与支撑性的关键作用，从根本上影响着学习单的质量与教学效果。

一、系统性原则的内涵

系统性原则是指在设计学习单时，从内容组织、目标规划和学习过程等方面进行全面考量，确保学习单的内容依照合理逻辑顺序编排，从易到难逐步推进；学习目标有明确的整体规划并细化为多个相互关联的小目标；学习流程完整连贯，包括预习、学习和复习等环节，从而形成一个有机整体的设计准则。

系统性思维要求设计者从整体出发，全面考量学习单在教学过程中的各个要素及其相互关系，如同构建一座大厦，须先有完善的蓝图规划。

1. **系统性原则要求学习单的设计要与小学教育的总体目标相契合**

小学阶段是学生学习基础知识、基本技能，以及培养学习兴趣和良好学习习惯的关键时期。因此，学习单不应仅仅聚焦于知识的传授，更要注重学生综合素质的提升。例如，在设计语文学习单时，不仅要有字词、语句的学习任务，还应涵盖阅读素养、写作能力以及文化情感的培养。以培养学生的阅读素养为例，不能仅停留在简单的阅读理解练习，而是要系统地规划阅读材料的选择，从童话、寓言到简单的文学名著片段，逐步提升学生的阅读层次；同时，还要进行阅读方法的指导，如精读、泛读、批注阅读等方法的教授与实践，使学生在不同阶段都能得到有针对性的阅读训练，为其终身阅读习惯的养成奠定基础。

2. **系统性原则要求学习单的设计要遵循学科知识体系的内在逻辑**

小学各学科都有其严谨的知识架构，学习单应是这一架构的有效呈现与延伸。以小学数学为例，数与代数、图形与几何、统计与概率等知识板块之间相互关联又逐步递进。在设计学习单时，要考虑到这种关联性，如在学习图形的面积计算之前，教师应先通过学习单让学生掌握图形的基本特征、周长计算等基础知识，为后续面积计算的学习做好铺垫。并且，在同一知识板块内，也要遵循由浅入深、由易到难的顺序。例如，在教授乘法运算时，先从简单的一位数乘一位数开始，逐步过渡到多位数乘一位数、两位数乘两位数等。学习单的任务设计也要相应地体现这种循序渐进性，让学生在系统的学习过程中逐步构建起完整的数学知识体系。

3. **系统性原则要求学习单的设计要关注学生个体学习的系统性**

每个学生都有自己独特的学习节奏和方式，学习单应适应这种多样性并促进其学习的系统性发展。例如，针对学习能力较强的学生，可以设计一些拓展性任务，如在学习完一篇课文后，让他们进行同主题文章的对比阅读，并撰写简单的文学评论，进一步挖掘其文学素养；而针对学习能力较弱的学生，则侧重于基础知识的巩固和基本技能的训练，如设计更多的字词听写、课文背诵检查等任务。但无论是哪种类型的学生，教师都要引导他们进行学习前的预习、学习中的思考与练习以及学习后的总结与反思，使学生的学习过程形成一个完整的闭环，逐步提高学习效果。

二、基于系统性原则的学习单设计方法

（一）目标的连贯性与衔接

1. 明确且全面

学习单的设计应基于对课程标准、教学目标和学生学情的全面把握，确保所设计的学习单能够涵盖知识与技能、过程与方法、情感态度与价值观等多维度的培养目标，使学生通过完成学习单，能够系统地达成课程要求的各项能力与素养。

2. 层次分明

目标应具有层次性，从基础的知识掌握到综合能力的运用，再到情感态度的培养，形成由浅入深、循序渐进的目标体系，使学生在完成学习单的过程中，逐步提升自己的学习水平。

（二）内容的关联性与整合

1. 知识结构化

学习单中的内容应按照学科知识的内在逻辑进行编排，将零散的知识点整合成有机的知识体系，帮助学生建立起系统的知识框架，使他们能够清晰地理解知识之间的联系与区别，从而更好地掌握和运用知识。

2. 板块关联性

学习单通常包含多个板块，如课前预习、课中学习、课后巩固等，各板块之间应相互关联、层层递进。课前预习板块为课中学习奠定基础，课中学习板块深化对知识的理

解和掌握，课后巩固板块则对所学知识进行复习和拓展，形成一个完整的学习闭环。

（三）评价的整体性与反馈

1. 环节完整性

学习单的设计应涵盖学习的全过程，从课前的预习准备，到课中的学习活动，再到课后的复习巩固和拓展延伸，每个环节都不可或缺，形成一个完整的学习过程，确保学生的学习活动连贯、有序。

2. 反馈及时性

在学习单的使用过程中，应设置及时的反馈机制，如课中的随堂检测、课后的自我评价和教师评价等，让学生能够及时了解自己的学习情况，发现存在的问题，并及时进行调整和改进，从而保证学习过程的系统性和有效性。

（四）应用的多维性与融合

1. 学科融合性

学习单的设计可以突破单一学科的限制，将不同学科的知识和方法进行融合，培养学生的综合素养和跨学科思维能力。例如，在语文学习单中融入历史、文化等元素，在数学学习单中结合实际生活场景等。

2. 情境真实性

将学习单中的知识和任务置于真实的学习情境中，让学生在解决实际问题的过程中运用所学知识，提高学习的实用性和趣味性，增强学生的学习动力和参与度。

三、学习单与教学整体系统的协同运作

（一）与教学目标协同

小学教学目标是多维度的，包括知识与技能、过程与方法、情感态度与价值观等方面。学习单的设计要紧密围绕这些教学目标，与之协同共进。例如，在品德与社会课中，教学目标是培养学生良好的道德品质和社会责任感，以及对社会现象的认知和分析能力。教师可以设计一些社会调查任务，如调查社区的环境问题、公共设施使用情况等，让学生在实践中了解社会现象，分析问题产生的原因，并提出自己的解决方案。在这个过程中，学生不仅学到了社会知识和调查研究的方法（知识与技能、过程与方法目标），还增强了对社会的责任感和关爱之情（情感态度与价值观目标）。又如，在音乐课中，教学目标是培养学生的音乐感知能力、演唱技巧和对音乐作品的欣赏能力。教师可以设计音乐欣赏环节，让学生聆听不同风格的音乐作品，分析其节奏、旋律、和声等音乐要素，并在演唱练习中运用所学技巧；通过对音乐作品背景文化的介绍，提升学生对音乐的理解和欣赏水平，使学习单与音乐教学目标高度契合，共同促进学生音乐素养的提升。

（二）与教学方法适配

教学方法多种多样，如讲授法、讨论法、探究法、实践法等。学习单应根据不同的教学方法进行匹配，以提高教学效果。在采用讲授法教学时，可以设计一些预习问题和课后总结任务。例如，在自然科学课上，教师讲授地球的公转和自转知识前，学习单列出预习问题，如："我们日常生活中有哪些现象与地球的运动有关？"引导学生带着问题听课，提高学习的针对性。课后，学习单中要求学生总结地球公转和自转的特点、产生的地理现象等，巩固所学知识。在运用讨论法教学时，学习单中提供讨论话题和讨论框架。如在语文课堂讨论"童话故事的寓意"时，学习单明确列出几个讨论方向，如："故事中的人物形象与寓意的关系""故事的结局对寓意的表达有何作用？"并设计记录讨论结果的表格，让学生在讨论过程中有据可依，提高讨论的效率和质量。在探究法教学中，学习单则是学生探究的指南。如在科学实验课探究"物体的沉浮条件"时，学习单中详细介绍了实验材料、实验步骤、观察记录的要点以及探究问题，如："不同材质的物体在相同液体中的沉浮情况有何不同？""影响物体沉浮的因素有哪些？"引导学生有序地进行探究实验，培养学生的科学探究能力。

（三）与教学进度同步

学习单的设计要与教学进度保持同步，确保在合适的时间为学生提供合适的学习任务。在小学阶段，各学科教学都有其既定的教学进度安排。以小学数学为例，在一年级上学期，教学进度主要集中在数的认识、简单加减法运算等基础知识。教师在这个阶段应围绕以上内容设计任务，如数字的书写练习、实物数数、简单加减法的口算练习等。到了二年级，开始涉及乘法口诀的学习，教师就要相应地安排乘法口诀的背诵、乘法算式的书写与计算等任务。在语文教学中，按照教学进度，低年级主要是识字写字、简单阅读和写话训练。学习单在低年级阶段侧重于字词的学习巩固，如字词卡片制作任务、简单的阅读短文回答问题以及看图写话练习等；随着年级的升高，阅读和写作要求提高，学习单的任务也逐渐转变为阅读理解技巧训练、作文写作指导等，如分析文章结构、写作手法的学习任务，以及不同体裁作文的写作练习，如记叙文、说明文、诗歌等。学习单与教学进度紧密配合，为学生的学习提供有力的支持。

综上所述，全程学习单设计中的系统性原则在小学教育中具有极其重要的意义。通过遵循系统性思维，整合学习单各部分之间的关联，并确保与教学整体系统的协同运作，学习单能够为小学生提供更加科学、高效、全面的学习工具，促进他们在知识、技能、情感等多方面的全面发展，为其未来的学习和成长奠定坚实的基础。教育工作者应深刻认识并积极践行这一原则，不断优化全程学习单的设计与应用，推动小学教育教学质量的提升。

第五节 开放性原则

在教育理念不断革新的当下,开放性原则在学习单设计与运用领域的价值日益凸显,它为传统教育模式注入了一股充满活力的清泉,打破了固有框架的束缚,为师生创造了更为广阔的教育空间。

一、开放性原则的内涵

开放性原则是指在设计学习单时,在内容方面打破教材局限,整合多种课外资源;在问题设计上鼓励多种解法和观点,避免单一答案;在学习方式上支持自主、合作、探究等多种形式,以激发学生的发散思维,拓宽学生学习渠道的一种设计理念。

在小学教育领域,全程学习单的开放性原则具有丰富多元的体现形式,它犹如一把钥匙,为学生开启了更为广阔的学习之门。

1. 开放性原则要求学习单的设计体现学习内容的开放性

传统的学习单往往局限于课本知识的巩固与练习,而遵循开放性原则的学习单则会将视野拓展到更广泛的领域。例如,在小学语文学习单中,当学习"四季"主题时,除了课本中对四季景色和气候的描写,教师还可以引入与四季相关的诗词歌赋、民间传说、科学常识等内容。像唐代诗人贺知章的《咏柳》描绘了春天柳树的婀娜多姿,学生可以通过诵读、赏析这首诗,进一步感受春天的生机与活力;同时,了解民间传说中关于四季更替的神话故事,如《后羿射日》与夏季炎热的关联,从文化和神话的角度丰富对季节的认知;此外,学习一些简单的科学知识,如四季形成的原因是地球绕太阳公转时地轴倾斜导致太阳直射点在地球上的移动,从科学层面理解四季变化。这种多领域知识的融合,打破了单一课本内容的限制,让学生在学习过程中有更多的知识触点,激发他们对学习内容的兴趣和探索欲望。

2. 开放性原则要求学习单的设计体现学习方式的多样性

小学学习单不再局限于传统的书面练习和背诵,而是鼓励学生采用多种方式进行学习。以小学数学"图形的认识"学习单为例,除了常规的图形特征记忆和绘制练习,学生可以通过实地观察生活中的图形建筑,如三角形的屋顶、圆形的花坛、长方体的教学楼等,直观地感受图形在生活中的应用;还可以利用一些数学教具,如七巧板、积木等进行图形的拼搭和组合,在动手操作中深入理解图形之间的关系;甚至可以开展小组合作游戏,如一个学生描述图形特征,其他学生猜测图形名称,通过互动游戏的方式增强对图形知识的掌握。这种多样化的学习方式,充分考虑了小学生活泼好动、好奇心强的特点，让他们在不同的学习体验中找到最适合自己的学习路径，提高学习的积极性和主动性。

3. 开放性原则要求学习单的设计体现参与主体的多元性

在小学教学中，学习单不再仅仅是学生个体的学习工具，教师、家长以及社区资源都可以成为学习单的参与者。例如，在小学英语"家庭生活"主题学习单中，教师可以引导学生与家长合作完成一些任务，如让家长和学生一起用英语录制一段介绍家庭日常生活的视频，在这个过程中，既可以帮助学生提高英语口语表达能力，又能增进亲子关系。同时，学校可以邀请外教或英语母语者参与到学习单的某些环节中，如组织英语角活动，让学生在与不同人群的交流互动中感受英语文化的魅力，提高英语实际应用能力。此外，社区资源也可以为学习单提供丰富的素材，如参观社区内的英语文化展览、参与国际友人举办的文化交流活动等，使学生的学习环境从学校课堂延伸到家庭和社区，形成全方位的学习网络。

二、基于开放性原则的学习单设计方法

（一）突破学科限制

小学学习单通过设计综合性的任务来突破学科界限。例如，在"环保小卫士"主题学习单中，它融合了多学科知识与技能。从科学学科角度，学生需要了解环境污染的种类、成因和危害，如空气污染与化学物质排放的关系、水污染对生态系统的破坏等；在语文学科方面，学生要撰写环保倡议书、调查报告或宣传标语，通过文字表达来呼吁人们保护环境，提高社会对环保问题的关注度；数学学科则可应用于数据统计，如统计学校或社区内垃圾的产生量、分类比例等，利用图表形式展示数据结果，使环保问题更加直观清晰；美术学科可以让学生设计环保主题的海报、漫画等，用艺术的形式传达环保理念，吸引更多人参与到环保行动中来。这种跨学科的任务设计，让学生认识到知识是相互关联的整体，而不是孤立的学科模块，有助于培养他们的综合素养和跨学科思维能力。

（二）突破时空限制

现代信息技术为小学学习单突破时空限制提供了有力支持。在时间维度上，教师可以设计一些长期的学习项目或任务，让学生在不同的时间段内持续进行学习和探索。例如，在"植物生长观察"学习单中，学生可以在几个月的时间里持续观察一种植物从种子发芽到开花结果的全过程，定期记录植物的生长高度、叶片数量、开花时间等数据，并根据不同阶段的观察结果进行分析和总结。这种长时间跨度的学习任务，培养了学生的耐心和持续观察能力，让他们深刻体会到生命的成长过程是一个动态变化的过程。

在空间维度上，学习单借助网络资源和在线学习平台，打破了传统课堂和校园的空间限制。例如，在学习"世界各地的文化"主题时，学生可以通过互联网访问世界各地的博物馆网站、文化机构平台，观看不同国家和地区的文化展览、民俗表演视频，了解世界各地的文化特色、传统习俗、艺术形式等；还可以利用在线交流工具与国外的小学生进行文化交流，分享彼此的生活方式、节日庆典等内容，拓宽国际视野，感受世界文化的多样性。即使学生身处教室或家中，也能通过网络"走进"世界各地，进行丰富多样的学习体验。

（三）突破答案限制

小学学习单通过设计开放性问题和探究性任务来突破答案的唯一性。例如，在小学语文"故事创作"学习单中，教师给出一个故事开头或主题，如"森林里的小动物们举行了一场特殊的比赛"，学生可以根据自己的想象和创意，编写各种各样的故事结局和情节发展。有的学生可能会设计成一场跑步比赛，小动物们在比赛中互相帮助、共同克服困难，最终都完成了比赛并收获了友谊；而有的学生可能会将其设计成一场才艺比赛，小动物们展示各自独特的才艺，如唱歌的小鸟、跳舞的孔雀、绘画的小熊等，比赛过程充满了欢乐和惊喜。每个学生的故事都是独一无二的，没有绝对的正确或错误答案，只要故事逻辑合理、情节生动有趣即可。这种开放性的创作任务，充分尊重学生的个性和想象力，鼓励他们大胆创新，培养了学生的独立思考和创新思维能力。

又如，在小学科学"探索自然现象"学习单中，对于"为什么天空会出现彩虹"这一问题，学生可以从不同的角度进行探究和解释。有的学生可能从光学原理出发，阐述阳光通过雨滴折射、反射形成彩虹的科学知识；而有的学生可能从神话传说或文化寓意的角度进行解读，如彩虹是连接天地的桥梁，是神灵给予人类的美好象征。不同的答案反映了学生不同的思维方式和知识储备，开放性学习单鼓励学生多角度思考问题，不局限于单一的科学解释，从而拓宽学生的视野，激发他们对自然现象的好奇心和探索欲。

三、开放性学习单在教学实施中的积极影响

（一）促进创新思维的生发

开放性学习单为学生提供了广阔的思维空间，极大地促进了他们创新思维的发展。由于学习内容、方式和答案的开放性，学生在学习过程中不再受限于固定的模式和标准，能够充分发挥自己的想象力和创造力。例如，在小学美术"创意绘画"学习单中，教师给定一个主题"未来城市"，学生可以自由选择绘画材料、表现手法和色彩搭配。有的学生可能会用科幻电影中的元素来构建未来城市，如飞行汽车、摩天大楼、空中花园等，画面充满了科技感和未来感；而有的学生可能会从环保和生态的角度出发，设计

一个绿色、可持续发展的未来城市，城市中有大量的太阳能设施、绿色植被覆盖的建筑和便捷的公共交通系统，绘画风格清新自然。这种开放性的创作任务让学生能够突破常规思维，大胆尝试新的创意和表现手法，培养他们的发散性思维和创新能力。

同时，开放性学习单鼓励学生提出独特的问题和见解。在小学科学课"宇宙探索"学习单中，学生在学习了太阳系的基本知识后，可能会提出一些超出课本范围的问题，如"如果地球没有磁场，会对生命产生什么样的影响？""除了地球，太阳系中是否还有其他星球存在生命的可能性？"这些问题没有现成的答案，需要学生通过查阅资料、观看科普视频、与专家交流等方式进行自主探究。在探究过程中，学生不断思考、假设、验证，逐渐形成自己独特的观点和见解，这种批判性思维和探究精神是创新思维的重要组成部分。

（二）助推综合素质的提升

在综合素质提升方面，开放性学习单发挥着多方面的积极作用。首先，它有助于提高学生的信息获取与处理能力。在突破时空限制的学习过程中，学生需要利用网络、图书馆、社区资源等多种渠道获取信息，并对这些信息进行筛选、整理和分析。例如，在"历史文化遗产"学习单中，学生要了解世界各地著名的历史文化遗产，如埃及金字塔、中国长城、印度泰姬陵等，他们需要从互联网上搜索相关的历史资料、图片、视频，从图书馆借阅有关历史文化的书籍，甚至实地参观当地的博物馆或文化遗址获取第一手资料。然后，学生要对这些海量的信息进行整合，提取有用的信息，撰写介绍历史文化遗产的报告或制作宣传海报。在这个过程中，学生的信息搜索、筛选、整合和应用能力得到了全面的锻炼和提高。

其次，开放性学习单能够增强学生的沟通协作能力。在参与主体多元的学习任务中，学生需要与教师、家长、同学以及社区人员进行沟通与协作。例如，在"社区公益活动策划"学习单中，学生要与小组成员共同策划一次社区公益活动，如垃圾分类宣传活动、关爱孤寡老人志愿服务活动等。在策划过程中，学生需要相互交流想法、分工合作，有的负责活动策划方案的撰写，有的负责宣传材料的制作，有的负责联系社区相关部门和人员，有的负责活动现场的组织和安排。通过这样的团队协作过程，学生学会了倾听他人的意见和建议，学会了在团队中发挥自己的优势，提高了沟通协作能力和团队合作精神。

此外，开放性学习单还能培养学生的社会责任感和全球视野。在一些涉及社会问题和全球话题的学习单任务中，如"气候变化与环境保护""世界和平与发展"等主题，学生通过深入了解这些问题的严重性和复杂性，意识到自己作为地球公民的责任和义务。他们会积极参与到环保行动、公益宣传等活动中，为解决社会问题贡献自己的力量；同时，通过对世界不同国家和地区文化、社会、环境等方面的学习和交流，学生能够站在全球的视角看待问题，理解不同文化之间的差异和共性，培养全球视野和国际理解能力，成为具有社会责任感和全球视野的新时代小学生。

综上所述，全程学习单设计中的开放性原则在小学教育中具有极为重要的意义。它通过多元的体现形式，突破学科、时空和答案的限制，对学生的创新思维和综合素质提升产生了积极而深远的影响。教育工作者应充分认识到这一原则的价值，积极设计和应用开放性学习单，为小学生创造更加开放、多元、富有活力的学习环境，助力他们在知识、能力和情感等多方面的全面发展，为其未来的成长和社会的进步奠定坚实的基础。

第五章

评 价 实 施

第一节 评价内容与指标

（一）梳理学习进阶目标

学校组织骨干教师梳理了语文、数学、英语等学科的学习进阶目标（表 5-1 至表 5-3），作为学习单设计时的重要参考。

表 5-1 语文学习进阶目标

项目	学习行为表现一级水平	学习行为表现二级水平	学习行为表现三级水平
识字与写字Z	Z1：喜欢学习汉字，有主动识字、写字的愿望。认识常用汉字1600个，会写800个汉字；学会汉语拼音。掌握汉字的基本笔画和常见的部首，能按基本的笔顺规则用硬笔写字，注意间架结构，初步感受汉字的形体美；努力养成良好的写字习惯，书写规范、端正、整洁；学习独立识字，能借助汉语拼音认读汉字，学会用音序检字法和部首检字法查字典	Z2：对学习汉字有浓厚的兴趣，养成主动识字的习惯，累计认识2500个汉字，会写1600个汉字；有初步的独立识字能力，能用音序检字法和部首检字法查字典、词典；写字姿势正确，养成良好的书写习惯；能用硬笔熟练地书写正楷字，做到规范、端正、整洁；能感知常用汉字形、音、义之间的联系，初步建立汉字与生活中事物、行为的联系，初步感受汉字的文化内涵	Z3：有较强的独立识字能力，累计认识3000个汉字，会写2500个汉字。感受汉字的构字和组词特点，体会汉字蕴含的智慧；写字姿势正确，有良好的书写习惯；能用硬笔书写楷书，行款整齐、美观，有一定的速度；能用毛笔写楷书，体会汉字的优美

续表

项目	学习行为表现一级水平	学习行为表现二级水平	学习行为表现三级水平
阅读与鉴赏 Y	Y1：学习用普通话正确、流利、有感情地朗读课文；学习默读，结合上下文和生活实际了解课文中词句的意思，在阅读中积累词语；认识课文中出现的常见的标点符号，在阅读中体会句号、问号、感叹号表达的不同语气；借助读物中的图画阅读；阅读浅近的童话、寓言、故事，向往美好的情境，关心自然和生命；对感兴趣的人物和事情有自己的感受和想法，并乐于与他人交流；诵读儿歌、童诗和浅近的古诗，展开想象，获得初步的情感体验，感受语言的优美；尝试阅读整本书，用自己喜欢的方式向他人介绍读过的书；养成爱护图书的习惯；积累自己喜欢的成语和格言警句；背诵优秀诗文50篇（段）；课外阅读总量不少于5万字	Y2：用普通话正确、流利、有感情地朗读课文。初步学会默读，做到不出声、不指读；学习略读，粗知文章大意；能联系上下文，理解词句的意思，体会课文中关键词句表达情意的作用。能借助字典、词典和生活积累，理解生词的意义；在理解词句的过程中，体会句号和逗号的不同用法，了解冒号、引号的一般用法；能初步把握文章的主要内容，体会文章表达的思想感情；学习圈点、批注等阅读方法；能对课文中不理解的地方提出疑问，乐于与他人讨论交流；能复述故事性作品的大意，初步感受作品中生动的形象和优美的语言；诵读优秀诗文，注意在诵读过程中体验情感，展开想象，领悟诗文大意；阅读整本书，初步理解主要内容，主动和同学分享自己的阅读感受；积累课文中的优美词语、精彩句段，以及在课外阅读和生活中获得的语言材料；背诵优秀诗文50（段）；养成阅读看报的习惯，收藏图书资料，乐于与同学交流。课外阅读总量不少于40万字	Y3：熟练地用普通话正确、流利、有感情地朗读课文；默读每分钟不少于300字；学习浏览搜集信息；能联系上下文和自己的积累，推想课文中有关词句的意思，辨别词语的感情色彩，体会其表达效果；在理解课文的过程中体会顿号与逗号、分号与句号的不同；在阅读中了解文章的表达顺序，体会作者的思想感情，初步领悟文章的基本表达方法；阅读叙事性作品，了解故事梗概，能简单描述印象最深的场景、人物、细节，说出自己的感受；阅读诗歌，大体把握诗意，想象诗歌描述的情境，体会作品的情感；感受优秀作品的感染力和激励性，向往和追求美好的理想；阅读说明性文章，能抓住要点，了解文章的基本说明方法。阅读简单的非连续性文本，能从图文等组合材料中找出有价值的信息。尝试使用多种媒介阅读；阅读整本书，把握文本的主要内容，积极向同学推荐并说明理由；背诵优秀诗文60篇（段）

续表

项目	学习行为表现一级水平	学习行为表现二级水平	学习行为表现三级水平
表达与交流 B	B1：学说普通话，逐步养成说普通话的习惯，有表达交流的自信心；能认真听他人讲话，努力了解对话的主要内容；听故事、看影视作品后，能复述大意和自己感兴趣的情节；能较完整地讲述小故事，能简要讲述自己感兴趣的见闻；与他人交谈，态度自然大方，有礼貌；积极参加讨论，敢于发表自己的意见；对写话有兴趣，留心周围事物，写自己想说的话，写想象中的事物；在写话中乐于运用阅读和生活中学到的词语；根据表达的需要，学习使用逗号、句号、问号、感叹号	B2：乐于用口头、书面的方式与他人交流沟通，愿意与他人分享，增强表达的自信心；能用普通话交谈，学会认真倾听，听他人说话时能把握主要内容，并能简要转述；能就不理解的地方向他人请教，就不同的意见与他人商量。能清楚明白地讲述见闻，说出自己的感受和想法；讲述故事力求具体生动；能主动参加日常生活中的文化活动，根据不同的场合，尝试运用合适的音量与他人交流，有礼貌地请教、回应；观察周围世界，能不拘形式地写下自己的见闻、感受和想象，把自己觉得新奇有趣或印象最深、最受感动的内容写清楚；能用便条、简短的书信等进行交流；尝试在习作中运用自己平时积累的语言材料，特别是有新鲜感的词句。学习修改写作中有明显错误的词句；根据表达的需要，正确使用冒号、引号等标点符号	B3：认真、耐心听他人说话，能抓住要点，并能简要转述；乐于表达，与他人交流时能尊重和理解对方；注意语言美，抵制不文明的语言。表达有条理，语气、语调适当；能参与讨论，敢于发表自己的意见，说清自己的观点。能根据对象和场合，稍做准备，做简单的发言；懂得写作是为了自我表达和与人交流。养成留心观察周围事物的习惯，有意识地丰富自己的见闻，珍视个人的独特感受，积累写作素材；能写简单的纪实作文和想象作文，内容具体，感情真实；能根据内容表达的需要，分段表述；学写读书笔记，学写常见的应用文；学会修改自己的习作，并主动与他人交换修改，做到语句通顺，行款正确，书写规范、整洁；根据表达需要，正确使用常见的标点符号

续表

项目	学习行为表现一级水平	学习行为表现二级水平	学习行为表现三级水平
梳理与探究 S	S1：观察字形，体会汉字部件之间的关系；梳理学过的字，感知汉字和生活的联系；观察大自然，热心参加校园、社区活动，积累活动体验；结合语文学习，用口头或图文等方式整理、表达自己在活动中的见闻和想法；对周围事物有好奇心，能就感兴趣的内容提出问题，结合其他学科的学习和生活经验交流讨论，尝试提出自己的看法	S2：尝试分类整理自己学过的字词；尝试发现所学汉字的形、音、义和书写特点，帮助自己识字、写字；学习组织有趣味的语文实践活动，在活动中学习语文，学会合作；结合语文学习，观察大自然、观察社会，积极思考，运用书面或口头方式，并可尝试用表格、图像、音频等多种媒介，呈现自己的观察与探究所得；能提出学习中和生活中的问题，有目的地搜集资料，共同讨论，尝试运用语文并结合其他学科知识解决问题	S3：分类整理自己学过的字词；发现所学汉字的形、音、义和书写特点，发展独立识字能力和写字能力；感受不同媒介的表达效果，学习跨媒介阅读与运用，初步运用多种方法整理和呈现信息。初步了解查找资料、运用资料的基本方法；利用图书馆、网络等渠道获取资料，解决与学习和生活相关的问题。尝试写简单的研究报告；策划简单的校园活动和社会活动，对自己所策划的主题进行讨论和分析，学写活动计划和活动总结；对自己身边的、大家共同关注的问题，或影视作品中的故事和形象，通过调查访问、谈论演讲等方式，开展专题研究，学习辨别是非、善恶、美丑

表 5-2 数学学习进阶目标

项目		学习行为表现一级水平	学习行为表现二级水平	学习行为表现三级水平
知识与理解 L	数与代数 S	S1：在实际情境中感悟并理解万以内数的意义，理解数位的含义，知道用算盘可以表示多位数；熟练掌握万以内数的读写和比较大小的方法，会比较万以内数的大小；了解加减法和乘除法的算理和算法，能比较熟练地进行100以内加减法口算和笔算，能熟练地应用口诀计算表内乘除法；正确理解四则运算的含义并能正确进行简单的整数四则运算	S2：在具体情境中，认识万以上的数，了解十进制计数法，能结合具体情境初步认识小数和分数，感悟分数单位；探索并掌握多位数的乘除法，会同分母的加减法和一位小数的加减法；探索并理解运算律，能用字母表示运算律；在解决简单的实际问题的过程中，理解四则运算的意义，能进行整数四则运算	S3：知道2、3、5的倍数的特征，了解公倍数和最小公倍数，了解公因数和最大公因数，了解奇数、偶数、质数（或素数）和合数；根据具体情境理解等式的基本性质，在解决实际问题的过程中，会选择合适的方法进行估算

续表

项目		学习行为表现一级水平	学习行为表现二级水平	学习行为表现三级水平
知识与理解 L	图形与几何 J	J1：通过实物和模型辨认简单的立体图形和平面图形，能对图形分类，会简单的图形拼图；体会建立统一度量单位的重要性，认识长度单位米、厘米；能估测一些物体的长度，并进行测量	J2：认识线段、射线和直线，认识角、三角形和四边形；会测量、计算长方形与正方形的周长和面积，了解图形的平移、旋转和轴对称	J3：通过实例了解体积（或容积）的意义，知道体积（或容积）的度量单位，能进行单位之间的换算；体验不规则物体体积的测量方法。认识长方体、正方体和圆柱，了解这些图形的展开图；能根据指定参照点的具体方向和距离描述物体所处位置；能在熟悉的情境中，描述简单的路线图；认识比例尺，能说出比例尺的意义
	统计与概率 G	G1：能对物体、图形或数据按照一定的标准分类；能发现事物的特征并制定分类标准，根据标准对事物分类	G2：学会简单的数据收集和整理，能分析与表达数据中蕴含的信息，能绘制简单的数据统计表和统计图	G3：结合具体情境，探索百分数的意义，能解决与百分数有关的简单的实际问题，感受百分数的统计意义；通过实例感受简单的随机现象及其结果发生的可能性
综合与实践 Z		Z1：认识货币单位、时间单位和基本方向；能在熟悉的生活情境中运用数和数的运算，合理表达简单的数量关系，解决简单的问题	Z2：进一步认识时间单位、长度单位，认识面积单位和质量单位，能进行简单的单位换算；在实际情境中，尝试运用所学的数学知识和方法描述、说明实际问题，认识常见的数量关系，能利用这些关系解决简单的实际问题，并能结合具体情境，选择合适的单位进行简单估算	Z3：在综合活动中综合运用数学及其他学科知识解决问题，提高应用能力

续表

项目	学习行为表现一级水平	学习行为表现二级水平	学习行为表现三级水平
思考与探究 T	T1：能认、读、写万以内的数，能说出不同数位上的数表示的数值，能用符号表示数的大小关系，能正确进行简单的百以内的整数四则运算，具备初步的数感、运算能力和符号意识；在简单的实际情境中，尝试运用数和数的运算解决问题，能解释结果的实际意思，积累数学活动经验，形成初步的量感和应用意识；在解决生活情境问题的过程中，体会数与运算的意义，形成初步的符号意识、数感、运算能力和推理意识；在图形认识与测量的过程中，形成初步的空间观念和量感	T2：会用数描述生活情境中事物的特征，具备数感、运算能力和初步的推理意识；能解决生活中的简单问题，并能对结果的实际意义做出解释，经历探索简单规律的过程，形成量感和初步的模型意识和应用意识，具备分析问题与解决问题的能力；在感受图形的位置与运动的过程中，形成空间观念和初步的几何直观；能合理应用统计图表和平均数，形成初步的数据意识和应用意识；在解决简单的实际问题的过程中，积累数学活动经验，形成量感、推理意识和应用意识	T3：结合具体情境探索并理解小数和分数的意义，感悟计数单位；会进行小数、分数的转化，进一步发展数感和符号意识；在具体情境中，探索用字母表示事物的关系、性质和规律的方法，感悟用字母表示的一般性；在实际情境中理解比和比例以及按比例分配的含义；能用相应公式解决简单的实际问题，形成空间观念和初步的应用意识，建立立体图形与展开后的平面图形之间的联系，培养空间观念和空间想象能力；在简单的实际情境中，应用统计图表或百分数，形成数据意识和初步的应用意识；通过实例感受简单的随机现象及其结果发生的可能性；在实际情境中，对一些简单的随机现象发生可能性的大小做出定性描述

续表

项目	学习行为表现一级水平	学习行为表现二级水平	学习行为表现三级水平
评价与发展 P	P1：在探索计算方法以及用学过的方法解决实际问题的过程中，感受计算中的简单规律，初步感受数学思想的严谨性；能主动思考、积极交流，具有主动学习的意识，逐步产生对数学的好奇心、求知欲，体会成功的乐趣，增强对数学学习的兴趣和学好数学的自信心；初步学会从实际生活和现实情境中发现问题和提出问题，并能应用已经掌握的数学知识分析问题和解决问题，能与同学交流解决问题的大致过程和方法，培养初步的数学应用意识，发展初步的思维能力；初步养成独立思考、探究质疑、合作交流等学习习惯，初步形成自我反思的意识	P2：经历数学学习的过程，通过操作、游戏等丰富多彩的活动，进一步体会数学知识和方法的内在联系，提高综合运用所学知识解决实际问题的能力；进一步感受数学与日常生活的联系，体会数学学习的价值和乐趣；增强学好数学的信心，培养对数学的积极情感；在实践探索活动中积累经验，逐步产生对数学学习的自信心，初步养成独立思考、探究质疑的习惯；在探索过程中，逐步形成认真、严谨的学习态度，进一步养成主动发现错误并及时改正的良好习惯；能够主动、有效地与同伴进行交流，面对不同的意见，能够理性、坦然地做出判断，并接受最终交流的结果。养成合作交流的习惯和自我反思的意识	P3：感悟运算的一致性，发展运算能力和推理意识；能运用常见的数量关系解决实际问题，能合理解释结果的实际意义，逐步形成模型意识和几何直观，提高解决问题的能力；在图形认识与测量的过程中，进一步形成量感、空间观念和几何直观；能够积极参与活动，在活动中能独立思考问题，主动与他人交流，经历实地测量、收集素材、调查研究、解决问题的过程，提升思考问题的能力，积累根据解决问题的需要合理选择策略和方法的经验，形成模型意识与初步的应用意识和创新意识

表5-3　英语学习进阶目标

项目	学习行为表现一级水平	学习行为表现二级水平	学习行为表现三级水平
词汇与词法 V	V1：根据听到的词语做事情，如指认图片或实物、涂颜色、画图、做动作等；根据表演猜测意思，说出词语；根据图片说出单词	V2：识别并读出26个大小写字母；知道单词由字母构成；感知字母在单词中的发音；感知简单的拼读规则，尝试借助拼读规则拼读单词；借助图片、实物理解词汇的意思；根据视觉或听觉提示，如图片、动作、动画、声音等，说出单词和短语；根据单词的音、形、义学习单词，体会单词在语境中表达的意思	V3：借助拼读规则拼读单词；在语境中理解词汇的含义，在运用中逐步积累词汇；在特定语境中，运用词汇描述事物、行为、过程和特征，表达与主题相关的主要信息和观点；能初步运用500个左右的单词，就规定主题进行交流与表达，另外，可以根据实际情况接触并学习相关主题范围内的100～300个单词，以及一定数量的习惯用语或固定搭配

续表

项目	学习行为表现一级水平	学习行为表现二级水平	学习行为表现三级水平
句型与句法 S	S1：根据听到的指令做事情，如指认图片或实物、涂颜色、画图、做动作等；根据录音模仿说英语；根据图片说出短句	S2：感知并模仿说英语，体会单词的重音和句子的升调与降调；在语境中感知、体会常用简单句的表意功能；在语境中理解一般现在时和现在进行时的形式、意义、用法；围绕相关主题，在语境中运用所学语法知识描述人和物，进行简单交流	S3：使用正确的语音、语调朗读学过的对话和短文；借助句子中的单词的重读表达自己的态度和情感；感知并模仿说英语，体会意群、语调与节奏；在表达中做到语音基本正确，语调自然、流畅；在语篇中理解常用简单句的基本结构和表意功能；在语境中理解一般过去时和一般将来时的形式、意义、用法；在语境中运用所学语法知识描述、比较人和物，描述具体事件的发生、发展和结局，描述时间、地点和方位等
阅读与策略 R	R1：听懂简短的课堂指令，做出适当的反应；在图片和动作的提示下，听懂简单的小故事，并做出适当的反应；观看语言简单的英语动画片或英语教学节目，理解大意，并模仿其中简单的话语	R2：理解课堂中的简单指令并做出反应；根据图片和标题，推测语篇的主题、语境及主要信息；在听、读、看过程中有目的地提取、梳理所需信息；推断多模态语篇（如动画、图书及其他印刷品的封面和封底、邀请卡及贺卡）中的画面、图像、声音、色彩等传达的意义；借助语气、语调、手势和表情等推断说话者的情绪、情感、态度和意图；能根据图片或关键词，归纳语篇的重要信息；能就语篇信息初步形成自己的想法和意见；能根据标题、图片、语篇信息或个人经验等进行预测；能根据个人经历对语篇内容、人物或者事件等表达自己的喜恶；初步具有问题意识，知晓一问可有多解；课外视听活动每周不少于 30 分钟；课外阅读量累计达到 1500～2000 词	R3：理解日常学习和生活中的简单指令，完成任务；借助图片、图像等，理解常见主题的语篇，提取、梳理、归纳主要信息；在听和读的过程中，根据上下文线索和非文字信息猜测语篇中词汇的意思，推测未知信息；归纳故事类语篇中主要情节的发生、发展与结局；对语篇中的信息进行分类；比较语篇中人物、事物或观点间的相似性和差异性，尝试从不同视角观察、认识世界；概括语篇的主要内容，体会主要信息之间的关联；理解多模态语篇（如动画、海报、图书及其他印刷品的封面和封底等）传达的意义，提取关键信息；能识别、提炼、概况语篇关键信息、主题意义和观点；能就语篇主题意义和观点做出正确的理解和判

续表

项目	学习行为表现一级水平	学习行为表现二级水平	学习行为表现三级水平
阅读与策略 R			断；能根据语篇推断作者的态度和观点；能就作者的观点或意图发表看法，说明理由，交流感受；能对语篇内容进行简单的续编或改编等；具有问题意识，能初步进行独立思考，课外视听活动每周不少于 30 分钟；课外阅读量累计达到 4000～5000 词
表达与交流 E	E1：对英语学习感兴趣、有积极性；尝试和别人用英语交流；乐于学习和模仿；注意倾听，敢于表达，不怕出错；乐于参与课堂活动，能安静倾听；相互致以简单的问候；相互交流简单的个人信息，如姓名、年龄等；能独立或合作演唱学过的歌曲和歌谣；能表达简单的情感，如喜欢和不喜欢；在教师指导下能用英语做游戏，并在游戏中进行简单的交流	E2：对英语学习感兴趣、有积极性；喜欢和别人用英语交流；乐于学习和模仿；注意倾听，敢于表达，不怕出错；乐于参与课堂活动，遇到困难能大胆求助；在语境中与他人互致简单的问候或道别；演唱所学的简单英语歌曲；大声跟读视频材料，正确朗读学过的对话、故事和文段；交流简单的个人和家庭信息，如姓名、家庭情况等；表达简单的情感和喜好，如喜欢或不喜欢、想要或者不想要；简单介绍自己的日常起居和生活，如作息时间、一日三餐、体育活动等；简单介绍自己的学校和学校生活，如学校设施、课程、活动，以及同学、老师等；简单介绍自己喜欢的动物，如外形特征和生活环境等；用简单的语句描述图片或事物；在教师指导下进行简单的角色扮演；正确书写字母、单词和句子；根据图片或语境，仿写简单的句子	E3：对英语学习有浓厚的兴趣和自信心；能积极参与课堂活动，注意倾听，大胆尝试用英语进行交流；乐于参与英语实践活动，遇到问题积极请教，不畏困难；会运用所学的日常用语与他人进行简单的交流，如询问个人基本信息；完整、连贯朗读所学语篇，在教师指导下或借助语言支架，简单复述语篇大意；围绕相关主题和所读内容进行简短叙述或简单交流，表达个人的情感、态度和观点；在教师帮助下表演小故事或短句；简单描述事件或者讲述简单的小故事；围绕图片内容，写出几句意思连贯的描述；模仿范文的结构和内容写几句意思连贯的话，并尝试使用描述性词语添加细节，使内容丰富、生动；正确使用大小写字母和常见标点符号，单词拼写基本正确；根据需要，运用图表、海报、自制绘本等方式创造性地表达

续表

项目	学习行为表现一级水平	学习行为表现二级水平	学习行为表现三级水平
合作与探究 C	C1：在教师的指导下进行简单的角色扮演；能在学习活动中尝试与他人合作，共同完成简单的课堂表演任务	C2：能在教师帮助和指导下，制订简单的英语学习计划；能意识到自己在英语学习中的进步与不足，并做出适当调整；能尝试借助多种渠道学习英语；能在学习活动中尝试与他人合作，共同完成学习任务；能在学习过程中积极思考，发现并尝试解决语言学习中的问题	C3：能在教师指导下，制订简单的英语学习计划，及时预习和复习所学内容；能了解自己在英语学习中的进步与不足；初步找到合适自己的英语学习方法；尝试根据学习进展调整学习计划和策略；能借助多种渠道或资源学习英语；能在学习活动中与他人合作，共同完成学习任务；能在学习过程中认真思考，主动探究，尝试通过多种方式发现并解决语言学习中的问题

依据课程标准，梳理语文、数学、英语等学科学习进阶目标，有助于师生明确学习内容与评价导向。

（二）帮助学生明确学习路径

学习进阶目标为学生提供了清晰的学习路线图。学生可以了解自己在不同阶段需要掌握的知识和技能，知道学习是一个逐步积累和深化的过程。例如，在数学学科中，从小学低年级认识简单的图形和数字，到小学高年级理解分数、小数的运算，再到初中掌握函数等更复杂的概念，学生能够明确自己在数学知识体系中的位置和前进方向。

学习进阶目标有助于学生将所学知识系统化，促进知识整合。各个学科的知识不是孤立的，学习进阶目标能使学生看到不同阶段知识之间的关联。以语文学习为例，小学阶段的字词积累为初中的阅读和写作打下基础，高中阶段则在阅读深度和写作技巧上进一步拓展。学生能够在学习过程中更好地整合知识，构建完整的知识网络。

学习进阶目标有助于学生增强学习的动力和自信心。每一个阶段目标的达成都是对学生的一种肯定，激励他们向更高阶段迈进。比如在英语学习中，从最初只能简单地打招呼，到能够流利地进行日常交流和书面表达，这种进步会让学生感受到自己的成长，从而更积极地投入学习。

（三）帮助教师优化教学设计

教师可以根据学习进阶目标设计教学内容和教学方法。不同阶段的目标要求不同的教学策略，教师能够针对学生的认知水平和学习需求进行有针对性的教学设计。例如，在小学低年级语文教学中，教师会采用形象、生动的教学方法帮助学生识字、阅读，而在高中语文教学中，教师更注重引导学生对文学作品进行深度解读和批判性思考。

学习进阶目标有助于实施分层教学。学习进阶目标为分层教学提供了依据。教师可以根据学生所处的不同学习阶段和学习能力，将学生分为不同层次进行教学。对于尚未达到本阶段目标的学生，教师可以提供额外的支持和辅导；对于学有余力的学生，教师可以提供拓展性的学习任务，满足不同学生的学习需求。

学习进阶目标有助于评价教学效果。进阶目标是教师评价教学效果的重要参考标准。教师可以通过对比学生的学习成果与相应阶段的学习进阶目标，判断教学是否有效，学生是否达到了预期的学习水平。如果学生在某个阶段的学习目标达成情况不理想，教师可以及时调整教学策略，改进教学方法。

第二节 评价主体多元参与策略

教师应加强对评价主体的重视，优化评价主体整体结构，以学生自身、同伴、教师、家长为主体，从多角度出发，鼓励学生不断挑战自我，激发学习动力。

一、学生自评

学生自评是以学生为评价主体，充分反映学生发展自我需求的评价，其基于对儿童生命价值的尊重，贯穿于学生成长发展的过程，以评价促使学生认识自我、调控自我、发展自我，发挥评价对学习的内驱力，从而达到从外控学习走向内控学习，使学生的思维得以向纵深发展。

（一）学生依据学习单任务进行自我反思与评价

学生自评是评价育人共同体中的重要一环。通过自评，学生可以对自己的学习过程和成果进行反思，明确自己的优点和不足，从而制订改进计划，提升自主学习能力。

例如数学《千克和克》学习单中包含了4个任务，学生可以自主选择想要挑战的任务。

基础任务：认识质量应用单位，能初步形成1千克和1克的质量观念，能根据实际情况选择合适的质量单位进行交流和表达。完成基础任务后，指导学生自评。

自评蓄能站：能初步形成1千克和1克的质量观念，能根据实际情况选择合适的质量单位进行交流和表达。	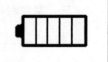

探究任务一：联系生活，感受质量，能结合具体情境，选择合适的质量单位进行简

单估算,能感受千克和克在日常生活中的广泛应用。

自评蓄能站:
能结合具体情境,选择合适的质量单位进行简单估算,能感受千克和克在日常生活中的广泛应用。

探究任务二:丰富认知,解决问题
能知道千克和克之间的进率,能结合具体情境,能解决相关的简单的实际问题。

自评蓄能站:
能知道千克和克的进率,能结合具体情境,解决相关实际问题。

拓展任务:查阅秤的发展历史
能初步掌握用秤称物体质量的方法,培养动手操作的能力和初步的估计意识。

自评蓄能站:
能初步掌握用秤称物体质量的方法,培养动手操作的能力和初步的估计意识。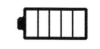

(二)引导学生制定自我评价标准与细则的方法

1. **知识掌握程度方面**

回顾整理:完成作业后,对照教材或课堂笔记,检查自己是否正确运用了所学的概念、公式、定理等。例如,对于语文作业中的字词拼写、文言文实词虚词的释义,要确认是否符合课堂上讲解的内容。

自我提问:针对作业题目,问自己一些问题,如"这道题考的是哪个知识点?我是否完全理解了这个知识点在本题中的应用?"等。

2. **解题过程与方法方面**

步骤完整性:检查作业中的解题步骤是否完整、清晰、有条理。

方法合理性:思考自己采用的解题方法是否恰当、简便。比如在做数学应用题时,可能有多种解题思路,完成后可以想一想自己选择的方法是不是最优的,有没有更简洁高效的解法,这有助于提高解题能力和思维灵活性。

错误分析:对于做错的题目,仔细分析错误原因,是因为粗心大意(如计算错误、看错题目条件),还是由于对知识点的理解存在偏差,抑或是解题方法不正确。把错误原因写在错题旁边,以便日后复习时重点关注,避免再次犯错。

3. **时间管理方面**

记录用时:在做作业时,记录每一项作业开始和结束的时间,完成后计算总共花费的时间,并与教师规定的作业时间或自己预期的时间进行对比。如果超时较多,分析是因为题目难度太大，还是自己在做作业过程中注意力不集中、拖延等原因导致的，以便在下次做作业时调整节奏，提高效率。

合理分配：回顾自己在不同科目、不同类型作业上的时间分配是否合理。例如，语文的阅读理解可能需较多时间思考，而字词拼写等基础性作业则应快速完成。通过自我评价，调整自己在各类作业上的时间分配，确保各项作业都能得到充分且合理的时间投入，同时也避免在某一项作业上花费过多时间而影响其他作业的完成质量和自己的休息时间。

4. 书写规范与整洁度方面

字迹清晰度：检查作业中的字迹是否工整、清晰可辨。潦草的字迹可能会影响教师的批改，也不利于自己日后复习查看。如果发现字迹过于潦草，要提醒自己在今后做作业时注意书写规范，养成良好的书写习惯。

格式规范性：查看作业的格式是否符合学科要求和教师的规定。例如，做数学作业时，解题的格式是否规范，数字、符号的书写是否标准等。对于格式不规范的地方，及时进行修改，并牢记正确的格式要求，以便在今后的作业中保持规范。

（三）学生自评对培养其自主学习能力与自我认知的作用

自评促进学生的自主发展。提高学生的自我认知、自我调控、自我发展能力，从而增加学生的人文底蕴，培养科学精神，促使学生学会学习、健康生活，提升了学生的学习责任感、创新力度，使得学生的综合素质得到全面发展。

例如在数学《观察物体》学习单中，教师引导学生认识到小积木有大玩法，不同的数量和拼搭方式可以搭出各种有趣的形状。

学习单中包含了一个基础任务：趣玩积木观视图。学习目标是会从前面、右面、上面观察由几个同样大的正方体摆成的组合体，能根据观察到的形状正确选择相应的视图。探究任务有两个，一为细察视图搭积木。学生根据指定的视图正确摆出相应的组合体，体会物体与视图之间的联系。二为动手操作拼魔方。学生能感受几何空间和日常生活的联系，提高动手操作能力和推理能力。一个拓展任务：审美融合建模型。学生能联系实物进行直观思考，丰富对现实空间的认识，体会数学思考的价值，发展初步的形象思维能力与空间观念。

选择好任务后，学生边玩积木边研究数学问题，完成基础任务后，进行自评。

自评蓄能站：
能认识物体的前面、右面和上面，能从前面、右面、上面观察由几个同样大的正方体摆成的组合体，能根据观察到的形状正确选择相应的视图。

完成探究任务一之后，进行自评。

自评蓄能站：
能根据指定的视图正确摆出相应的组合体，体会物体与视图之间的联系。

完成探究任务二之后，进行自评。

自评蓄能站：
能感受几何空间和日常生活的联系，能发展动手操作能力和推理能力。

完成拓展任务之后，进行自评。

自评蓄能站：
能联系实物或看到的形状进行直观思考，丰富对现实空间的认识，体会数学思考的价值，能发展初步的形象思维能力与空间观念。

学习单探究任务完成后，学生进行单元自评。

蓄能·自评

本单元对题数 _____

这次我和上单元比：一样棒，继续保持 ☺ □

　　　　　　　　　进步了，继续努力 ☺ □

　　　　　　　　　退步了，要加油 ☹ □

二、同伴互评

学生互评方式作为一种高效评价模式，可以促使学生从不同角度看待问题，在其相互评价彼此学习状况时，也是对自身学习成果的复查。教师可设计互评单，以学习结果、学习方法、值得借鉴的方面等指标为核心，使学生通过相互评价，逐渐端正自身态度，积极向表现良好的学生学习。

（一）同伴互评在学习单实施中的操作流程

1. 营造积极的互评氛围

向学生阐明同伴互评的目的和重要性，让他们理解这是一种促进学习和自我提升的方式，而不是简单的互相打分。通过课堂讨论、小组合作等方式，鼓励学生积极参与互评，表达自己的观点和看法。详细讲解评价标准，通过具体的例子让学生明白如何根据标准进行评价。可以先进行模拟评价，提供一些简单的练习案例，教师及时给予反馈和指导，让学生在实际操作中熟悉互评流程。

2. 根据班级人数和学生特点合理分组

每组人数一般以3~5人为宜。可以采用异质分组的方式，将不同学习水平、不同性格的学生组合在一起，保证评价的多样性和全面性。

3. 认真阅读和评价同伴的学习单

评价时可以采用书面评价和口头交流相结合的方式。书面评价方面，学生在学习单上对应的位置写下具体的评价意见，包括优点、不足和改进建议。口头交流方面，小组成员之间可以针对学习单的内容进行讨论，被评价者可以询问评价者的意见，评价者也可以进一步解释自己的评价理由，促进相互学习。评价者在评价过程中，要根据评价标准为每个学习单任务打分，并计算出总分，评定等级。打分过程要公正、客观，以评价标准为依据。

4. 集体交流，分享发现和思考

学生可以提问和交流，拓宽评价视野。学生将同伴互评的意见和结果反馈给学习单的所有者，所有者认真阅读和思考这些反馈。教师引导学生进行自我反思，如让学生对比自己的预期和同伴评价的差异，思考自己在学习过程中的问题。引导学生根据同伴反馈，对自己的学习单进行修改和完善，教师可以要求学生提交修改后的学习单，并检查学生是否真正理解和吸收了同伴的建议。

5. 引导学生尊重同伴的意见和建议

教师对学生的学习单、同伴互评过程和反馈后的修改情况进行全面评价。教师要肯定学生在互评中的积极表现，如认真负责的评价态度、有价值的评价意见等。学生分享自己在互评中的收获，如学会了从不同角度看待问题、提高了沟通能力等，要避免评价过程中的负面情绪和冲突。

（二）设计同伴互评的维度与评价量表

教师须正视学生之间的差异，灵活制定评价标准。例如，跟上教师思路、自主探索能力、学习态度端正等，在日常教学中，可延伸至具体的学习内容，不断细化评价标准，确保多元评价的个性化特点，以此鼓励学生学习，实现多方面充分发展。

设计合理的互评机制。互评机制的设计直接影响到互评的效果。教师可以根据教学内容和学生的实际情况,设计合理的互评机制。例如,在学习"数据的收集与整理"时,教师可以组织学生进行小组合作,共同完成数据收集和分析的任务。然后,每个小组派代表上台展示成果,其他小组进行评价。评价的内容包括数据的准确性、分析方法的合理性、展示效果的生动性等。互评不仅是对同伴学习成果的评价,更是对同伴学习过程的关注和了解。

如:数学单元学习单的最后一个环节是同伴互评。

在本单元学习过程中,你表现得怎么样?你的同学呢?

语文单篇课文学习单中针对某一项练习设计了互评表格,例如语文《藏戏》学习单中的"活动二:探究主次,练习解说"。

学习做讲解员,把藏戏介绍给更多的人。要做好讲解员,读懂课文少不了。你觉得我们要如何利用课文向别人解说藏戏呢?

讲解内容	讲解要求	讲解方法
藏戏的形成		
藏戏的特点		
补充资料		

我们来评选小组最佳解说员吧!

姓名	我的评价

又如语文《口语交际:即兴发言》学习单中的"学习活动三:开展星级评价"。

【B】请在你手中的星级评价单中,认真为小选手的即兴发言打星。我们先一起看看星级评价单的内容,想一想从哪些角度去评价,具体要求是什么。

即兴发言评价表（用星数表示）				
姓名				
仪态				
发音				
内容				
重点				
情感				

（三）同伴互评促进学生合作学习与相互借鉴的机制

教师需要引导学生在互评中进行积极互动，关注同伴的学习过程和进步。例如，在互评过程中，教师可以鼓励学生提出具体的改进建议，并帮助同伴制订改进计划。通过这种方式，学生可以更加深入地了解同伴的学习情况，从而建立更加紧密的学习伙伴关系。

自我评价和小组同学之间评价的做法给了学生评价自己和别人的机会，能够让学生在评价过程中互相学习，学会如何评价，学会如何调整自己的学习行为。每一位学生在评价的过程中发现别人的优点，而且在相互点评中，又锻炼了口头表达的能力，正确地认识别人，也正确地认识自己，从而不断调整自己的学习行为。另外，在组长的带领下，组员们共同质疑、讨论、学习，彼此能加深了解。组员之间的客观评价，效果大于教师的评价，大家都能心服口服，更可喜的是，在这种平等关系下的评价，也能促进学生自我评价能力的养成。学生在自评时，往往会把自己平时被人忽视的优点表达出来，希望得到同伴的肯定。互评中亦是如此，同伴看到的长处，往往会带给教师意外的惊喜。在自评和互评的过程中，教师还可以引导学生通过描述学习感受，来促进自我认识和教育，使学生更好地从内在激励自己，要求自己，认识到自己的闪光点，从而树立学习自信。

三、教师评价

（一）教师在学习单各环节进行评价的要点与时机

1. 课前阶段

课前阶段作为教学活动中的关键部分，教师通过运用评价能够帮助学生掌握自身的学习情况。可布置前置性学习单，综合考量学生的学习任务，合理设计自主学习任务。在这一过程中，教师须制订合理的作业目标，根据教学目标进一步安排科学的作业内容，强化学生对自主学习活动的体验性，使其在潜移默化的过程中逐渐提升学习水平，提高对知识的认知。在仔细批改作业之后，教师能够综合了解学生的学习能力，优化教学设计，为后续课堂教学活动的针对性以及有效性提供保障。同时，教师可采取口头测试的方式，掌握学生学习状况及其思考方式，结合实际情况，进一步调整教学计划，确保其与学生整体能力的契合性。

例如，语文《北京的春节》学习单的"课前导学"。

学习活动一：通读课文，字词小研究。自主整理归纳知识宝典。读了课文，你认为哪些字词难读、难写，还有哪些字词和年俗有关？整理出来，填在横线上。

学习活动二：自学课文，书海初拾贝。默读有速度，自己计时，尝试用较快的速度默读课文。一共用时（ ）分（ ）秒。内容会梳理，根据课文内容判断，下面句子表述错误的一项。最后是元素巧搭配，搭配一些过年的元素，结合示例和关键词语，为大家推荐合适的内容和推荐理由。如：我推荐带有福字元素的内容，理由是"福"代表幸福、福气，与过年的节日寓意、氛围相契合。

2. 课中阶段

在教学活动过程中，教师需要观察学生的学习表现，并优化课堂观察方式，作为了解学生学习情况的直接方式，教师可根据观察结果对学生进行指导，促使学生能够逐渐实现学习目标。结合学生课堂表现，教师应调整教学活动内容，如果学生表现较好的情况下，则可积极表扬并鼓励学生进行分享，促使其他同学能够从自身角度出发，吸取经验，实现查漏补缺的目标。同时，教师可采用书面测验的方式，帮助学生梳理思维，使其在教师的耐心指导下，逐步提升学习效果。

例如语文《北京的春节》学习单中的"课中共学"。

学习活动一：我眼中的春节。

【S】1. 找一找家乡的年俗。利用上网搜索、听人讲述、亲身体验等方式，了解家乡的年俗，写一写年俗名称，以及该年俗的来历、特点、寓意等内容。

家乡年俗寻访记	
我的家乡:	我的寻访方式:
年俗名称	年俗简介（来历、特点、寓意……）

【B】2. 聊一聊家乡的年俗。结合预习单中的学习活动一，借助图文、影视资料，向组内同学介绍一个令你印象深刻的年俗。

评价标准	达成度（1星~5星）	自评
能准确说出年俗名称		
能清楚说出年俗的来历、特点及美好寓意		
能流利说出自己参与年俗的过程及特别感受		

【S】3. 瞧一瞧特别的年俗。请你搜集介绍中国各地过年场面的文章、绘画及影视资料，完成一份有趣的"春节习俗大调查"。

春节习俗大调查		
调查地区：	调查人员：	调查方式：
风俗名称	风俗简介	

学习活动二：老北京的年味。

1. 理一理春节的时间点。朗读课文《北京的春节》，填一填作者回忆了北京春节中的哪几个时间点以及对应的人们的年俗活动，再比一比内容的详略，完成"北京春节打卡轴"。

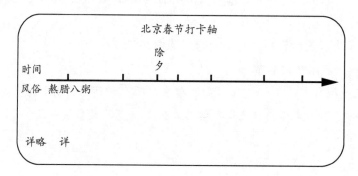

【S】1. 理清顺序品年俗。小组交流预习单中的学习活动二，并派代表借助表格在全班交流。

交流要点：(1)说明写作顺序；(2)说清年俗时间点及人们活动；(3)说出写作有详有略的好处。

【Y】2. 京味语言知民俗。你从哪些地方体会到老舍"京味儿"语言的特点，写上你的批注。

> 孩子们喜欢吃这些零七八碎儿，即使没有饺子吃，也必须买杂拌儿。他们的第二件事是买爆竹，特别是男孩子们。恐怕第三件事才是买玩意儿——风筝、空竹、口琴等，和年画。
>
> 腊月和正月，在农村正是大家最闲在的时候。

【S】3. 不同地域比民俗。借助"阅读链接"，边读边思考闽南的年味和老北京的年味有什么不同，完成"年俗对比录"。

年俗对比录		
不同地域	老北京的春节	闽南的春节
阅读文本	《北京的春节》	《除夕》
作者	老舍	斯妤
内容		
写法		
年味		

3. 课后阶段

在课后阶段，教师要合理设计相关课后作业，巩固学生的学习效果，结合学生学习效果，科学设计课外练习活动。在这一过程中，学生可以加强对课堂所学内容的灵活运用能力，根据课外练习的题目要求，积极发挥自身主观能动性。同时，课后练习阶段能够直接暴露学生的学习问题，因此，教师要综合分析学生的实际表现，对其进行针对性的指导，有效激发学生的学习积极性，进而强化评价效果。

教师全面细致批改学习单，不仅要关注答案的正确性，还要留意书写规范、语句通顺、内容完整等方面，对多个维度进行批注和评价，让学生清楚了解自己的优势与不足。可以根据学生的作业情况撰写个性化评语，对优秀作业给予具体的肯定和表扬，如"你的阅读理解能力又有进步，对文章细节的把握非常准确，继续保持！"等；对存在问题的作业，用鼓励性语言指出问题并提出改进方向，像"这次作业的字迹有些潦草哦，老师相信你认真写会更棒，下次注意书写工整"。

例如语文《北京的春节》学习单的"课后延学"，包含两个学习活动。

学习活动一：短文阅读我能行。读《腊月新春糍粑香》，对短文内容的理解和分析，从人物描写或修辞手法的角度，赏析文中画线的句子。

学习活动二：快乐读书我发现。作者想表达的仅是做糍粑吗？背后有无蕴含深刻含义？联系生活实际说说你的理解。完成练习后，为自己的本课学习赋上能量值。

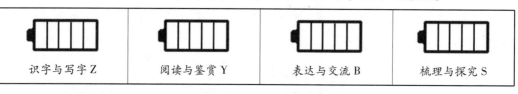

识字与写字Z　　　　阅读与鉴赏Y　　　　表达与交流B　　　　梳理与探究S

（二）教师评价与教学活动紧密结合并引导学习方向

根据教材单元整体特点，明确核心素养评价导向。教材作为学生的关键学习资源之一，是评估学生核心素养的有效抓手。例如，语文核心素养的四个方面是一个整体，但是在教材各个单元中，不同的学习内容、学习目标会使核心素养的培育各有侧重。教师可以根据单元语文要素明确阶段性评价的核心素养旨趣。比如，通过某个单元的学习，学生的批判性思维能力应有所提升，这指向"思维能力"素养。又如，有的单元重视教会学生阅读方法，学会表达自己的思想情感，这指向"审美创造"素养；有的单元明确指出"感受汉字的趣味，了解汉字文化"，这指向"文化自信"素养。教师还可以根据教材单元的选文体裁特点来明确核心素养旨趣。比如，六年级上册第四单元选文《桥》《穷人》《金色的鱼钩》都是小说，故事情节曲折，人物形象鲜明，具有虚构的特点。学生在学习本单元时会自然而然地感受、理解、欣赏小说的魅力，将积累的语言经验迁移运用到自己的言语实践中，这一过程最终指向"审美创造"素养的发展。

如语文《文言文二则（伯牙鼓琴）》学习单。

任务三：续写故事片段。

高山流水遇知音，伯牙和子期都感到相见恨晚。他们约定第二年中秋再相会，谁知等到第二年的中秋，当伯牙兴致满满地赶来与子期相会时，天意弄人，只看到了子期冰冷的墓碑，此时高山静默，流水无语，伯牙……

以下词句供参考：兄弟贤弟 知音难觅 知己难求 生死之交 伤心伤心复伤心，不忍泪珠纷。此曲终今不复弹，三尺瑶琴为君死！

星级评价表

评价标准	☆	☆☆	☆☆☆
语言通顺流畅，书写工整，正确使用标点符号			
能通过动作、语言、神态等描写，表现人物的内心世界			
能积累并迁移运用合适的语言材料，体现对"知音"文化的理解			

（三）教师评价语言与方式对学生学习积极性的影响

教师积极、肯定、建设性的评价语言能够激发学生的学习动力，培养他们的自信心和自我反思能力，促进学生积极主动地学习。

1. 肯定性评价语言的激励作用

例如教师说"你做得非常棒""这个想法很有创意"，学生能够感受到自己的努力和成果得到了认可。这种认可会激发学生的成就感，使他们更加自信。当学生成功地用一种新颖的方法解出了一道难题，教师的赞扬会让学生对数学学习产生浓厚的兴趣，他们会渴望再次获得这种肯定，从而去主动探索更多的数学问题。在学习中，学生良好的学习习惯、积极的课堂参与等行为如果能经常得到教师的肯定，他们就会更频繁地展现这些行为，进而提升学习积极性。

2. 建设性评价语言的促进作用

建设性评价语言能够帮助学生认识到自己的不足并明确改进的方向。例如，教师说："你这次的练笔结构很清晰，但是在细节描写上还可以更加生动。"这种评价既肯定了学生的优点，又指出了需要改进的地方。学生在接受这样的评价后，不会因为只看到自己的缺点而感到沮丧，反而会有动力去完善自己的作品。建设性评价还可以培养学生的自我反思能力，当教师以一种客观、理性的方式给予评价时，学生会逐渐学会用同样的方式来审视自己的学习，思考自己的学习策略是否有效，从而不断调整自己的学习方法，提高学习的积极性和主动性。

四、家长评价

家长作为孩子的第一任教育者，在孩子的成长过程中起着至关重要的作用。因此，在评价育人共同体中，家长也应成为重要的评价主体之一。

（一）家长参与学习单评价的途径

1. 书面评价途径

一是直接在学习单上批注。家长可以仔细阅读学习单上孩子的回答、作业完成情况等内容，用红笔等在旁边进行简单的批注。例如，对孩子回答正确且思路清晰的问题，可以批注"这个回答很棒，思路很清晰，宝贝你做得很好"；对有错误的地方，可以指出错误原因，如"这里计算出错了，是因为没有注意进位哦"。

二是填写评价表格。教师可以设计专门的学习单评价表格，附在学习单后面。表格内容可以包括对知识掌握程度（分为很好、较好、一般、较差等选项）、学习态度（认真、较认真、不认真）、努力程度等方面的评价。家长根据孩子的实际情况在相应选项上画"√"或填写简短评语，如"孩子在这部分知识的掌握上还有些薄弱，需要加强练习"。

三是撰写学习单评语信。家长可以针对学习单的整体情况写一封简短的评语信。信的内容可以涵盖孩子完成学习单过程中的优点，如"孩子在完成这份学习单时非常认真，主动查阅了很多资料来回答问题，这种学习精神值得表扬"。也可以包括对孩子学习困难的分析和对教师教学的建议，如"孩子在数学的几何部分理解起来比较困难，希望老师能在课堂上多进行一些实物演示"。

2. 口头评价途径

口头评价即面对面交流。家长可以拿着学习单与教师面对面交流，分享自己对孩子学习单的看法。家长和孩子之间也可以进行面对面交流。先让孩子自己说说完成学习单的感受，然后再发表自己的看法。例如，家长可以问孩子："你觉得这份学习单的哪个部分你完成得最有成就感？"然后根据孩子的回答和学习单的实际情况进行评价。

3. 线上交流途径

家长可以将对学习单的评价以电子邮件的形式发送给教师。邮件内容可以包括对学习单内容、难度、孩子完成情况等方面的详细评价。例如，家长可以在邮件中附上学习单的扫描件或照片，并在正文中写出自己的建议。家长还可以登录平台，在学习单对应的评价区域输入文字评价、选择评价等级（如五星好评、三星中等、一星差评等）。还可以在平台上和其他家长交流学习单评价的经验，共同探讨如何更好地利用学习单促进孩子学习。家长可以通过微信或QQ等即时通信工具和教师进行沟通。可以发送学习单的照片或文件，然后以语音或文字的形式表达自己的评价。同时，家长群也是一个很好的交流场所，家长可以在群里分享自己对学习单的评价经验和看法，互相学习。

（二）帮助家长理解评价标准与实施要点的方式

1. 召开家长会详细讲解

教师可以在家长会上，使用PPT或印发资料的方式，向家长展示作业评价标准的具体内容。例如，对书面作业，明确指出字迹工整程度、答题的准确性、步骤完整性等各方面的评价细则。可以用具体的作业范例来说明不同等级（如优秀、良好、合格、待改进）的作业分别是什么样的。讲解实施要点，包括教师是如何批改作业的，是逐题批改还是整体浏览后重点批改错误部分，以及如何记录学生的作业情况等。同时，说明反馈作业评价结果给学生的方式，如课堂讲解、个别辅导、评语等。指导家长关注孩子学习单的完成情况，包括作业的进度、书写态度等，督促孩子养成良好的作业习惯。

2. 互动交流答疑解惑

家长会或个别交流时，教师可以让家长提问，解答他们关于作业评价标准和实施过程中的疑问。对于一些比较复杂的作业评价问题，如综合性作业项目的评价方式等，可以通过在线讨论的方式，让家长之间也能分享观点和经验，教师再进行总结和补充解释。比如，有的家长可能会问"如果孩子的答案思路正确，但计算有误，会如何评价？"或者"对于创意性作业，评价标准是否更注重结果而不是过程？"等问题，通过互动可以更好地让家长理解细节。教师也可以向家长提供一些在家中配合教师进行作业监督和辅导的建议，例如如何培养孩子良好的作业习惯，如何根据评价标准在家中初步检查孩子的作业等。

3. 案例分享提高认识

教师可以分享一些学生通过作业评价取得进步的案例。比如，某个学生最初作业质量不高，但在了解评价标准后，逐步改进，最终作业质量得到明显提升。这可以让家长看到作业评价标准的积极作用，也能增强他们帮助孩子提升作业质量的信心。

（三）家长评价对家校合作共育及学生全面发展的意义

1. 提供全面视角，助力精准教育

家长作为孩子成长环境的重要参与者，对孩子在家庭环境中的行为表现、兴趣爱好、性格特点等方面有着深入细致的观察。他们的评价可以为学校提供孩子在学校之外的全面信息，与学校教师在课堂和校园中观察到的情况相互补充。家长评价能够帮助教师更好地了解学生的学习习惯和心理状态。有些学生在学校可能表现得比较内向和沉默，但在家中可能会比较活泼健谈。家长对学生这种心理状态的反馈，有助于教师调整教学策略，采用更适合学生个性的沟通方式和教学方法，如对于比较内向的学生，教师可以采用更加温和、耐心的引导方式，鼓励他们在课堂上积极发言，提高他们的学习参与度。

2. 加强家校沟通，构建合作桥梁

家长评价是家校沟通的重要内容。当家长积极参与对孩子的评价过程时，实际上是在向学校传达他们对孩子教育的重视和关注。这种关注能够引起学校的积极回应，促进双方更加主动地交流教育理念、教育方法和孩子的发展情况。例如，家长通过定期的评价反馈，和教师分享自己在家庭教育中遇到的困难，如孩子在家中不听从教导、对学习缺乏兴趣等问题。教师可以根据这些反馈，与家长共同探讨解决方案，分享一些科学的教育方法，如如何建立良好的家庭学习氛围、如何采用正面激励的方式鼓励孩子学习等。同时，家长评价也可以让教师及时了解家长对学校工作的满意度和期望，学校可以根据这些反馈及时调整工作策略，提高教育教学质量和管理水平。例如，家长如果认为学校的作业量过多或过少，或者对学校的课外活动组织有更好的想法，学校可以根据家长的评价进行合理的改进，使学校的教育工作更加符合家长和学生的需求，增强家校合作的紧密性。

3. 促进学生成长，提升综合素养

家长的积极评价不仅能够增强学生的自信心和自尊心，还可以引导学生进行自我反思和自我管理。当家长指出孩子的不足之处时，如缺乏时间管理能力或情绪控制能力等，教师可以配合家长，引导学生认识到自己的问题，并帮助他们改进计划。在这个过程中，学生能够学会自我监督和自我调整，逐渐养成良好的行为习惯和学习习惯，提升自己的综合素养，促进自身的全面发展。

4. 优化教育环境，形成教育合力

家长评价有助于整合家庭和学校的教育资源。如家长可以为学校的科学课程提供实

验演示或科普讲座等资源。学校可以根据家长的反馈，将这些家庭资源融入教学活动中，为学生创造更加丰富多样的学习环境。家长和学校在教育理念和教育目标上达成共识是形成教育合力的关键。家长评价可以促使双方在教育理念上进行深入的交流和融合，共同为学生的全面发展创造良好的教育环境。

第三节 定性与定量评价方式的运用

学习单作为一种有效的教学工具，一方面，能清晰地呈现教学的目标和内容，帮助学生明确学习任务和要求，通过学习单上的问题、练习和活动，学生的学习过程得以展现，这也为评价提供了依据；另一方面，科学合理的学习单能更好地促进评价的实施，引导学生积极参与学习，使教学活动有序展开，并且可以根据学生在学习单上的表现进行及时评价和反馈，从而调整教学，二者相互作用，共同推动教学质量的提升和学生的发展。评价方法的适配运用确保了学习单的科学性和有效性，而学习单又让评价得以具体落实和生动体现，二者共同构建了高效的、人文的学习生态场景。

一、定性评价

（一）定性评价在捕捉学生学习过程表现中的应用

1. 评价语言细致清晰化

发展性评价的核心在于在学生刚出现学习问题时就为其提供有针对性的辅导与帮助，使其能够根据评价内容解决问题、改进不足，最终获得进步。这就要求教师在实施发展性评价时，要做到语言具体、清晰，能够为学生指明学习方向。例如，当学生在学习单上出错时，教师切不可给出"你太笨了""这道题讲了很多遍了""这么简单还会错"等带有贬低意味且笼统的话语，而应以更详细的评语指出学生的不足，引导学生改进，如："你已经发现了这道数学问题的解答关键，但是你的思路还不清晰，再仔细读一遍题目，现在有新发现吗？""我们来总结一下你容易出错的点，你能够在解答中发现单位不统一，这很厉害，但在换算单位时你没注意到'一对'这个词，这表明有两个四边形，因此最终需要计算出两个四边形的面积。以后答题时你一定要看清楚，争取下一回全答对。我相信你一定可以的，请继续努力！"这样细致明了且具有激励性的评语既能够让学生明确自己出错的地方，又能使学生了解改正错误的方法和下一步的学习方向，还能令学生感受到教师的真情实感，进而获得鼓舞，并建立学习数学的自信心。

2. 评价过程实时动态化

很多教师误认为"评"只是期中、期末考试的终结性评价。实际上，评价应当涵盖学生的整个数学学习过程，综合检验学生的学习能力以及学习水平。若仅对学生的学习成果进行考核，那最终的评价效果可能不甚理想。因此，小学教师需要构建动态化、实时化的评价过程。小学教师可基于"教—学—评"一致性理念构建发展性评价框架，重新调整评价的流程，将评价贯穿教学全过程。在"教—学—评"一致性理念指导下，首先，教师需根据教学内容确定总的教学目标，依据总教学目标设计总的评价标准。然后，教师要将总教学目标细化为课时目标，设计课时教学活动、教学评价标准与方式。在开展课时教学时，教师就可以依据具体的评价标准及时对学生的课时学习过程与结果进行评价，避免将评价留待教学结束后再开展。教师也可以利用线上学习平台对学生的学习过程进行实时追踪，再依据大数据分析技术对学生进行客观的分析与评价，同时及时将评价结果反馈给学生。

3. 评价维度多元丰富化

新课标强调"评价维度多元"，要求教师不仅要关注学生对知识与技能的掌握，还要重视学生对基本思想的把握、对基本活动经验的积累；不仅要关注学生分析问题、解决问题的能力，还要评价学生发现问题、提出问题的能力。概言之，小学教师要全面考核和评价学生核心素养的形成与发展情况。因而，小学教师要构建评价维度多元的发展性评价体系，以帮助学生更加全面地认识自我，挖掘自己的潜力。具体地，教师可从知识学习与应用水平、探究精神、合作学习能力、自主学习能力、信息整合能力等维度设计评价标准，对学生进行全面考查。例如，在设计"合作学习"维度的评价标准时，教师可从以下角度出发：学生是否经常与小组同学进行合作探究，是否愿意帮他人答疑解惑；学生是否积极与同学交流，与教师沟通；在得到其他同学的帮助后，学生能否及时表达感谢。在设计"知识学习与应用水平"维度的评价标准时，教师可以如此设计：学生能否通过自主预习提前了解将要学习的知识；学生能否在预习过程中提出疑问；学生能否在课堂学习中跟上教师的教学进度；在完成课堂学习后，学生能否达成教学目标；在家庭中，学生能否自觉完成作业，积极展开拓展学习……

4. 评价方式有趣生活化

评价方式对评价的有效性存在一定影响。有趣味性的评价方式能够为学生营造轻松的沟通氛围，并让学生在聆听他人的意见的同时获得学习成就感，最终树立起学习的自信心。因而，教师在课堂中实施发展性评价时需注意改善评价的方式。新课标指出，评价方式应包括书面测验、口头测验、活动报告、课堂观察、课后访谈、课内外作业、成长记录等。这为教师优化评价方式提供了抓手。结合小学生的发展特点，教师可以采用更具趣味性、生活性的实践活动，考核与评价学生的学习情况与各项能力发展情况。例如，在学生学习了"计算四边形的周长"这一课后，教师可安排动手实践类活动，鼓励学生使用直尺测量课桌桌面、数学教材封面等四边形的周长。在所有学生给出测量结果后，教师可依据他们的结果分析他们是否真正掌握了四边形周长计算公式，再有针对性地进行评价。在评价过程中，教师不可一味地批评，而需要掌握沟通技巧，在分析学生易错点的同时挖掘学生的闪光之处，给予学生适当的鼓励和认可，让其正确认识自己的优势与不足。此外，教师在运用发展性评价时，还可以引入学生自评、互评与家长评价等评价方式，丰富评价主体。需要注意的是，教师要避免学生在互评过程中只是喊出"你最棒，你最优秀"等空洞的口号，而应给予学生详细的评价标准，指导学生依据标准客观地评价。

（二）运作"评价指标"框架的三个体系（表5-4）

"三个体系"即品德与心理发展水平、学习与能力发展水平和兴趣与特长发展水平。这也就是评价学生学习发展状况的三个方面。

"十二项指标"即"三个体系"中，每个体系有四项关键指标。如第一个体系中有基本素养、情感态度、行为品质和心理状态等。十二项指标基本涵盖了学生学习素质发展的各个方面。

"四十八个要点"即"十二项指标"中，每项指标（基本素养）至少有四个评价要点。如第一项指标中有学习基础、学习认知、学习目标和学习动力等。

对"评价指标"框架的三个体系的运作，我们有"三注重、三灵活"的操作要求：

（1）注重对照"评价指标"体系，让评价有可操作的把手与刚性的目标要求，但在具体的评价过程中，要灵活运用，不完全束缚于"体系"，操作者要有柔性的创造性的发挥（四十八个要点仅供参考，随着实践研究的深入将精简，更有针对性）。

（2）注重让评价操作更接学生学习发展状况的地气，灵活运用多种评价方法，使评价"指标"服务学生、激励学生。

（3）注重学生个性学习状况与需求，将评价要点灵活运用于不同的学生，真正体现评价促进每个学生学习的增值功能。

表5-4 运作"评价指标"框架的三个体系

评价内容	关键指标	指标考查要点
品德与心理发展水平	基本素养	学生在学习基础、学习认知、学习目标、学习动力等方面的表现情况
	情感态度	学生在学习需求、情感体验、学习态度、价值趋向等方面的表现情况
	行为品质	学生在学习信心、努力程度、刻苦状况、持久耐力等方面的表现情况
	心理状态	学生在自我感知、心理感受、心态调整、期望目标等方面的表现情况
学习与能力发展水平	学习品质	学生在学习兴趣、独立思考、解决问题、完成作业等方面的表现情况
	知识技能	学生在知识学习、知识积累、理解能力、钻研探究等方面的表现情况
	自学能力	学生在自我要求、自主学习、自勉自强、自主发展等方面的表现情况
	实践能力	学生在操作能力、理解能力、知识运用、实践效果等方面的表现情况

续表

评价内容	关键指标	指标考查要点
兴趣与特长发展水平	兴趣追求	学生在兴趣选择、兴趣稳定、兴趣专注、兴趣发展等方面的表现情况
	求知探索	学生在求知欲望、思考问题、创新探索、探求毅力等方面的表现情况
	爱好特长	学生在课余生活、喜好表现、特长体现、付出努力等方面的表现情况
	潜能发展	学生在潜能开发、突出表现、素质提升、能力发展等方面的表现情况

(三)定性评价对深入了解学生学习体验与思维过程的作用

1. 揭示内在感受，洞察学习体验

定性评价可以通过访谈、观察记录、学习日志等方式，深入挖掘学生在学习过程中的情感体验。例如，在对学生进行访谈时，我们可以询问学生在学习某一学科（如数学）时的感受。学生可能会回答："我在做数学难题时，一开始觉得很沮丧，但当我通过自己的努力找到答案时，又充满了成就感。"这种情感层面的反馈能够让教育者了解到学生在学习数学过程中的情绪波动，包括遇到困难时的消极情绪和克服困难后的积极情绪。

它还能帮助我们了解学生对学习环境和教学方法的主观体验。比如，通过观察学生在课堂小组讨论中的表现，并结合他们的自我描述，我们可以发现学生对小组合作学习的看法。有些学生可能会表示很喜欢小组合作，因为"可以和同学交流不同的想法，让我学到了很多新的思路"，而有些学生可能会觉得小组合作很混乱，"大家都在七嘴八舌，我根本没办法集中精力思考问题"。这些反馈有助于教师调整教学方法和课堂组织形式，以更好地满足学生的学习体验需求。

2. 展现思维轨迹，把握思维过程

定性评价方法如课堂提问、学习反思报告等可以展现学生思维的起点和发展路径。在课堂提问中，教师可以通过一系列递进式的问题，引导学生展示他们的思维过程。例如，在教授物理的力学问题时，教师问学生："你是如何思考这个物体的受力情况的？"学生可能会回答："我首先考虑重力，因为所有物体都受到重力的作用，然后我观察到它还受到了一个拉力，因为有绳子拉着它……"通过这样的回答，教师可以了解学生在解决物理问题时的思维起点（考虑重力）和思考顺序（先重力后拉力）。

学习反思报告则能让学生详细地记录自己在学习过程中的思维演变。比如，在学习历史事件时，学生在反思报告中可能会写"刚开始我只是简单地记住了事件发生的时间、地点和人物，但是在深入研究后，我发现这些事件之间是相互关联的，于是我开始思考这些事件背后的社会、经济和文化因素，我的思维从单纯的记忆转向了对历史事件的因果分析"。这种反思报告能够让教师清晰地把握学生思维的深化过程，从而为后续教学提供针对性的指导。

3. 发现潜在问题，助力因材施教

定性评价有助于发现学生在学习体验和思维过程中隐藏的问题。例如，通过对学生学习日志的分析，教师可能会发现一些学生在学习过程中存在知识理解的误区。学生可能在日志中写"我一直以为细胞的呼吸作用和光合作用是完全相反的过程，但在深入学习后，我发现它们之间有很多复杂的联系，我还是有些困惑"。这种记录能够让教师及时察觉到学生在知识理解上的潜在问题，进而调整教学内容，对这部分知识进行更详细的讲解。

对于学生的思维障碍，定性评价也能有效揭示。比如在数学解题过程中，通过观察学生的草稿纸和询问他们的解题思路，教师可能会发现学生在某个知识点（如分式方程的化简）上存在思维混乱的情况。教师可以针对这一思维障碍，为学生提供专项的练习和辅导，帮助他们克服困难，促进思维的正常发展，从而实现因材施教。

4. 促进自我认知，提升学习能力

定性评价可以引导学生进行自我认知。当学生参与到访谈、反思报告等评价活动中时，他们需要对自己的学习体验和思维过程进行梳理和总结。例如，在撰写学习反思报告时，学生要回顾自己在学习某一学科过程中的情绪变化、学习方法的运用以及思维的发展。这种自我梳理的过程能够让学生更加清楚地认识自己的学习状态，包括自己的优势和不足。

随着学生自我认知的提升，他们可以根据自己的情况调整学习策略，进而提升学习能力。比如，学生在反思自己的阅读学习体验时，发现自己在阅读长篇文章时容易走神，于是他们可以尝试采用一些新的阅读方法，如先浏览文章结构，再分段精读等，以提高自己的阅读效率和理解能力。定性评价为学生的自我提升提供了依据和动力，促进他们在学习过程中不断成长。

二、定量评价

定量评价以大数据为基础，建立多维度、多层次的评价体系，使评价体系更加科学、客观和准确，更好地反映学生的综合素质和发展情况。第一，在大数据的支持下，教师可以全方位地收集学生在各个方面的表现，如思想道德、学业水平、身心健康、艺术素养、社会实践和个性发展等。这样可以使评价内容更加全面，能够更好地反映学生的综合素质。第二，在评价过程中，需要将形成性评价与终结性评价相结合，分数评估与综合表现评价相结合，课堂表现与学科测试相结合，日常成绩与关键考试相结合，开展多元化评价。同时，还需要结合学生的自评、互评以及教师评议等多种方式，使评价结果更加客观、准确。第三，学生发展是一个动态的过程，因此评价过程也需要动态化。通过大数据的实时采集和分析，教师可以及时了解学生的学习情况和表现，及时发现问题并采取相应的措施，使评价过程更加科学、有效。第四，在大数据的支持下，教

师可以根据学生的具体情况制定个性化的评价标准,使评价结果更加符合学生的实际情况。第五,通过大数据的记录和分析,教师可以对学生的发展进行长期的追踪和记录,从而更好地了解学生的发展情况和变化趋势,为学生的未来发展提供重要的参考和依据。

(一) 定量评价在学习单中的数据收集与分析方法

大数据支持的小学教学模式包括精准确定目标、智慧学习平台与教学过程、数据统计与汇总和数据梳理决策四个环节。

采用递归的思想和递进定位短板,后序遍历知识技能来精确确定学习目标。教师应倡导智慧学习生态,利用习题库等信息技术支持下的教学、学习平台着手设计与开发小学教学的精准教学的学习过程;借助云端处理平台快捷、精准地统计与绘制学生的学习表现;借助精准教学分析软件准确地梳理下一阶段的学习方向,并以此判定当前的教学是否能够如期完成目标。

智慧导学可与现有的教学方法(如尝试教学法、情境教学、翻转课堂、微课教学等)兼容,教师可根据自己的喜好与习惯,将精准教学融于现有的教学方法,设计开发高效的教学过程。在精准教学的实施过程中,教师应该把握以下策略:学生学习心态的积极维持策略,包括动机激发和兴趣培养;教学内容的传输加工策略,包括传输教学内容的策略和加工教学内容的策略,前者是指教学言语循环、媒体和板书结构化,后者是指同辈教师、合作学习和个别化程序;有效认知指导策略,包括提高信息接收能力的策略、高效知识表征的形成策略、促进问题图式形成的策略、课堂秩序管理策略。

(二) 依据学习任务设定量化指标与分值

基于学习单的评价,要想发挥实质性的效果,首先应该制订明确的评价目标,只有这样才能保证评价工作的方向性和针对性,更好地促进学生的全面发展。评价目标不应局限于学生对数学知识的记忆和掌握,而应更加关注学生在思维能力、解题策略、学习态度以及创新能力等方面的发展。为了实现这一目标,教师需要根据教学需求和学生发展特点,制订科学、合理且可操作性强的评价标准,且要保证该标准应当具有多维度、全面性的特点,能够覆盖学生的知识掌握情况、思维能力的发展、解题策略的灵活运用以及学习态度等方面,以便教师能够根据这些评价标准更加准确地评估学生的表现,从而为学生提供有针对性的指导和反馈。需要注意的是,评价标准并非一成不变,而是应该根据学生的学习阶段和个体差异进行动态调整。例如,在低年级,评价标准可以侧重于学生对基础知识的掌握和对简单思维能力的培养;而到了高年级,则应更多地关注解题策略的多样性和创新思维的激发;对于不同能力层次的学生,教师也应制订不同的评价标准,以更好地满足学生的个性化发展需求。

1. 基于政策,宏观把握,构建核心素养评价的基本框架

教师可依据《教育部关于推进中小学教育质量综合评价改革的意见》,以发展学生

"核心素养"为核心,从知识水平维度和能力水平维度构建框架。

2. 立足共性,关注个性,拟定学生自主性评价的观测点

观测点分为基本要点和个性要点。教师根据学生发展核心素养及学业发展的要求,具体细化各年段学生评价过程中共同观测的基本要点。此外,教师还应对本校学生进行充分调研,了解学生个体发展的需求,制定个性化的观测要点。

(三)定量评价结果对学生学习成效直观呈现与对比分析的价值

1. 实施精准干预

在大数据环境下,根据测量、记录呈现的学生学习行为,教师能够判断出学生能否顺利达成教学目标——若能达成,说明无问题;若不能达成,说明有问题,需要干预。具体来说,在操作层面按照特殊问题和普遍问题分别进行针对性的干预:针对个别学生的特殊问题,通过即时通信工具或个别辅导进行实时点对点的干预纠正;针对反映比较多的普遍问题,则通过课堂教学予以统一干预纠正。干预是一个反复的工作,而练习、测量与记录同干预一起,构成了一个循环迭代的过程,这个循环迭代直至全部学生掌握了教学目标所要求的知识或技能才会终止。

2. 精准化的教学评价与预测

在传统教学环境下,教学评价或为模糊的经验判断,如通过"优""良""中""及格""差"等程度词来评价学生的学习表现;或为简单的分数判断,如通过期末考试成绩、期中考试成绩、总分、平均分等来评价学生的学习结果。而在大数据环境下,传感器技术、人脸识别技术、学习分析技术等众多先进技术的融合应用,使得精准教学评价从伴随教学行为的开始到结束,并能够对尚未发生的未来进行精准预测。

在基于大数据的前提下,评价主要依赖于技术手段(包括大数据采集、教育数据挖掘、学习分析和数据可视化技术),通过各类智能教学系统自动监控、自动分析学生的学习情况,并实时反馈给所需要的人;教师、学生、家长等可以根据自身的需求,查询并生成可视化的评价报告。预测则指综合分析每个学生在各个阶段的学习表现数据和其他系统数据(包括各个教育系统、评估系统、专家系统)后,形成数据决策支持系统,并对学生在未来一段时间的学习表现进行预测,进而根据预测结果提出相关的改进建议或学习对策。

第四节 评价结果的有效处理

评价结果的反馈是评价过程中不可或缺的一环。为了充分发挥评价的诊断、激励和改进功能,必须完善评价、反馈系统,形成评价长效反馈机制。评价不仅仅是为了给学

生打分或评级,更重要的是为了及时了解学生的学习状况,为教师调整教学策略提供依据。因此,教师应密切关注学生的表现和评价结果,及时给予反馈和指导,通过不断的教学反思和调整,使"教—学—评"一体化理念在课堂教学中真正得到落实和有效实施。

(一)呈现方式

评价结果的呈现应采用定性与定量相结合的方式。如小学低年段的学科评价应当以描述鼓励性评价为主,小学高年段采用描述性评价和等级评价相结合的方式。评价结果的呈现要有利于增强学生学习的自信心,提高学生学习兴趣,使学生养成良好的学习习惯,促进学生的发展。评价结果的呈现,应该更多地关注学生的进步,关注学生已经掌握了什么,获得了哪些提高或进步,具备了什么能力,还有什么潜能,在哪些方面还存在不足,等等。例如,下面是对某同学"统计与概率"学习的书面评语:本学期我们学习了收集、整理和表达数据。你通过自己的努力,能收集、记录数据,知道如何求平均数,了解统计图的特点,制作的统计图很出色,在这方面表现突出。但你在使用语言解释统计结果方面还存在一定差距,请你继续努力。该同学的学习评定等级是B。这个以定性为主的评语,实际上也是教师与学生的一次情感交流。学生阅读这样的评语能够获得成功的体验,树立学好数学的自信心,也知道自己的不足和努力方向。教师要注意分析全班学生评价结果随时间的变化,从而了解自己教学的成绩和问题,分析、反思教学过程中影响学生能力发展和素质提高的原因,寻求改善教学的对策。同时,以适当的方式将学生一些积极的变化及时反馈给学生。

评价结果还可以可视化图表、报告等形式呈现。通过对数据的深度挖掘可以实现对数据的深度分析,即实现对学情的分析、教学情况的分析。

1. 对学情的分析

通过"录入小分",系统可以对每道题的掌握情况都有清晰、全面的统计。通过这些数据,学生整体的弱项与强项、个别学生的弱项与强项都一目了然地呈现出来了。通过学情分析,教师可以准确定位教学的重点与难点,使教学更加有的放矢。通过"报告总揽"可以很清楚地了解到年级各班中学生学习的综合状况,既可以纵向分析,又可以横向分析,便于学校综合分析年级的学业情况。通过"学科历史"报表,教师可以查询某位学生的各次考试情况,掌握学生的学科动态、发展趋势,从而确定和改进对该学生的培养方案。通过"得分率"统计报表,教师可以明确哪些题型学生得分率相对较低,明确学生哪方面的知识掌握不牢固,从而在后期的教学中着重复习和查漏补缺。通过"分数段统计"报表,教师能清楚地掌握各班、各个分数段的分布情况,为教师的分层教学提供依据。

2. 对教学情况的分析

从以上分析我们不难看出,"学习大数据"平台通过"考试质量分析"报表,可以准确展示教师的教学情况和各班级学生的总体情况,明确整个年级的学科情况,从而为教师改进教学方式、教研组调整和改进整个年级的教学策略、学校对教师的工作指导提供了准确的数据依据。

"跨界对比"和"学生历史"报表便于教研组找到全组的问题,教研组能对教师的教学情况进行横向及纵向的分析,以便更清楚地了解学生学习情况的变化趋势,从而对教学效果进行诊断,明确教学策略。全息作业智能数据分析系统已经并终将成为学校教师进行学情分析、教学情况分析最得力的助手。此系统精准高效的数据挖掘和分析功能为全校各个角色的教师进行教学决策、教学干预起到了很好的指导作用。新时代的基础教育,要求个性化教育,而因材施教的首要基础是了解学生。大数据帮助教师更好地诊断学生在学习中遇到的困难和问题,读懂学生。大数据平台在阅卷过程中不仅仅可以统治整班的错题率,更可以统计每个选项的错题人数。让教师精准了解每个学生对于知识点和知识模块的掌握情况,让教学更高效,更有针对性。

(二)反馈机制

1. 及时且有针对性的反馈评价结果的重要性

建立及时、准确、有针对性的反馈机制。教师应及时将评价结果反馈给学生,让他们了解自己的学习状况和存在的问题。同时,反馈应准确、具体,避免笼统、模糊的评价。

借助学生核心素养网络平台的数据,提升学生自评能力。教师能及时了解学生自主性评价的具体情况,充分发挥指导作用,以提升学生自主评价的意识与能力,助推学生认识、掌握、发展自我。

借助学生核心素养网络平台的数据,改进教师教学行为。教师能从学生自主性评价的角度了解学生学习状况,反观自身教学行为,基于学生个体的差异调整、改善教学。

借助学生核心素养网络平台的后台数据,调整完善项目研究。学校能从学生登录次数、评价频率、图表运用等隐性数据,整体把握学生自主性评价项目的实施情况,从而调整、完善项目的研究。

2. 向不同评价主体反馈的方式与沟通要点

学校应注重评价结果的反馈和运用。教师可通过定期的家长开放日、学生座谈会等方式,向家长和学生反馈评价结果和建议。同时,根据评价结果调整教学策略和方法,为学生提供更加个性化的教学服务。这种以评价促教学、以评价促发展的理念,使得学校的教学质量不断提升、学生的综合素质得到全面发展。

不同学生的学习特点和需求各不相同,因此,反馈应注重针对性和个性化。教师应根据学生的实际情况,提供有针对性的建议和指导。例如,对于基础薄弱的学生,教师应重点加强基础知识的教学和辅导;对于思维活跃但粗心大意的学生,教师应引导他们养成认真审题、仔细检查的好习惯。这种个性化的反馈有助于满足不同学生的学习需求,促进他们的全面发展。

3. 反馈对促进学生改进学习策略与行为的效果

依托"好习惯益终身"大讲堂,提出"完成作业,我的责任""让作业成为作品"等好习惯培养口号。学期初,通过课堂规范、教师指导、每日评价、每周表扬、每月展示系列小目标扎实稳步地推进,学生对作业的态度发生了根本性的转变:从不完成到尽力完成,从潦草应付到认真书写。教师也做到了"日日清、日日评","发现—赏识—督促—展示"及时跟进。经过一个月的习惯养成,学校举行了"晒晒我最得意的作业展"活动,每一位学生都精心地准备了自己的"作品",每一张甜甜的笑脸都代表收获的喜悦。学校因为转变了评价作业的方式,将作业检查变被动为主动、变检查为展示,学生也深感作业不再是硬性压力,而是一种自我成就的体现,从作业到"作品",就是对学生的肯定。从"满意"到"得意"再到"创意",都有着具体的标准,既是对学生作业的具体管理,又是一种阶梯形成长目标的呈现。每一个阶段的展示,更是让学生看到了自己成长的变化。

(三)结果利用

教师应定期对学生的评价结果进行分析和总结,即做出阶段性评价,找出存在的问题和不足,并提出相应的改进措施,同时,还应鼓励学生积极参与评价结果的讨论和改进过程,培养他们的自我反思和自主学习能力。

1. 将评价结果用于调整教学计划与学习单设计

通过评价,教师可以了解学生的学习状况和自身的教学效果,对教学效果进行评估。第一,仔细分析教学评价结果,了解学生在哪些方面做得好,在哪些方面需要改进。第二,根据评价结果,反思目前的教学策略是否合适,发现不合适的地方要及时调整。第三,根据学生的实际情况和反馈对教学内容进行优化,使其更符合学生的实际需求。第四,尝试采用更有效的教学方法,如讨论式教学、案例分析、情景模拟等,提高学生的学习兴趣和参与度。第五,教师是教学过程的主导者,其素质直接影响教学效果。因此,教师需要根据评价结果,不断提升自己的专业素养和教学能力。第六,调整教学策略后,需要持续监控和评估教学效果,以便进一步优化教学策略。通过以上方式,不仅能提高教学效果,还能提升学生的学习体验,培养其批判性思维和解决问题的能力。

2. 评价结果对学生个体学习规划与个性化发展的支持作用

在评价过程中,教师应结合学生学习中的种种表现,系统、全面地考查学生在某一个阶段中的核心素养方面的变化。新课程标准指出,评价结果的呈现应更多地关注学生的进步,关注学生已有的学业水平与提升空间,为后续的教学提供参考。因此,教师需要注重评价的反馈,定期关注学生学习行为的变化,并根据评价反馈,及时对教学活动进行调整和改进,重复"实施评价调整"的循环过程,保障评价的时效性,有效落实数学核心素养的培育目标。学生以主体的身份主动参与评价，在此过程中形成并发展一系列自主评价的能力：能依据自身认识基础与学习能力明确学习目标，记录自己的学习过程并且能进行反思，通过对评价结果的交流能做出适合自身的发展愿景和学习决策。自主性评价其创新价值就是对学生学习需求进行自我认知、自我调控、自我发展，从而激发起学生学习的内驱力，促使学生乐于学习、学会学习、善于学习、主动学习，提升了学生的学习品质，使得学生的综合素质得到全面发展，同时也体现了尊重学生个体差异的教育公平。顾明远先生指出：公平和差异是基础教育的必然选择。

第六章 学 科 案 例

第一节 语文学科案例

以大单元主题设计任务群的学习单,突破传统教学中知识点的零散状态,将语文学习融入完整且内涵丰富的大单元情境。通过课前、课中、课后学习单的精心设计,形成连贯且深入的学习链条。课前预学单的"任务选择"尊重学生个体差异,激发自主学习意识,让学生依自身能力与兴趣主动探索。课中探究单围绕大主题下的子任务展开,助力学生在课堂中深入探究,实现知识学习与能力培养的结合。课后蓄能单借助自评、教师评、同学评和家长评的多元评价机制,实现"教—学—评"一体化,多维度促进学生语文素养的发展。

跟着书本去旅行:四季篇

一年有四季,美景各不同。让我们跟着书本去旅行,感受四季美景吧!

全程学习单
——素养导向的过程性评价实践新探

请在以下任务中选择你想要挑战的任务,画"√"。

跟着落叶介绍秋天!

跟着小鱼看采莲、游江南!

赏雪景之趣,绘创意之画!

看四季之景,感四季之美!

选择好任务后,就让我们一起跟着书本去旅行吧!

赏秋景之美

【S】活动一：品读秋天

秋姑娘藏在校园里。读一读，完成字词练习。

阳阳是第一个（gē　gè）走进校园的①rén。他来到一棵大树（sù　shù）下。不一会儿，一片（piān　piàn）淘气（pì qì）的叶（yè　yì）②zi 飞（fēi　hēi）③le 下来，落在他的④shǒu 上。

1. 给句中的字选择正确的读音，画"√"。
2. 看拼音，写汉字，把字写规范。

3. 下列选项中的"一"，与"一会儿"中的"一"读音相同的一项是（　　）。
① 第一　　　② 一棵　　　③ 一片

【Y】活动二：赏读秋天

秋天的郊外，事物发生了什么变化？先连一连，再填空。

　　　天气　　　　　往南飞

　　　树叶　　　　　凉了

　　　大雁　　　　　黄了

我还知道其他事物的变化：秋天来了，_____。

【B】活动三：介绍秋天

想象一下秋天其他的景物是什么样子的，试着写一写吧！

_____

_____

品采莲之乐

【S】活动一：看采莲

请用"√"选出正确的读音，并填一填。

江（jiāng gōng）　　南（lán nán）　　莲（lián liān）
采（cài cǎi）　　　　北（běi biě）　　戏（xǐ xì）

我知道"江"字的偏旁是_____，"莲"字的偏旁是_____。

【Y】活动二：游江南

江南风景美如画，读一读，完成练习。

1. 读拼音，写汉字，并填一填。

太阳(dōng)升(xī)落，花儿四季常开，江南的风景(kě)美啦！

"xī"字共_____画，第五笔是_____；

"kě"字共_____画，第五笔是_____。

2. 右面的江南美景图让我想起了诗句"莲_____何_____"。

【Y】活动三：绘江南

拿起画笔，画一画你眼中的江南采莲图吧！

享冬雪之趣

【S】活动一：遇突发事件

用"√"选择正确的读音。

一群可爱的（de dí）小动物去参（cān chān）加（jiā jià）画展。小鸡（jī jǐ）不小心掉进了路边的洞里，他着急地大叫着。小猴子大步（pù bù）上前，成（chén chéng）功地把小鸡救了上来。

【Y】活动二：绘创意之画

根据课文内容选一选。（填序号）
① 梅花　　② 枫叶　　③ 竹叶　　④ 月牙

雪地里来了一群小画家。小鸡画（　　），小狗画（　　），小鸭画（　　），小马画（　　）。

【Y】活动三：赏雪景之趣

还有哪些小动物也会来到雪地里？他们又会画什么呢？写一写。

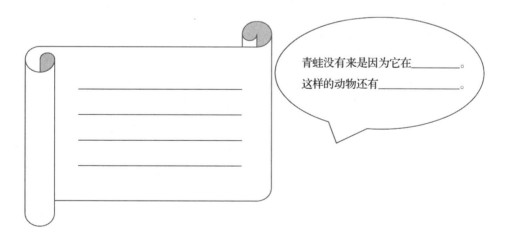

青蛙没有来是因为它在_____。
这样的动物还有_____。

感四季之妙

【S】活动一：走进四季，认识和学习生字

请给小伙伴们正确归类。
① 尖　② 春　③ 青　④ 说　⑤ 蛙　⑥ 夏　⑦ 弯　⑧ 冬　⑨ 皮

两拼音节的字，到我这里来！　　三拼音节的字，到我这里来！

【Y】活动二：欣赏四季，照样子连一连

青　　花　　　谷穗　　圆圆　　春天
小　　蛙　　　荷叶　　尖尖　　夏天
树　　鸟　　　草芽　　顽皮　　秋天
莲　　叶　　　雪人　　弯弯　　冬天

【Y】活动三：寻找景物，感受四季特色

大自然一年四季风光秀丽，请你仿照课文，画一画、写一写心中的四季。

他对＿＿＿＿＿＿说：

"我是＿＿＿＿＿＿。"

```
本单元对题数 _____
这次我和上单元比：一样棒，继续保持 ☺  □
                进步了，继续努力 ☺  □
                退步了，要加油 😣  □
```

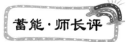

在本单元学习过程中，你表现得怎么样？你的同学呢？

蓄能·师长评

请老师或家长根据你本单元学习过程中的表现，说一说。

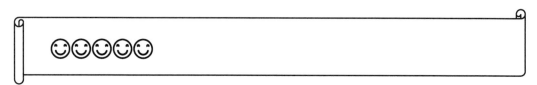

【一年级案例解读】

本单元在教材中承上启下，起着巩固拼音、延续识字、开启阅读的关键作用。为发展学生的语文核心素养，体现育人价值，我们统整单元内容，创设了"跟着书本去旅行：四季篇"的单元情境，根据"赏秋景之美""品采莲之乐""享冬雪之趣""感四季之妙"的单元任务开展了一系列的学习活动。以朗读为主线，分为3个层次：任务铺垫的导引开启、探究习得的课文学习推进、迁移运用的成果展示，共计12课时的学习路径，引领学生在朗读的过程当中去深化情感，从而达成人文主题和语文要素双线目标的落实。

  任务实施过程中，我们将本单元的任务设计思路适度开放，不仅注重夯实语文基础，还向课外延伸、与生活接轨，贴近学生的心理特点。实践类作业分别设计了让学生说一说秋天的其他景物；画一画学生眼中的江南采莲图；写一写还有哪些小动物也会来到雪地里，它们又会画什么呢；仿照课文，画一画，写一写心中的四季。这样的设计促使不同层次的学生在学习实践中获得新知，丰富了课余生活，有助于学生发展独特个性，提升核心素养。学习单在评价环节中坚持思想性、科学性、针对性、多样性原则，力求多元化评价，注重激发学生的学习热情，尊重学生的个性差异，以巩固知识与技能，发展学习能力，提升品德修养，培养良好的学习习惯。本单元任务基于单元一体化的视角，各板块既独立承担功能，又相互联系，梯度推进，形成完整统一的作业体系，能够促进本单元学习目标的达成。

祖国山河美如画

放松心情，让我们一起去旅行：登鹳雀楼，看夕阳依山而落；遥望山前，叹庐山瀑布飞流；黄山奇石，怎么会如此有趣？台湾的日月潭，是祖国的一颗明珠；吐鲁番的葡萄，定会让你吃个够！……不一样的风景，同一个美丽大中国！欣赏"诗中有美景""黄山有奇石""湖中有日月""新疆有水果"四幅画卷，游览祖国的大好河山！今天，让我们走进这几幅画卷，去欣赏那一处处写不完、道不尽的美景吧！

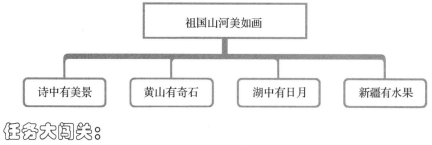

任务大闯关：

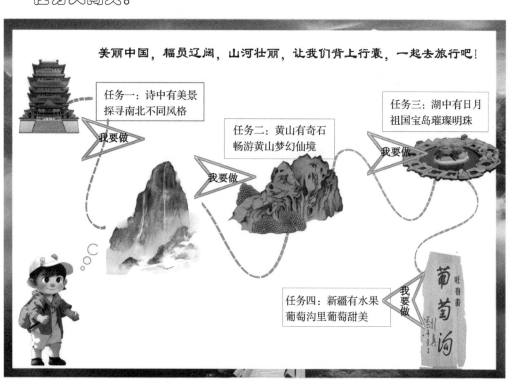

诗中有美景

【Z】活动一：识字卡片填一填

下面是同学们找来的识字卡片，请将它们放到对应的花瓣中。

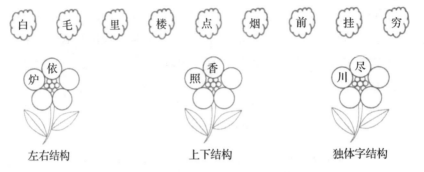

左右结构　　　　　　上下结构　　　　　　独体字结构

【B】活动二：品味诗句写一写

有同学在黑板上写下了这两句诗，大家展开了交流。

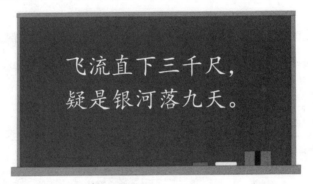

"飞流直下三千尺"中的"直"表明瀑布从高空直落，体现了山的_____，也表现了瀑布下落的速度_____。

我知道这首诗的前两句是：_____，_____。

这两句诗中有"疑"字，我想起我们学过的《古朗月行》（节选）中含"疑"字的连续两句诗是：_____，_____。
《静夜思》中含"疑"字的连续两句诗是：_____，_____。

黄山有奇石

【Z】活动一：黄山美景我来写

来到黄山，看到黄山美景，你想到了许多形容词，请补全并仿写。

示例：金光闪闪

一枝（ ）（ ）　　奇形（ ）（ ）　　（ ）（ ）如画

（ ）（ ）虚传　　美不（ ）（ ）　　（ ）（ ）入胜

【B】活动二：黄山奇石我来说

看到眼前的黄山奇石，你想起了学过的《黄山奇石》里的话语，请仿照示例，任选一处奇石说一说。

①

②

③

④

示例：第④幅图，"猴子观海"真像一只猴子在眺望云海。

【B】活动三：黄山美景我来荐

你拍了很多黄山美景的照片，分享给了你的同学妙妙，想推荐她来游玩。请向妙妙说一说你的推荐理由。

_____

_____

湖中有日月

【B】活动一：欣赏美景填一填

优美的词语和句子，让我们仿佛身临其境，感受到了日月潭的美丽，请你读读下面的四字词语，并把它们送到图片中吧！

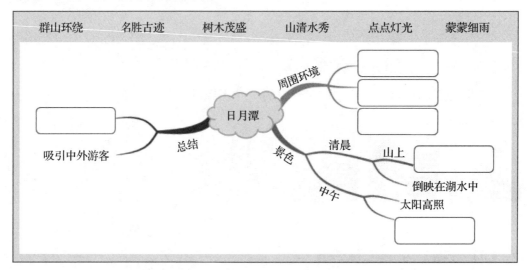

【B】活动二：介绍美景说一说

日月潭真是让人流连忘返，请你为日月潭设计一段导游词，向大家介绍一下它吧！

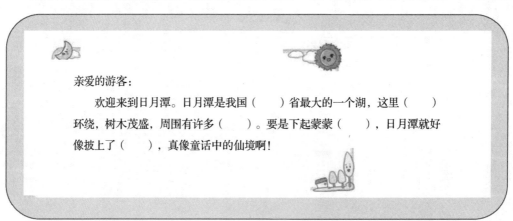

新疆有水果

【Y】活动一：读懂课文填一填

新疆的葡萄沟一定给你留下了深刻的印象，课文围绕"葡萄沟真是个好地方"，从几个方面向我们介绍了美丽的葡萄沟。请你根据课文补充完整。

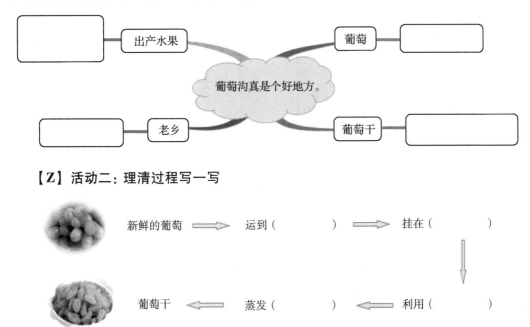

【Z】活动二：理清过程写一写

【B】活动三：设计广告推一推

设计一则宣传广告，向去新疆旅游的人们介绍葡萄沟的葡萄以及葡萄干吧！

恭喜各位小游客,一起跟着课本欣赏了祖国的如画美景,现在请你回顾整个单元,完成一下下面的评价吧。

爸爸妈妈为我评价:

1. 能说出景点的名称

2. 能读好介绍景点的语句

3. 能像小导游一样介绍

(一个景点或一个当地特色)

小伙伴帮我评价:

1. 准确说出祖国美景的词语和句子

2. 有感情地介绍景点的特色

3. 把旅行的收获和感想和伙伴分享

我为自己点评一下:

1. 本单元学习,我最大的收获是(　　　　　　　　　　　　　　　　　)
2. 本单元学习,我还需要复习巩固的有(　　　　　　　　　　　　　　)
3. 学习过程中,我还有许多新发现:

积累进阶:介绍我的家乡(通过访谈、翻阅资料等丰富的形式,用图片、文字、视频等来展示自己家乡最美的一面)

【二年级案例解读】

根据单元目标,我们从学生的生活经验出发,以绘制"我的旅行手账"为任务情境,设置了4个任务。通过学习小组思考讨论、合作完成、展示分享、评价反思,达成单元目标。

以"我的旅行手账"的活动形式,把"诗中有美景""黄山有奇石""湖中有日月""新疆有水果"呈现并串联起来。通过丰富的活动,学生从字、词、句等不同角度去了解我们祖国的大好河山,产生民族自豪感。

任务实施过程中,过程性评价伴随大单元学习活动展开。学生可以利用现代信息技术收集和记录过程性数据,根据互动平台的数据记录对学习过程开展自我评价、互相评价。

在本单元最后,教师让学生为家乡代言,用说说、写写、画画或其他喜欢的方式记录家乡美丽的风景、特有的物产、有意思的故事……做一本属于家乡的"旅行手账",向全世界推荐自己的家乡,做个小小代言人!这样的综合评测,与单元目标一致,与单元学习任务活动也一致,真正做到了教、学、评一体。

寻找秋天的足迹

秋天，是一个色彩缤纷的季节、一个硕果累累的季节。同学们，你们感受到秋天了吗？你们最喜欢秋天里的哪样事物？让我们一起寻找秋天的足迹，领略秋天的美。

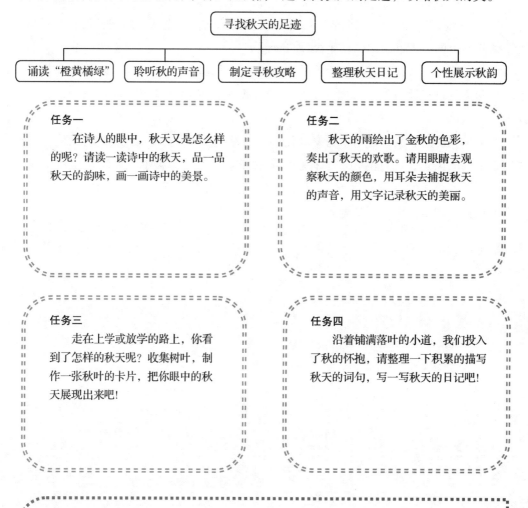

任务一

在诗人的眼中，秋天又是怎么样的呢？请读一读诗中的秋天，品一品秋天的韵味，画一画诗中的美景。

任务二

秋天的雨绘出了金秋的色彩，奏出了秋天的欢歌。请用眼睛去观察秋天的颜色，用耳朵去捕捉秋天的声音，用文字记录秋天的美丽。

任务三

走在上学或放学的路上，你看到了怎样的秋天呢？收集树叶，制作一张秋叶的卡片，把你眼中的秋天展现出来吧！

任务四

沿着铺满落叶的小道，我们投入了秋的怀抱，请整理一下积累的描写秋天的词句，写一写秋天的日记吧！

任务五

拥抱秋天，我们呼吸秋的气息，捕捉秋的音韵，描绘秋的多彩。亲爱的同学们，请用自己喜欢的方式来展示你们心中的秋天，可以诵读、写作、绘画、歌唱、舞蹈……

诵读"橙黄橘绿"

【Y】活动一：比一比

《山行》《赠刘景文》《夜书所见》三首古诗写的是哪个季节的景色？你是从哪些地方发现的？读古诗，填写在下面的表格中。

古诗	季节	景物
《山行》		
《赠刘景文》		
《夜书所见》		

【B】活动二：画一画

请你从三首古诗中中任选一句，写出你想到的画面，画一画诗中的秋景。

| 哪句诗描写了秋景？把它写下来。 | 画一画诗中的秋景。 |

【S】活动三：感悟"诗情"

《山行》描绘了一幅秋山行旅图。这天，诗人乘坐马车，沿着弯弯曲曲的石头小路上山，走向秋意浓郁的山林。这一路他看到了什么？听到了什么？

在秋山行旅中，这一路，诗人：

看到了_____，

听到了_____。

制定寻秋攻略

沙沙沙，起风了，下雨了。轻轻地，风停了，雨停了。美丽的落叶呀，在欢快地起舞。

【Y】活动一：制作秋叶卡片

课前观察，收集秋叶，制作一张秋叶卡片，将自己收集到的秋叶贴在卡片上，简单做一下介绍，内容可包括秋叶的名字、形状、颜色，你在哪儿发现了它，等等。

制作秋叶卡片

贴上收集到的秋叶

写几句话介绍一下秋叶

【B】活动二：感悟水泥道之美

想象说话：

水泥道有亮晶晶的水洼，像_____，映着一角小小的蓝天。

水泥道有亮晶晶的水洼，像_____，映着一角小小的、_____蓝天。

【S】活动三：欣赏水泥道之美

生活中，美丽的风景无处不在，你在上学或放学的路上看到了什么样的景色？用一幅图画下来，用几句话写下来吧！

画一画

写一写

聆听秋的声音

【Y】活动一：仿写句子

秋天的雨，它把黄色给了银杏叶，它把红色给了枫叶，它把金色给了田野。想象一下，秋天的雨还把颜色分给了谁？照样子写一写。

瓜果蔬菜

它把_____给了_____

它把_____给了_____

它把_____给了_____

花草树木

它把_____给了_____

它把_____给了_____

它把_____给了_____

【B】活动二：记录秋天的雨

秋天的雨，它把什么颜色给了谁？像什么？请你仿照课文第 2 自然段，试着写一写、画一画吧！

秋天的雨，有一盒五彩缤纷的颜料。你看，它把_____

【S】活动三：金色的小喇叭吹起来啦

小组合作朗读《秋天的雨》或《听听，秋的声音》，想一想，小组可以采取怎样的方法来合作朗读？用思维导图的形式画一画课文的结构图。

《秋天的雨》和《听听，秋的声音》全文分别用了怎样的结构？画画它们的结构图。

整理秋天日记

【Y】活动一：学写日记

写日记其实并不难。第一行先写下日期、星期几、天气，再把自己看到的、听到的、想到的写出来，一篇日记就写成了。请你贴上一片自己珍藏的秋叶，用手中的笔描绘它，可以仿照书上学过的语句，并用上总分结构。

( )月( )日　　星期( )　　天气：( )

_____

_____

_____

_____

【S】活动二：我的秋天日记本

沿着铺满落叶的小道，我们投入了秋姑娘的怀抱，欣赏了五彩缤纷的秋叶，聆听了奇妙无比的秋声。金秋，以她独有的风景让我们深深陶醉、深深迷恋……

同学们，这个秋天，你们一定积累了不少与秋天有关的词句。现在，拿起笔，写下自己独特的秋天日记。

秋天的好词：_____

_____

秋天的美句：_____

_____

秋天的古诗：

通过这一单元的学习,我们经历了一场与秋天的亲密对话。现在,让我们一同回顾这段美好的学习旅程,梳理"寻找秋天"的收获。

积累·进阶

【三年级案例解读】

　　统编版小学语文三年级上册第二单元选编了《山行》《赠刘景文》《夜书所见》3首古诗，《铺满金色巴掌的水泥道》《秋天的雨》2篇精读课文与略读课文《听听，秋的声音》，从不同角度展现了秋天别样的风景。因此，本单元的学习单以"寻找秋天的足迹"为主题，整合诵读"橙黄橘绿"、制定寻秋攻略、聆听秋的声音、整理秋天日记、个性展示秋韵这5个任务，将识字写字、课文阅读、课外阅读、习作、语文园地统整其中，引导学生借助学习单，通过学习课文，联系生活，在个性展示的过程中感受秋天别样的风景，产生寻找秋天、探索自然、观察生活、记录生活的情感。

　　"诵读'橙黄橘绿'"中，学生通过品读《古诗三首》体会"秋天有着独特的韵味"，同时学习借助注释、借助插图、联系生活等方式，想象画面，读懂诗句的意思，有感情地朗读、背诵古诗，欣赏古诗的语言美、意境美，丰富古诗积累。

　　"制定寻秋攻略"中，学生讲自己收集到的秋叶的颜色、形状等，将学习与生活勾连起来，并通过学习《铺满金色巴掌的水泥道》一文描写秋叶的段落，感受秋叶的形状与色彩之美，激发学生对自然、对生活的的热爱之情，为学生发现生活中的美打开一个崭新的视角。"写一写"则引导学生用语言进行描绘和赞美，用日记的形式记录下自己珍藏的秋叶和观察到的秋色。

　　"聆听秋的声音"中，"金色的小喇叭吹起来啦"引领学生带着问题去阅读《秋天的雨》《听听秋的声音》，想象画面，感受秋天声音的美妙和奇妙，体会作者对秋天的喜爱之情。

　　"整理秋天日记"围绕"日记里可以写些什么"展开交流。学生明确：日记的内容来源于我们对生活的观察，既可以写亲身经历的事，也可以记录亲眼所见的景物、亲耳听到的声音或话语，还可以写自己的想法和感受等。

　　"个性展示秋韵"部分整合语文园地"词句段运用"和"日积月累"的知识，引导学生交流形容季节的词语，积累描写秋天的四字词语，引发学生交流对秋天的独特感受，并把这些感受通过绘画、唱歌、舞蹈等多样形式个性化地展示出来。

　　"寻找秋天的足迹"学习单，将任务情境有效统整，引领学生感受秋天的独特魅力。在秋叶、秋声、秋思等任务行进过程中，使写作有机渗透，让写作悄然发生。学生的学习行文和文本内容得以打通，阅读与表达融合、写作与生活联结，是提升学生语文素养的有效实践。学生自评、生生互评、家长老师参评使得多主体、多元化的过程性评价得以落实，促使"教—学—评"一体化得到常态化落地。

争做神话传讲人

亲爱的同学们：

　　学校即将举办"我是神话传讲人"主题活动。通过本单元的学习，我们将认识神话人物，讲好神话故事。希望同学们能踊跃报名，积极参与，一起争做神话传讲人。

苏州市沧浪实验小学校　四年级组
2024 年 10 月 15 日

任务大闯关：

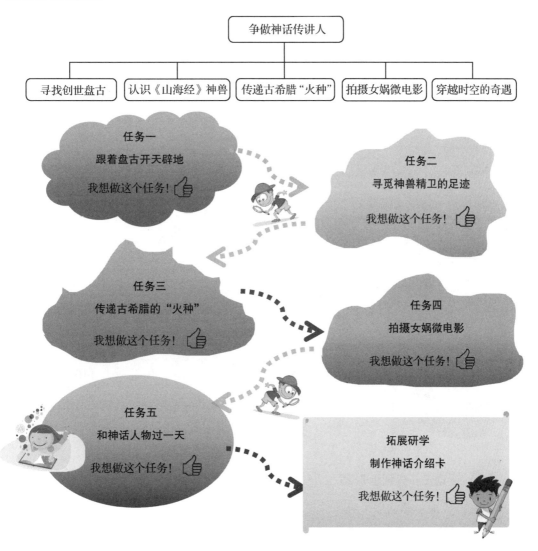

寻找创世盘古

【Y】活动一：理创世情节

情节				
提示词				
自然段				

【Y】活动二：探创世神奇

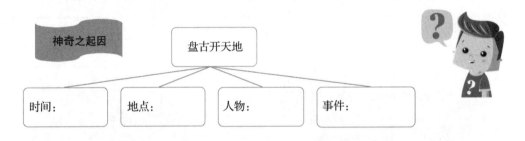

宇宙变化：_____变成了天；_____变成了地。

盘古顶天立地，化身身物：

盘古创造了新世界。

【B】活动三：感创世形象

盘古开天地，感动你了吗？你想对他说些什么？

认识《山海经》神兽

> 读准字音 ▶ 读通句子 ▶ 读出节奏

【Z】第一关：读通精卫故事

① 炎帝之少（shào）女，名曰（yuē）女娃（wá）。

② 女娃游于东海，溺（nì）而不返，故为精卫，常衔西山之木石，以堙（yīn）于东海。

读准字音	★
读准字音，读通句子	★★
读准字音、读通句子、读出节奏	★★★

结合短文，请选择一个角色，预测一下结果。

结合故事用自己的话讲解	故事能手
发挥三处以上想象	故事达人
讲解表情自然，声音响亮	故事大王

【B】第二关：讲好精卫传奇

角色	选择（画"√"）	我想说：_____
海神	（　　）	_____
精卫	（　　）	_____
21世纪的小学生	（　　）	_____

【B】第三关：歌颂精卫精神

传递古希腊"火种"

【Y】活动一：收集众神名片

普罗米修斯	宙斯	赫淮斯托斯	赫拉克勒斯
众神领袖	大力神	天神	火神

【Y】活动二：串联神话情节

顺序	起因	经过	结果
内容			
段落			

【B】活动三：讲述"火种"来源

普罗米修斯被锁在高高悬崖上，他俯视人间，看到了_____，听到了_____，他想_____。

神话评价表	
评价项目	评价
讲清楚故事的起因、经过和结果	
能表现出人物的特点，语言、表情、动作等	
表达清楚，口齿清晰，感情充沛	

很棒☆☆☆　　基本做到☆☆　　还需努力☆

拍摄女娲微电影

【Y】活动一：完成拍摄提纲

第一章（起因）	第_____自然段
第二章（经过）	第_____自然段
第三章（结果）	第_____自然段

【Y】活动二：聚焦拍摄内容

场景

天上：_____

地上：_____

野兽：_____

女娲做了什么？

_____

_____

_____

【B】活动三：演绎人物故事

提示：1. 女娲从哪里捡来各种颜色的石头？
2. 遇到了什么困难？（时间长、路程远、天气恶劣、野兽侵扰……）
3. 面对不同的困难，女娲会想、说、做些什么？（心理、语言、动作等描写）

穿越时空的奇遇

【Y】活动一：选定人物，开启奇遇之旅

古今中外神话、童话故事里，你最喜欢的角色是谁？你对他/她/它的了解又有多少呢？快来参加你们的默契大考验吧！

姓名		来自	《　　　　》	身份	
特殊本领					
你最喜欢的情节					

【Y】活动二：围绕人物，构思见面内容

1. 思考：如果有机会和这个人物过上一天，你们会发生什么故事呢？

思路一：结合神话、童话想象故事	思路二：结合生活想象故事
回忆与角色相关的故事情节。	选择一件生活中印象深刻的事。

亲爱的＿＿＿＿＿＿＿＿＿＿＿＿＿＿（人物），我想我们会因为（起因），而在＿＿＿＿＿＿＿＿＿＿＿＿＿＿（地点）相遇，考虑到你会（本领），所以我们会一起＿＿＿＿＿＿＿＿＿＿＿＿＿＿（做什么）。其中，我们会遇到＿＿＿＿＿＿＿＿＿＿＿＿＿＿＿＿＿＿＿＿（困难），最后＿＿＿＿＿＿＿＿＿＿＿＿（结局）。

2. 讨论：给同学讲讲你的见面内容，让他为你提建议。

情节生动	想象丰富	美好情感
☆☆☆	☆☆☆	☆☆☆
建议：		

3. 通过讨论，我知道了本次习作的写作秘诀是：

① ＿＿＿＿＿＿＿＿＿＿＿＿＿＿＿　② ＿＿＿＿＿＿＿＿＿＿＿＿＿＿＿

爸爸妈妈给我评！

故事讲完整了

故事讲通顺了

故事讲生动了

小伙伴们帮我评

把神话有感情地读给大家听

把人物的闪光处讲给大家听

把自己的感受分享给大家听

 我来为自己评

1. 本单元学习，我最大的收获是（　　　　　　　　　　　　　　）

2. 本单元学习，我还需要复习巩固的有（　　　　　　　　　　　　）

3. 学习过程中，我还有许多新发现：

 积累·进阶

【四年级案例解读】

本单元,我们围绕中国古代神话及西方神话故事两条主线,结合四篇经典神话故事精心创设情境任务,激发学生对中华优秀传统文化的热爱之情,培养他们的想象力、创造力和语言表达能力。学生通过学习神话故事,完成各项任务,感受中华优秀传统文化的魅力,增强民族自豪感;通过语言实践活动,提升语言表达能力和思维能力;在想象与创作中,培养审美能力和创造力。多样化的评价方式有助于反馈学生的学习成效并促进其持续发展。

我们结合单元特色,创设"我是神话传讲人"这一主题活动。通过设定跟着盘古开天地、寻觅神兽足迹、传递古希腊"火种"、拍摄女娲微电影等任务,引导学生深入了解神话故事中鲜明的英雄形象,感受神话故事的神奇想象,培养学生把握文章主要内容的能力。和神话人物过一天、制作神话介绍卡的实践环节,鼓励学生大胆想象,通过文字记录下奇妙的经历和收获。

任务实施过程中,通过小组合作学习的方式,学生提升了合作能力和团队意识,也在交流中互相学习和借鉴。本单元提供多样化的学习资源和实践机会,让学生根据自己的兴趣和能力进行选择和挑战,激发学习兴趣和积极性,在多样化的学习中获得更全面的发展。

办一场民间故事游园会

亲爱的同学们：

民间故事是人们口耳相传的经典，是老百姓智慧的结晶，它蕴含着千百年来人们对世界的认识和对美好生活的追求与向往。让我们办一场民间故事游园会，用独特的方式探究、讲述和传承这些经典吧！

苏州市沧浪实验小学校　五年级组
2024 年 11 月 1 日

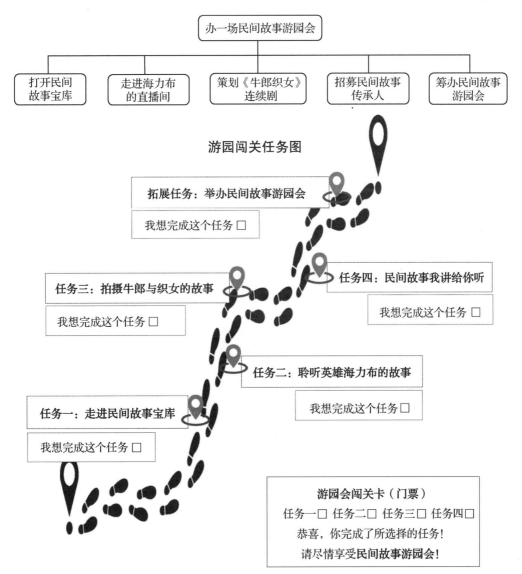

打开民间故事宝库

【Z】活动一：讲一讲从前的故事

看到这些画面，你会想到哪些民间故事呢？选择一个你最喜欢的故事，给主人公制作一张简单的人物卡片，向同学介绍一番吧！

姓名：_____

身份：_____

性格特点：_____

【S】活动二：找一找经典的故事

通过多种渠道搜集民间故事，组内交流、汇总数据，看看哪些民间故事能上热搜榜。

我身边的民间故事		
民间故事	搜集方式	故事来源

民间故事热搜榜

走进海力布的直播间

【S】活动一：直播原版海力布的故事

1. 画一画。用概括小标题的方法，试着用山形图来绘制情节图。

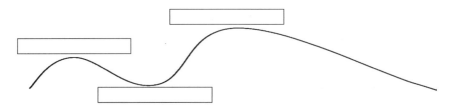

2. 讲一讲。借助山形图，在"海力布故事直播间"试着讲一讲海力布的故事。

【B】活动二：换个身份讲新版的故事

> 那天，海力布去打猎，没过多久就慌慌张张地跑回来，着急地对我们说："快，快收拾东西，我们得离开这里！这个地方不能再住了！"我们听了都觉得一头雾水，毕竟这里住得好好的，为什么要突然搬家呢？不过，尽管海力布一个劲地催促我们，大家还是不太敢相信他的话。

1. 慧眼找不同。上面是故事中的老人向大家讲述的内容，你发现哪些不同了吗？

（1）身份不同：我发现讲述时，主要称谓变成了第_____人称，都是从"我""我们"的角度出发的。

（2）表达不同：我发现讲述时更关注人物的_____描写，例如_____。

2. 内心大探秘。在"劝搬家"这一情节中，海力布和乡亲们经历了怎样的心路历程？借助鱼骨图一探究竟吧！

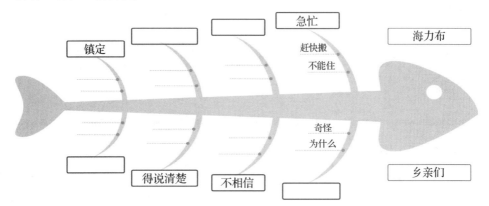

3. 故事接力棒。根据鱼骨图，继续将老人的故事讲下去。

> 海力布见我们犹豫不决，脸上露出了前所未有的焦急。他……

4. 还能换成谁？你还想用哪个身份来讲这个故事？请改变表述的方式，讲给大家听一听吧！

| 小白蛇 | 海力布 | 石头 | 乡亲 | …… |

策划《牛郎织女》连续剧

【Y】活动一：设计分集内容

阅读《牛郎织女（一）》《牛郎织女（二）》，小组合作，用概括小标题的方法，梳理故事的脉络，看看如何分集比较合理。

《牛郎织女》连续剧目录			
集数	分集名称	集数	分集名称
第一集		第五集	
第二集		第六集	
第三集		第七集	
第四集		第八集	

【S】活动二：填写剧情指南

小组讨论所分剧集，填写剧情指南表，配上本集海报。

剧集名 _____

剧情简介 _____
_____
_____

本集主要人物简介 _____

本集海报

【B】活动三：编剧说说剧情

编剧组一起讨论：哪些地方可以适当地展开想象，进行创编，使故事更生动？

丰富故事的细节
- 适当添加人物对话，如写写织女第一次见到老牛时会说些什么。
- 细致描绘人物形象，如写写牛郎在地里是怎么耕种的。

配上动作和表情
- 配上相应的动作和表情，让听众有身临其境的感觉。

招募民间故事传承人

【S】活动一：闯一闯传承人考核关

1. 第一关：画出《牛郎织女》人物关系图。

2. 第二关：代入一个角色，借助海报，还原本剧中的一段情节，艺术性地演一演。

闯关秘籍：
* 把自己想象成故事中的人物，以他（她）的口吻讲；
* 大胆想象，补充合理情节；
* 用合适的语气、语调，还可以加上动作表演。

【B】活动二：民间故事别样讲

1. 大家评评王母娘娘。一直以来，王母娘娘给人的印象都是飞扬跋扈、横行霸道、专制蛮横的，破坏了牛郎和织女的幸福生活，被人们所痛恨。但作为一位奶奶，她似乎也有她的理由和无奈，大家一起辩一辩，如果你是王母娘娘，你会如何处理这件事。

如果我是王母娘娘……

2. 民间故事创新"讲"。

天上的街市
郭沫若

远远的街灯明了，
好像闪着无数的明星。
天上的明星现了，
好像点着无数的街灯。
我想那缥缈的空中，
定然有美丽的街市。
街市上陈列的一些物品，
定然是世上没有的珍奇。

你看，那浅浅的天河，
定然是不甚宽广。
那隔着河的牛郎织女，
定能够骑着牛儿来往。
我想他们此刻，
定然在天街闲游。
不信，请看那朵流星，
是他们提着灯笼在走。

乞巧
[唐] 林杰
七夕今宵看碧霄，
牵牛织女渡河桥。
家家乞巧望秋月，
穿尽红丝几万条。

听一听郭沫若《天上的街市》朗诵版和歌曲版。自己也尝试朗诵《乞巧》或《鹊桥仙》等诗文，很有意思哦！

筹办民间故事游园会

【S】活动一：规划主题园区

1. 分类命名主题园。根据你搜集、阅读的民间故事，尝试梳理合并主题园，给民间故事分分类。你也可以借助网络，浏览"中国民间故事网"，瞧一瞧网站上的分类。

> 我给民间故事游园会各主题园取的名字是 _____

2. 设计游园会导览图。根据游客的游览路线，将展区按照逻辑顺序进行排列，这样可以提高游客的游览体验，使他们在游园过程中更加顺畅和愉快。参考下图，试着设计游园会导览图吧！

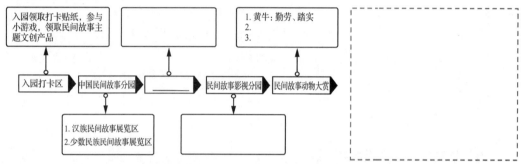

【S】活动二：设计主题园区

1. 设计游园会文创。当下社会对文创产品的需求不断增长，人们对独特、创新的设计和手工艺品越来越感兴趣。尝试设计与民间故事相关的文创产品，并写出你设计的产品名称和设计思路。

我设计的文创名称：_____

我的设计思路：_____
_____

2. 拟写园区介绍卡。园区介绍卡是游客了解本园区故事的重要途径，我们要用简洁明了的语言，生动地介绍故事的主要情节和文化内涵，仿照下面的例子，试着做几张吧！

 《牛郎织女》是中国四大民间故事之一，这个故事讲述了牛郎和织女这对恋人跨越天地的阻隔，最终团聚的经历，展现了劳动人民对美好生活的向往和追求。

回顾·整理

"民间故事游园会"学习活动结束了,你肯定有许多的收获,快来自我回顾和总结一下吧!

爸爸妈妈给我评	
我能把民间故事讲清楚	👍👍👍👍👍
我能把民间故事讲生动	👍👍👍👍👍
我会完整缩写民间故事	👍👍👍👍👍

小伙伴们帮我评	
我能补充合理情节把民间故事讲具体	★★★★☆
我能代入角色把民间故事讲清楚	★★★★☆
我能添加动作把民间故事讲生动	★★★★☆

我来给自己评
1. 本单元学习,我最大的收获是(　　　　　　　　　)
2. 本单元学习,我还需要复习巩固的有(　　　　　　　)
3. 学习过程中,我还有许多新发现:

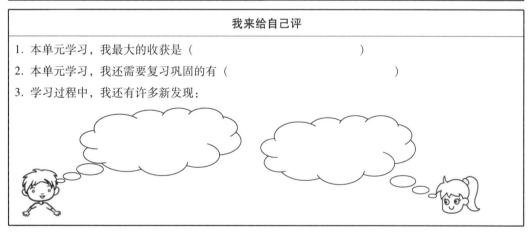

积累·进阶

全程学习单
——素养导向的过程性评价实践新探

【五年级案例解读】

统编版小学语文第九册第三单元聚焦民间故事，引导学生在文学阅读中感受民间故事之美，在创意表达中丰富想象力，获得个性化的审美体验。我们根据此学习任务群的定位和要求，引导学生走进文学艺术世界，学习品味作品语言、欣赏艺术形象，复述印象深刻的故事情节，尝试富有创意地表达。我们以"办一场民间故事游园会"为主情境展开极富创意的单元整体设计，引导学生在文学阅读中感受民间故事之美，在创意表达中丰富想象力，获得个性化的审美体验。

任务活动"打开民间故事宝库"，引导学生初步接触单元内的民间故事，激发对民间故事这一文学体裁的兴趣，为后续深入探究打下基础。"走进海力布的直播间"通过新颖的形式，让学生以独特视角深入理解海力布的故事，体会人物品质。"策划《牛郎织女》连续剧"促使学生梳理故事脉络，发挥想象力，对经典故事进行创造性的再加工。"招募民间故事传承人"注重培养学生的语言表达和传承意识。"筹办民间故事游园会"则是对整个单元知识与能力的综合运用，学生须整合信息、组织活动。最终的落脚点在对学生的表现评价上，本单元学习单通过多样的评价方式，如学生自我的回顾和梳理、学习同伴的建议，让学生的学习过程得以清晰的呈现，学习结果更趋向于完整，为后续的学习改进提供依据和方向。

这样的任务设计，从不同角度、层层递进地引导学生深入学习民间故事，不仅让学生掌握了语文知识与技能，更提升了他们的文化传承意识和综合素养，真正实现了语文教学工具性与人文性的统一。

有趣的小说分享会

小说大多是虚构的，却又有生活的影子。小说之所以迷人，是因为我们不仅可以在小说中创造无数个世界、无数种可能，也可以在小说中体验无数种遭遇、无数种人生。同学们，让我们一同畅游在这个精彩的天地里，感受那些鲜活的人物、曲折的情节和动人的情感。一起参与吧！

苏州市沧浪实验小学校　六年级组
2024 年 11 月 1 日

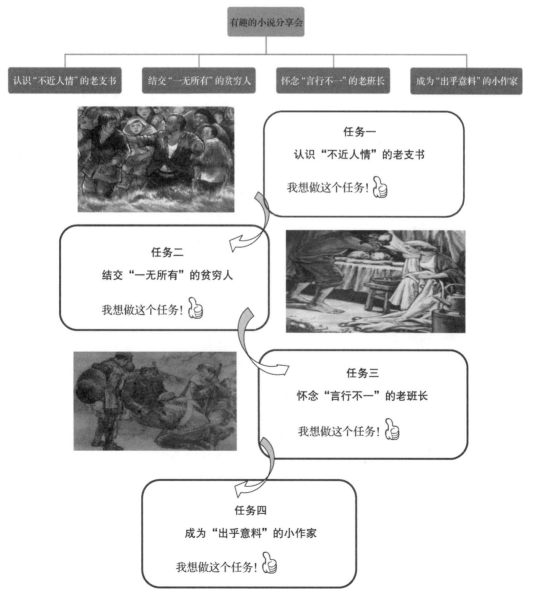

认识"不近人情"的老支书

【Y】活动一：环境推动，渲染背景气氛

关注环境描写，从课文中摘取词句填在方框里。

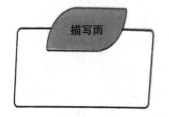
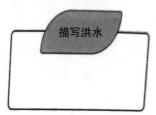
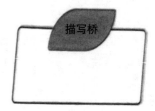

【Y】活动二：品析情节，妙设感人悬念

1. 阅读全文，梳理小说情节并填空。

村民拥向窄桥→①_____→老汉和小伙子被洪水吞没→②_____

2. 课文是按照_____的顺序写的，文中的老汉与小伙子是_____关系，我是在小说的_____得到这个答案的。

【Y】活动三：抓牢细节，塑造人物形象

在文中找出相对应的句子，试着体会老支书这一人物形象。（每栏摘抄一句即可）

语言描写 ➡

动作描写 ➡

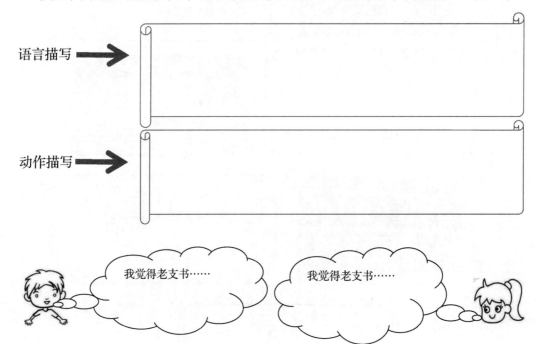

结交"一无所有"的贫穷人

【Y】活动一：环境说话，体现人物性格

品读句子，完成练习。

① 摘抄描写屋外环境的句子。

② 摘抄描写小屋里环境的句子。

这两句话都是环境描写，句子①描写了屋外_____的自然环境，句子②描写了屋内的_____。

这两句环境描写有什么作用？（多选）（　　）

A. 屋内的温暖舒适与屋外的寒风呼啸形成对比，体现了桑娜的勤劳能干。

B. 天气如此恶劣，渔夫还要出海打鱼，暗示出渔夫的危险，从侧面反映了渔夫的勤劳和他一家人生活的贫穷。

C. 自然环境的描写表现了渔夫一家之所以贫穷是因为自然环境太恶劣了。

【B】活动二：心理对话，展现内心世界

体会桑娜的内心变化，试着填写表格。

桑娜脸色苍白，神情激动。她忐忑不安地想："他会说什么呢？这是闹着玩的吗？自己的五个孩子已经够他受的了……是他来啦？……不，还没来！……为什么把他们抱过来啊？……他会揍我的！那也活该，我自作自受……嗯，揍我一顿也好！"

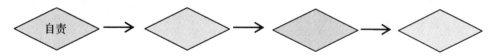

【B】活动三：刻画矛盾，突现伟大形象

小说结尾写道："'你瞧，他们在这里啦。'桑娜拉开了帐子。"渔夫看到这一情形，会说些什么，桑娜又会怎么说？请你发挥想象，试着续写一个小片段。

穷人(剧本)

场景：漆黑的夜、寒风呼啸、温暖的小屋、灯光、白色的帐子、床
人物：桑娜、渔夫、桑娜和渔夫的孩子、西蒙的孩子
渔夫：【提着马灯,望着孩子】_____
桑娜：【   】_____

怀念"言行不一"的老班长

【Y】活动一：金色鱼钩,线索串联文章

金色的鱼钩
_____：进入草地,照顾病号
_____：弯钩钓鱼,自己不吃　　忠于革命
_____：安定情绪,昏迷不醒　　_____
_____：保存鱼钩,后代瞻仰

【Y】活动二：三碗鱼汤,细节最动人心

(1) 炊事班长快四十岁了,个子挺高,背有点儿驼,四方脸,高颧骨,脸上布满了皱纹。（　　）

(2) 我禁不住问他："老班长,你怎么不吃鱼啊?"（　　）

(3) 他坐在那里捧着搪瓷碗,嚼着几根草根和我们吃剩下的鱼骨头。（　　）

(4)（我）心里不停地念叨："鱼啊! 快些来吧! 这是挽救一个革命战士的生命啊!"（　　）

【S】活动三：心情暗线,感受助力升华

老班长的故事感人至深,"我"的心情也随之起伏,请根据"我"的心情在文章中找出对应的语句,感受"我"在长征途中的成长。

"我"的心情	摘抄语句
好奇疑惑	有一次，我禁不住问他："老班长，你怎么不吃鱼啊？"
震惊心痛	
心疼怜惜	
沉重感动	
着急担心	

成为"出乎意料"的小作家

【Y】活动一：环境情节，凸显人物形象

环境描写，可以体现人物的性格特点，如从桑娜的小屋舒适、温暖能看出桑娜是个勤劳能干的人，以下的环境分别能暗示主人公怎样的性格呢？试着填一填。

- 各种东西摊了一地的书房　　　　　□
- 劳动工具井井有条的卫生室　　　　□
- 种满花花草草的农家小院　　　　　□

【B】活动二：环境人物，构建合理情节

根据下文的环境、人物，编个故事吧！

昏黄的灯光映衬着寂静的街道，身后的脚步声愈发明显，我的心咯噔一下：糟了……

"我"的心情是_____；背后的人是_____；跟着"我"的目的是_____；结局是_____。

【B】活动三：情节人物，环境推动配合

有了鲜明的人物和吸引人的情节，小说也离不开环境的烘托，试着给熟悉的情节来一段精彩的环境描写吧！

自评项目	自评内容	自我评价
人物分析	我能够描述主要人物的性格特点及其人物形象	★★★★★
故事情节	我能够概述小说故事的主要情节和关键事件	★★★★★
环境描写	我能够了解小说中自然环境和社会环境对故事氛围的影响	★★★★★

 我来为自己评

1. 本单元学习，我最大的收获是（　　　　　　　　　　　　　　　）

2. 本单元学习，我还需要复习巩固的有（　　　　　　　　　　　）

3. 学习过程中，我还有许多新发现：

 积累·进阶

【六年级案例解读】

本单元人文主题为"小说的魅力",以"小说阅读"为学习主线,选编了中外作家各具特色的三篇小说,这些小说都以现实生活为题材,刻画了普通人物在面临困境时闪现的人性光辉。本案例抓住本单元"读小说,关注情节、环境,感受人物形象"的语文要素,设计了"有趣的小说分享会"这个核心任务,根据每篇课文的具体内容,设置了"认识'不近人情'的老支书""结交'一无所有'的贫穷人""怀念'言行不一'的老班长"和"成为'出乎意料'的小作家"四个子任务。旨在帮助学生初步感知小说的特点,梳理整合知识间的内在关联,让学生初步了解感知和创造人物形象的一般方法。

运用这份学习单时,须在关注每篇课文具体教学目标和重难点的基础上,以学习单的任务驱动教学环节,与课堂教学紧密结合,提升教学效果,如《桥》一课的学习单"认识'不近人情'的老支书",教师通过设计三个学习支架,引导学生在阅读中感受小说环境对于情节的悬念和人物的设定的作用。同时要注重思维碰撞与小组合作学习,如在使用《穷人》一课的学习单"结交'一无所有'的贫穷人"时,教师通过预学反馈、小组合作学习等方式,引导学生寻找描写环境的句子,感悟小说人物形象,体现了"三学·三单"的教学理念。此外,教师还应避免学习单与课堂学习割裂和学习单作业化的问题。

第二节　数学学科案例

素养导向下的数学全程学习单共设置三个板块，分别是"任务选择""实践探究""蓄能评价"。整个全程学习单设置在一个大情境中，让学生在情境中挑战自己选择的任务，在完成任务的过程中学习数学。数学全程学习单的应用，让学生在课前预习有目标，课中学习有指导，课后复习有反思，在每个教学环节都能得到提升。

在"任务选择"板块，教师根据教学目标设置了基础任务、探究任务一、探究任务二和拓展任务，让学生根据自己的学习情况进行任务选择，让学习有目标。

"实践探究"板块有"生活场景应用""数学游戏""知识拓展""思维提升"等内容，以此来检测学生的课堂学习情况。此板块让学生感受到"数学有用"和"数学有趣"。"生活场景应用"培养学生用数学解决生活问题的能力和数据分析观念。"数学游戏"则能激发学生学习数学的兴趣。思维提升则是根据学生的学习需求设计的针对性提高板块，能提升学生的模型意识、逻辑思维能力。

教师在"蓄能评价"板块设置了学生自评、学生互评和师评环节，通过评价和反思，为学生后续的学习蓄能，从而提升学生的元认知能力。

素养导向下的小学数学全程学习单，一方面可以让教师发现学生的典型错误，找到学生学习中的问题，以此来反思自己的教学。另一方面，在"评价反思"板块，学生把自己的困难、疑惑表述出来，有助于教师帮助他们找出其中的问题和原因。学生还可以表述自己想继续研究的问题，有助于教师确定教学拓展的方向。

学生通过全程学习单"观察自己的观察""思考自己的思考"，能意识到自己的学习方式和策略是否有效，从而寻找更适合自己、更有效的学习途径。

10 的认识和加减法

小朋友们,超市里有许多数学知识和问题哦!今天,我们就一起边逛超市边完成挑战任务吧!
请在以下任务中选择你们想要挑战的任务,画"√"。

基础任务:联系生活找"10"

会用小正方体或在计数器上表示10,知道10个一就是1个十。
会比较10以内数的大小。

探究任务一:动手操作分"10"

有序地整理10的分与合,会计算和是10的加法和相应减法。

探究任务二:语言表达用"10"

会讲10以内的加减法故事,并正确列式解答。

拓展任务:设计游戏抢"10"

利用扑克牌,设计好玩的抢"10"游戏。

选择好任务后,就让我们一起边逛超市边研究数学问题吧!

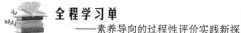

基础任务：联系生活找"10"

1. 小明在超市里发现了一件神奇的事情，你想知道是什么吗？
　　　一盒鸡蛋有 10 个　　　一盒铅笔有 10 支　　　一提餐巾纸有 10 包
我们一起去生活中找一找、说一说，还有哪些物品在包装的时候也和 10 有关？

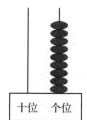

2. 左边计数器个位上有（　　）颗珠子，添上（　　）颗就是十，所以（　　）个一就是 1 个（　　）。

3. 小鱼吐泡泡。

（1）按照规律把泡泡补充完整。

（2）与 9 相邻的数是（　　）和（　　）。

（3）比 8 小的数有（　　）个，比 6 大的数有（　　）个。

（4）比 7 大比 10 小的数是（　　）和（　　）。

4. 小明在超市图书区看到一本古诗书，书中第一首诗是《山村咏怀》，找一找里面有哪些数字，写一写，比一比谁写得漂亮。

　　山村咏怀
　　［宋］邵雍
　　一去二三里，
　　烟村四五家。
　　亭台六七座，
　　八九十枝花。

自评蓄能站：
　　会用小正方体或在计数器上表示 10，知道 10 个一就是 1 个十。
　　会比较 10 以内数的大小。

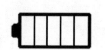

探究任务一：动手操作分"10"

1. 一盒巧克力，里面有 10 颗，你能把这些巧克力分给小明和姐姐吗？

我是这样分的，小明（　　）颗，姐姐（　　）颗。10 可以分成（　　）和（　　）。

2. 有次序地涂出 10 可以分成几和几。

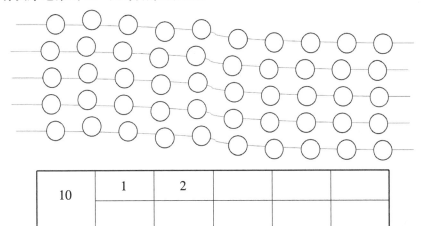

10	1	2			

3. 算一算，填一填。

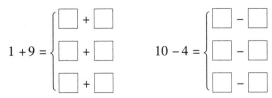

4. 根据算式，画一画，填一填。

(1) □□□ _____　　3 + (　　) = 6

(2) ○○○○○○ _____　　6 + (　　) = 10

(3) △△△△ _____　　4 + (　　) = 7

自评蓄能站：
　　有序地整理 10 的分与合，会计算和是 10 的加法和相应减法。

探究任务二：语言表达用"10"

1. 先说说条件是什么，问题是什么，再列式解答。

   （1）小明买了 4 块橡皮，姐姐买了 6 块橡皮，两人一共买了多少块橡皮？

   □○□=□（块）

   口答：一共买了（　　）块。

   （2）两人一共买了 10 块橡皮，姐姐买了 6 块，小明买了多少块？

   □○□=□（块）

   口答：小明买了（　　）块。

2. 超市货架上摆了一排菊花茶，妈妈第一次拿了 4 盒，第二次拿了 2 盒。

   （1）妈妈一共拿走了多少盒？　　（2）桌子上还剩下多少盒？

   □○□=□（盒）　　　　　　　　□○□=□（盒）

3. 写汉字。"木"字有（　　）画，"乔"字有（　　）画，"桥"字有多少画？

   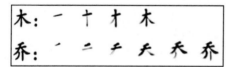　　□○□=□（画）

4. 你能再画一幅图，并根据图来讲一个加法或减法的数学故事吗？

   自评蓄能站：
   会讲 10 以内的加减法故事，并正确列式解答。

拓展任务：设计游戏抢"10"

1. 准备下面的扑克牌（A 表示 1），从中选择 2 张，使牌上的数相加等于 10，可以怎样选？选择三张呢？比一比谁的方法多。

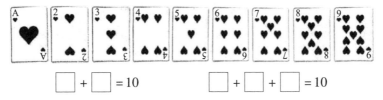

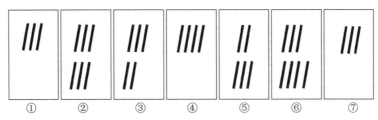

2. 小组讨论新的玩法，设计游戏规则，一起玩一玩。

3. 超市的货架上挂着一些袋子，袋中装有不同支数的笔，姐姐要买 10 支笔，可以怎样买？

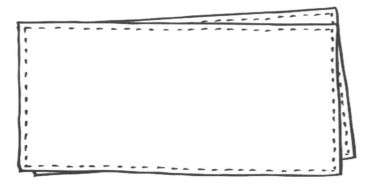

可以买第（　　）盒和第（　　）盒；
可以买第（　　）盒和第（　　）盒；
也可以买第（　　）盒、第（　　）盒和第（　　）盒。

自评蓄能站：	
利用扑克牌，设计好玩的抢"10"游戏。	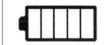

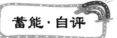

蓄能・自评

在本单元学习过程中,你表现得怎么样?你的同学呢?

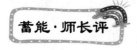

请老师或家长根据你本单元学习过程中的表现,说一说。

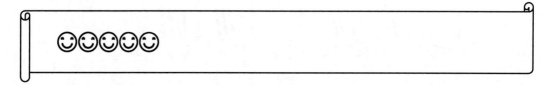

【一年级案例解读】

本学习单设置在"逛超市"的情境之中,让学生在此情境中边逛超市,边完成挑战任务,巩固对0—10的认识。此学习单设置了4个任务,分别是基础任务——联系生活找"10",探究任务一——动手操作分"10",探究任务二——语言表达用"10",拓展任务——设计游戏抢"10",让学生根据自己的学习情况进行任务选择,在经历任务挑战过程中巩固0—10的认识,并用自评蓄能站来检验自己学习效果。最后通过蓄能自评、互评和师评环节检验学生的任务达成情况,为后续学习蓄能。

教师引导学生发现有些商家会把10个商品包装在一起。例如10个鸡蛋放一盒,10支铅笔装一盒,10包餐巾纸为一提,感悟"1盒"与"10个"、"1提"与"10包"之间的相等关系。通过让学生数一数家里有哪些物品的数量是10个等,激发学生的学习兴趣和提升学生的实际应用能力。

通过在计数器上拨珠子的方式,学生理解10是怎样得到的,明确9添上1是10。借助分巧克力、涂色等方式,学生有序地掌握10的分与合,为后面学习10的加减法做好铺垫。

一年级新教材加入了"编数学故事"，在编关于 10 的数学故事中，学生学会了用数学的语言表达世界。

为了帮助学生更好地掌握 10 以内的加减法，教师设计了好玩的抢"10"的游戏，通过 2 个数凑成 10 和 3 个数凑成 10 的方式，提升了学生的数感及运算能力。教师通过创设真实的问题情境、展示联系生活实例以及设计多种形式的巩固练习等方式，帮助学生更好地理解和掌握 10 的数学概念和相关知识点。

表内乘法（一）

在第33届巴黎奥运会上，中国运动员顽强拼搏，获得了骄人的战绩。今天，我们一起去回顾一下奥运会，找一找里面藏着的数学知识和问题吧！请在以下任务中选择你们想要挑战的任务，画"√"。

基础任务：联系生活，认识乘法

能找到相同加数，初步认识乘法的含义，知道求几个相同加数的和时可以用乘法计算。 ☐

探究任务一：掌握乘法口诀

探索1—6的乘法口诀，熟练掌握1—6的乘法，并会正确计算简单的乘加、乘减。 ☐

探究任务二：解决简单的实际问题

会正确解决求几个相同加数连加的和的实际问题，以及用乘加、乘减解决简单的实际问题。 ☐

拓展任务：进一步认识乘法

阅读小知识，进一步认识乘法。 ☐

选择好任务后，就让我们一起用数学的眼光去看一下这届奥运会吧！

基础任务：联系生活，认识乘法

1. 数一数，一共有多少个足球？

   一共有（　　）个足球。

2. 每 2 个圈一圈，数一数一共有（　　）个乒乓球。

   每 2 个圈一圈，可以圈（　　）次，
   （　　）个（　　）相加得（　　）。

   加法算式：_____

   乘法算式：□×□=□ 或 □×□=□

3. 数一数，填一填。

   横着看：一行有（　　）个羽毛球，有（　　）行。（　　）个（　　）相加得（　　）。

   加法算法：_____

   乘法算式：□×□=□ 或 □×□=□

   竖着看：一列有（　　）个羽毛球，有（　　）列。（　　）个（　　）相加得（　　）。

   加法算法：_____

   乘法算式：□×□=□ 或 □×□=□

自评蓄能站：

能找到相同加数，初步认识乘法的含义，知道求几个相同加数的和时可以用乘法计算。

探究任务一：掌握乘法口诀

1. 看图填一填。

上图是第33届巴黎奥运会吉祥物弗里热，一组有（　　）个，有（　　）组，一共有（　　）个。

乘法算式：□×□=□ 或 □×□=□

乘法口诀：_____

2. 巴黎奥运会跳水冠军全红婵喜欢收集🐢。用〇代表🐢的数量（1个〇代表1只🐢），画出下列算式表示的🐢数量。

3+3+3	6×4	2×5

乘法口诀：　　　　　乘法口诀：　　　　　乘法口诀：

_____　　_____　　_____

请同学们帮我算一算：一共收集了几只🐢？

算式：_____

自评蓄能站：
探索1—6的乘法口诀，熟练掌握1—6的乘法，会正确计算简单的乘加、乘减。

探究任务二：解决简单的实际问题

1. 参加奥运会的运动员每 5 人一组，分组排队体检。按顺序每次安排一组队员进入检查室。

① 已经检查了 3 组，已经检查了多少人？_____

② 莎莎是第 4 组第 2 个轮到体检，她是整个队伍中第几个做体检的队员？
_____

2. 请选择合适的条件（填序号），再列式解答。

① 每块羽毛球场地可供 4 人练习

② 有 6 块羽毛球场地

③ 有 5 筒羽毛球

（1）每个筒里装 6 个羽毛球，_____，一共有多少个羽毛球？

算式：_____

（2）_____，每块羽毛球场地配 2 个羽毛球，共需要配多少个羽毛球？

算式：_____

3. 在巴黎奥运会上，我国选手包揽了羽毛球女子双打项目的金、银牌。糖糖在看到这条消息后更坚定了练好羽毛球的决心。下图是她在羽毛球馆的打卡记录。

糖糖已经坚持练习了多少天？

算式：_____

4.

项目	金牌
跳水	8
射击	5
乒乓球	5
举重	5
拳击	3
体操	2
花样游泳	2
羽毛球	2
皮划艇	2
游泳	2
田径	1
小轮车	1
艺术体操	1
网球	1

左图是2024年巴黎奥运会中国代表团各项目金牌数，用你喜欢的方法算一算：中国一共获得了多少枚金牌？

自评蓄能站：
会正确解决求几个相同加数连加的和的实际问题，以及用乘加、乘减解决简单的实际问题。

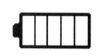

拓展任务：进一步认识乘法

乘法口诀

乘法口诀是中国古代筹算中进行乘法、除法、开方等运算的基本计算规则，已沿用两千多年，乘法口诀表也是小学算术的基本功。

乘法口诀起源于中国的战国时期，湖北荆州秦家咀墓地出土的战国楚简《九九术》，是迄今为止发现的最早的乘法口诀实物。这一发现证明了在战国时期，楚国已开始使用乘法口诀进行计算。

中国古时的乘法口诀，是自上而下，从"九九八十一"开始，至"一一如一"止，与现今使用的顺序相反，因此古人用乘法口诀开始的两个字"九九"作为此口诀的名称，又称九九表、九九歌、九因歌、九九乘法表。西方文明古国的希腊和巴比伦，也有发明的乘法表，不过比九九表繁复些。巴比伦发明的希腊乘法表有一千七百多项，而且不够完全。

乘号"×"的来历

乘号"*"是在 17 世纪由英国数学家欧德莱最先使用的，他把加号斜过来写，表示数字增加的另一种运算方法，并把它取名为"乘号"。乘法是最早产生的运算之一，且出现于人类最早的文字记载当中。

英国数学家奥特雷德于 1631 年在其著作《数学之钥》中首次以"×"表示两数相乘，即现代的乘号，往后逐渐流行，沿用至今。莱布尼茨于 1698 年 7 月 29 日给伯努利的一封信内，提出以圆点"·"表示乘号，以防"×"号与字母 X 相混淆，后来以"·"表示乘号的用法也相当流行。

现今欧洲大陆派规定以"·"（圆点）作乘号，其他国家则以"×"作乘号，而我们国家则规定以"×"或"·"作乘号都可以。

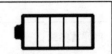

自评蓄能站：
阅读小知识，进一步认识乘法。

蓄能·自评

本单元对题数 _____

这次我和上单元比：一样棒，继续保持 ☺ ☐

进步了，继续努力 ☺ ☐

退步了，要加油 👊 ☐

蓄能·互评

在本单元学习过程中，你表现得怎么样？你的同学呢？

蓄能·师长评

请老师或家长根据你本单元学习过程中的表现，说一说。

☺☺☺☺☺

【二年级案例解读】

设计理念：

本学习单在学生学习《表内乘法（一）》后，结合奥运会的情境引导学生进行梳理复习，旨在帮助学生理解产生乘法的必要性，借助不同表征方式的相互转换，使学生能进一步理解乘法的意义，并且能利用相关知识解决一些简单的实际问题。

设计奥运会情境，一方面让学生关心时事，了解奥运，学习运动员顽强拼搏的精神；另一方面使学生感受数学与生活的密切联系，激发学生的学习兴趣，培养学生用数学的眼光观察生活。

本学习单设计遵循以下几个原则。

1. 针对性。

学生初始接触乘法，对乘法的意义和作用、乘法和加法之间的关系理解差异较大。为此，有目标、有重点地为学生搭建认知的桥梁，通过学生的探讨，发现问题，解决问题，避免盲目、随意。

2. 层次性。

学习单一共安排了四个任务环节，由易到难，环环紧扣，层次分明，基础题和发展题相结合，课内练习和课外拓展相结合。

3. 趣味性。

设计奥运会的背景，借用学生喜闻乐见的情境，激发学生探索学习的兴趣，让学生在游戏和实践中巩固知识，在游戏中获得学习数学的乐趣。

4. 选择性。

给予学生自主选择作业的权利。由学生自主选择完成学习单中的一项或多项任务，使不同层次的学生在练习中得到不同的发展，让学生都能获得学习的成就感。

5. 多样性。

丰富多样的作业形式，让学生感受数学知识的丰富，有助于培养学生的兴趣，激发学生的潜能；多样化的评价方式，使学生学会倾听别人的意见，能进行自我反思，促进学生智力和非智力因素的发展。

千克和克

同学们，商场里有许多数学知识和问题哦！今天，我们就一起边逛商场边完成挑战任务吧！

请在以下任务中选择你们想要挑战的任务，画"√"。

基础任务：认识质量应用单位

能初步形成1千克和1克的质量观念，能根据实际情况选择合适的质量单位进行交流和表达。

探究任务一：联系生活感受质量

能结合具体情况，选择合适的质量单位进行简单估算，能感受千克和克在日常生活中的广泛应用。

探究任务二：丰富认知解决问题

能知道千克和克之间的进率，能结合具体情境，解决相关的简单实际问题。

拓展任务：查阅了解秤的发展

能初步掌握用秤称物体质量的方法，培养动手操作的能力和初步的估计意识。

选择好任务后，就让我们一起边逛商场边研究数学问题吧！

基础任务：认识质量应用单位

商场里有一家漂亮的明信片店，李林每周都会给奶奶写信。下面是李林给奶奶写的一封信。

（计量单位使用正确的在括号里画"√"，错误的在括号里改正）

亲爱的奶奶：

　　您好！

　　我今年13岁了，身体特别棒，体重42克（　　）。我已经能帮妈妈做好多事情了，昨天早上我去超市买了一支重5千克（　　）的铅笔和一袋重200千克（　　）的果冻。这周我还去了动物园，看到了世界上最小的鸟——蜂鸟，它的体重约2千克（　　）；还看到了陆地上最大的哺乳动物——大象，它大约有4000克（　　）重，听饲养员说它刚出生就重90千克（　　）。奶奶，我每一天都过得可开心了，您也要每天都开心哦！

　　祝奶奶身体健康！

李林

×年×月×日

商场里有一个免费评估体质健康的活动，李林想去看看自己的体质健康情况。主持人告诉李林："学龄儿童11—15岁标准体重的估算方法：标准体重＝年龄×3－2。"下面是《学生体质健康标准》对照图。

等级	营养不良	偏瘦	正常	偏胖	肥胖
与标准体重相比	轻6千克以上	轻4~6千克	轻3千克~重3千克	重4~6千克	重6千克以上

李林的标准体重应该是（　　）千克，对照上图，等级是（　　）。

自评蓄能站：

　　能初步形成1千克和1克的质量观念，能根据实际情况选择合适的质量单位进行交流和表达。

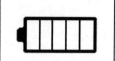

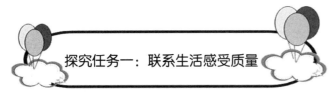

探究任务一：联系生活感受质量

1. 找一找，拎一拎。

让我们来当一回检索员，去商场里找找"千克与克"，并填在下面的表格里吧！你寻找的每种物品拎在手里有什么感受呢？

用"千克"作单位的		
物品名称	质量	我的感受
	（　　）千克	
	（　　）千克	
	（　　）千克	

用"克"作单位的		
物品名称	质量	我的感受
	（　　）克	
	（　　）克	
	（　　）克	

2. 估一估、称一称。

我们一起来到了商场里的超市，找一找1克、1千克的物品分别有几个？估一估、称一称，看看谁是估测小能手。

物品名称	1个物品的质量	个数
苹果	1个苹果大约重（　　）克	1千克苹果大约（　　）个
鸡蛋	1个鸡蛋大约重（　　）克	1千克鸡蛋大约（　　）个

自评蓄能站：	
能结合具体情境，选择合适的质量单位进行简单估算，能感受千克和克在日常生活中的广泛应用。	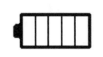

探究任务二：丰富认知解决问题

"千克和克"在我们的生活里不可或缺，就像我们小朋友每天需要的营养一样，合理的饮食搭配有利于身体健康。小学生每天这样搭配比较好：米饭、馒头等谷类食物375克，肉75克，鱼、虾25克，鸡蛋25克，牛奶200克，豆制品75克，水果75克，蔬菜250克，食用油15克，糖10克。

我们来调查记录一下我们的午餐配菜吧！

右侧是李林一天的食谱，1个全鸡蛋大约重50（　　）。

早餐一共有多少克？

午餐一共有多少克？

晚餐一共有多少克？

三餐大约一共有多少千克？

三餐中，哪一餐最多？

比三餐中最少的一餐多多少克？

早餐　50g全麦面包　1个全鸡蛋　200mL牛奶　100g凉拌海带丝

午餐　100g糙米饭　150g香菇炒油菜　150g青椒炒肉　100g原味酸奶

晚餐　80g荞麦面　50g芹菜炒虾仁　250g菠菜豆腐　35g小米绿豆粥

自评蓄能站：
能知道千克和克之间的进率，能结合具体情境，能解决相关的简单实际问题。

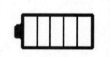

拓展任务：查阅了解秤的发展

在寻找千克与克的过程中，我们用到了秤，有电子秤、台秤等，让我们一起来了解一下秤的发展史。

春秋中期	古代称天平和秤为"衡"，砝码为"权"，衡的杠杆中间有一小孔用作支点，杆两端的挂钩上一边挂物品，一边挂权。
春秋末期	相传，范蠡(lí)发明了杆秤，秤杆上有十六刻度，一刻度为一两，十六两为一斤，现在人们也常说"半斤八两"。
1670 年	法国数学家、物理学家吉尔·佩尔索纳·德·洛百瓦尔发明了洛百瓦尔案秤。
17 世纪至今	随着科技的进步，各种各样的秤被发明了出来。现代的秤是按千克进行计量，1 kg=1000 g，1斤=500 g。

秤的历史十分悠久，从古至今，称重工具各式各样，请你查阅资料，制作一个喜欢的秤，把你制作的成品展示一下吧！

自评蓄能站：
　　能初步掌握用秤称物体质量的方法，培养动手操作的能力和初步的估计意识。

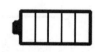

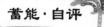

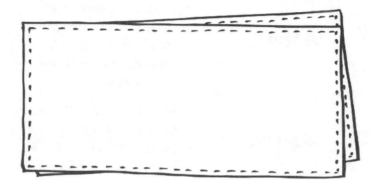

蓄能·互评

在本单元学习过程中，你表现得怎么样？你的同学呢？

蓄能·师长评

请老师或家长根据你本单元学习过程中的表现，说一说。

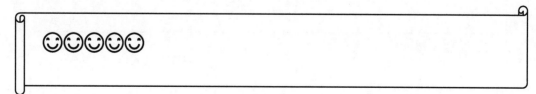

【三年级案例解读】

设计理念：

本学习单在学生学习《千克和克》后，结合商场的情境引导学生进行梳理复习、探究拓展。主要设计内容包括：基础任务——认识质量应用单位，探究任务一——联系生活感受质量，探究任务二——丰富认知解决问题，拓展任务——查阅表达秤的发展。本学习单旨在通过实际操作和生活情境，使学生在具体活动中感受并认识质量单位千克和克，初步建立千克和克的质量观念，让学生通过动手实践和观察，理解千克和克之间的进率，并能够进行简单的换算。通过这样的学习过程，学生不仅能掌握质量单位的基本概念，还能体会到数学与生活的密切联系，增强学习数学的兴趣和信心。

学习单的设计遵循以下几个原则。

1. **联系生活实际**：教师通过设计与学生日常生活密切相关的情境，让学生在熟悉的生活场景中感受和应用千克和克这两个质量单位。这种设计使学生能够直观地理解质量单位的实际意义，增强学习的实用性和趣味性。

2. **注重实践活动**：强调通过实际操作来认识和掌握质量单位。例如，学生可以通过称量不同物品来感受 1 千克和 1 克的实际重量，从而建立正确的质量观念。这种动手实践的过程有助于学生更好地感受和理解质量单位的概念。

3. **循序渐进**：教师按照由浅入深的顺序安排内容，这种循序渐进的设计符合三年级学生的认知规律，有助于学生逐步构建完整的知识体系。

4. **鼓励自主探索**：教师在学习单中设计了一些开放性的问题和活动，鼓励学生自主思考和探索。这种设计能够激发学生的学习兴趣，培养他们的探究能力和创新思维。

观 察 物 体

同学们,小积木有大玩法,不同的数量和拼搭方式可以搭出各种有趣的形状,让我们插上想象的翅膀一起畅游积木乐园吧!

请在以下任务中选择你们想要挑战的任务,画"√"。

基础任务:趣玩积木观视图

会从前面、右面、上面观察由几个同样大的正方体摆成的组合体,能根据观察到的形状正确选择相应的视图。

探究任务一:细察视图搭积木

能根据指定的视图正确摆出相应的组合体,体会物体与视图之间的联系。

探究任务二:动手操作拼魔方

能感受几何空间和日常生活的联系,提高动手操作能力和推理能力。

拓展任务:审美融合建模型

能联系实物进行直观思考,丰富对现实空间的认识,体会数学思考的价值,发展初步的形象思维能力与空间观念。

选择好任务后,就让我们一起去研究数学问题吧!

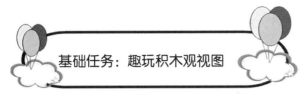

基础任务：趣玩积木观视图

1. 鲁班锁是一种特殊的积木，它不用钉子等外部工具辅助，完全靠自身结构连接，从外观看起来是严丝合缝的十字立方体。下图是鲁班锁及其中的一块积木，仔细观察，这块积木从前面看到的图形是（　　　），从上面看到的图形是（　　　），从右面看到的图形是（　　　）。

① ② ③

2. 用同样大小的磁力积木搭出右面几个立体图形。（填序号）

(1) 从前面看到的是 ▢▢ 的有（　　　）。

(2) 从右面看到的是 ┬ 的有（　　　）。

(3) 从上面看到的是 ▄▄ 的有（　　　）。

(4) 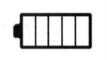 是由（　　　）和（　　　）拼成的。

自评蓄能站：
　　能认识物体的前面、右面和上面，能从前面、右面、上面观察由几个同样大的正方体摆成的组合体，能根据观察到的形状正确选择相应的视图。

探究任务一：细察视图搭积木

观察是人们认识客观世界和身边事物基本的方法之一，观察能力需要在观察物体等实践中逐渐形成和发展。观察物体时，我们既要利用已有的相关经验，更要学会用数学的眼光。

【提出问题】 把 5 个同样大的正方体摆在一起，从右面看是 ▆▆，从上面看是 ▆▆，一共有几种摆法？

【思路点拨】 根据"从上面看是 ▆▆，至少需要 4 个同样大的正方体摆成（图 1）。为了满足"从右面看是 ▆▆"，需要在图 1 后排的上面添 1 个同样大的正方体。添加的正方体可以在后排的左边（图 2），也可以在后排的右边（图 3），因此一共有 2 种摆法。

图1　　　　图2　　　　图3

【实践操作】

下图是用 5 个同样的小正方体摆成的，再添加一个同样的小正方体后，从右边看到的图形是 ▆▆，有（　　）种不同的摆法。请动手摆一摆，并把添加的小正方体用"○"表示在图上。

自评蓄能站：
　　能根据指定的视图正确摆出相应的组合体，体会物体与视图之间的联系。

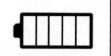

探究任务二：动手操作拼魔方

魔方设计巧妙，由多个小正方体积木组成。某同学在玩魔方时，不小心将魔方掉到了地上，魔方被摔散成了很多个零件，让我们一起看看怎么将魔方恢复完好吧！

第一步：查阅资料，了解魔方构造。

根据图示，可以知道魔方有（　　）个中心块，（　　）个角块，（　　）个棱块。

第二步：观察拼接过程图形。

经过拼组一段时间，得到的图形如下。请你分别从前面、右面和上面观察这个几何体，并画出相应的图形（将每个色块都看作1个小正方体）。

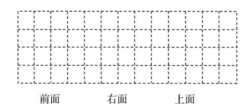

前面　　　　右面　　　　上面

第三步：拼好魔方。

目前还剩下1个色块没有拼好，在正确的色块下方画"√"。

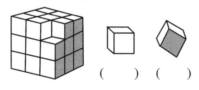

（　　）　（　　）

自评蓄能站：
能感受几何空间和日常生活的联系，能发展动手操作能力和推理能力。

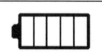

拓展任务：审美融合建模型

请你利用几何体的积木（包括正方体、长方体、圆柱、圆锥、球），搭建出一款你心中的最美模型，拍照或绘画进行记录。再请你认真、细致地绘制出所搭建的模型的三视图。

下面是李悦同学用多个小正方体搭建出的一款模型，请你根据要求完成下列问题。

（1）至少需要再添加（　　）个小正方体，就可以拼成一个较大的正方体。

（2）移动一块小正方体使得立体图形从上面看变为长方形，且从右面看到的形状不变，请问可以做到吗？若可以，写出方法。

自评蓄能站：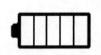

能联系实物或看到的形状进行直观思考，丰富对现实空间的认识，体会数学思考的价值，能发展初步的形象思维能力与空间观念。

蓄能·自评

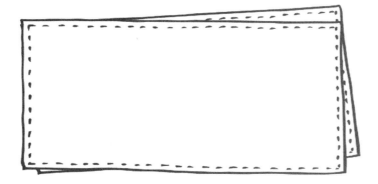

蓄能·互评

在本单元学习过程中,你表现得怎么样?你的同学呢?

蓄能·师长评

请老师或家长根据你本单元学习过程中的表现,说一说。

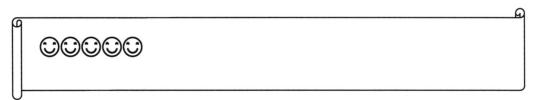

【四年级案例解读】

设计理念：

本学习单在学生学习《观察物体》后，结合积木乐园的情境引导学生进行梳理复习、探究拓展。主要设计内容包括：基础任务——趣玩积木观视图，探究任务一——细察视图搭积木，探究任务二——动手操作拼魔方，拓展任务——审美融合建模型。本学习单旨在帮助学生从不同角度观察物体，培养学生的空间想象力和观察能力，让学生在实际操作和观察中积累经验，学会辨认从不同位置看到的物体形状。通过动手操作和合作交流，学生能够在实践中掌握观察物体的方法和技巧，进一步发展形象思维和空间观念。

设计意义：

一是增强学生学习的趣味性和参与感。积木作为一种常见的玩具，学生对其有天然的亲近感和兴趣，将积木与学习内容结合，能够让学生在轻松愉快的氛围中积极参与学习，提高学习的积极性和主动性。

二是有助于激发学生的学习兴趣、培养学生空间想象力和观察能力。因为积木具有直观、易操作的特点，能够让学生在动手操作中直观感受从不同角度观察物体时形状的变化。这种情境不仅激发了学生的学习兴趣，还培养了他们的空间想象力和观察能力，使学生在轻松愉快的氛围中掌握观察物体的方法。

三是提高学生的动手实践能力。通过动手操作积木，学生可以亲身体验从不同角度观察物体的过程，这种实践操作有助于学生将理论知识与实际操作相结合，增强动手能力和实践技能。

四是培养学生的合作交流意识。在玩积木的过程中，学生可以与同伴合作搭建不同的物体形状，相互交流观察到的结果和想法，这有助于培养学生的合作意识和沟通能力，使他们在交流中进一步深化对观察物体方法的理解。

解决问题的策略

同学们，生活里有许多数学知识和问题哦！今天，我们就一起边探索边完成挑战任务吧！

请在以下任务中选择你们想要挑战的任务，画"√"。

基础任务：联系实际解决问题

初步认识一一列举，会用列举的策略解决问题，列举时会按顺序思考，努力做到不重复、不遗漏。

探究任务一：数形结合解决问题

知道列表和连线法的区别，会用画图的策略整理条件和问题。

探究任务二：拓展提升解决问题

能主动通过收集资料、观察、操作等具体的活动，进一步培养数感，发展数感。

拓展任务：阅读梳理解决问题

正确梳理本单元的知识脉络；从生活中发现数学知识，尝试提出新的问题。

选择好任务后，就让我们一起边探索边研究数学问题吧！

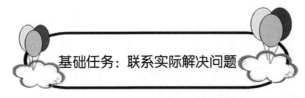

基础任务：联系实际解决问题

1. 用"一一列举"的策略来解决问题，即把所有可能的结果既不_____也不_____地列举出来。本节课学习了用_____方法进行整理。

2. 学校广播站有 2 名男播音员 A、B 和 3 名女播音员 a、b、c，每次必须安排一男一女，共有（　　）种不同的安排方法，安排方法可用下表所示。

3. 精彩的海豚表演每隔一段相等时间就开始表演，上午已经表演了四场，时间分别为：

      8：00   8：50   9：40   10：30

（1）现在是 11：15，离下一场表演开始还有（　　）分钟。

（2）下面的时刻中，正好是一场表演的开始时刻是（　　）。

    ① 14：00 ② 15：30 ③ 16：30 ④ 17：00

一一列举：_____

4. 架上有 4 本故事书和 3 本科技书，小明从中取出故事书和科技书各 1 本，有（　　）种不同的取法。算式：_____

  A. 7   B. 4   C. 3   D. 12

5. 用栅栏围成一个长 12 米、宽 4 米的长方形苗圃，如果不增加栅栏，要使面积扩大的方法是（　　）。

  A. 减长增宽 B. 增长减宽 C. 不可能

6. 两人见面要握一次手，5 人见面握（　　）次手。算式：_____

  A. 20   B. 12   C. 10   D. 8

7. 元旦快要到了，5 个好朋友打算互寄一张节日贺卡，一共要寄（　　）张。

算式：_____

  A. 8   B. 10   C. 12   D. 20

自评蓄能站：	
初步认识一一列举，会用列举的策略解决问题，列举时会按顺序思考，努力做到不重复、不遗漏。	

探究任务一：数形结合解决问题

1. 一列客车在上海与南京之间往返行驶，中间停靠苏州和无锡，每两地之间路程都不相同，铁路局应准备多少种不同的火车票？

   画图（注意：在相同的两站往返的车票是不同的）

2. 甲、乙、丙、丁和小强进行围棋比赛，每两人之间都比一盘，目前甲比了 4 盘，乙比了 3 盘，丙比了 1 盘，丁比了 2 盘，小强比了多少盘？分别是和谁比的？

   画出示意图（注意：运用连线法解答，不重复也不遗漏）

3. 下面的两条平行线上分别有两个点和 4 个点，以这些点为顶点，一共可以画出（　　）个不同的三角形。

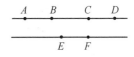

自评蓄能站：
知道列表和连线法的区别，会用画图的策略整理条件和问题。

探究任务二：拓展提升解决问题

足球运动中，从场地设施到排兵布阵，从场次安排到足球本身，都蕴含着数学知识。下面就让我们一起了解足球中的数学吧！

探究一：比赛场次

足球比赛中有一部分常见的单场淘汰制，指在比赛中，进行一场比赛，输的队伍即被淘汰，这是一种节省时间却残酷的竞争方式。下图以 8 支球队比赛为例，第一轮比赛 4 场，淘汰 4 支球队，胜出的 4 支球队进行第二轮；第二轮比赛 2 场，淘汰 2 支球队，胜出的 2 支球队进行第三轮；第三轮比赛 1 场，1 支球队淘汰，另 1 支球队获得最后的胜利。这样一共进行了 4＋2＋1＝7（场）比赛。

想一想：如果有 32 支球队参赛，一共要比赛多少场呢？

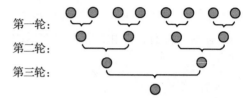

探究二：比赛场地

足球比赛根据人数的不同分为 11 人制、7 人制、5 人制和 3 人制，还有比较特殊的沙滩足球。比赛人数不同，场地的大小也有所不同，11 人制比赛场地最大。足球赛的场地必须是长方形的，边线的长度必须长于球门线的长度。11 人制球场的长度最短是 100 米，最长是 110 米；场地的宽度最短是 64 米，最长是 75 米。所有线的宽度不超过 12 厘米，在场地中线的中点处做一个标记，以标记为圆心，以 9.15 米为半径画一个圆。

算一算：11 人制球场的面积最小为_____平方米，最大为_____平方米。中间的圆形面积为_____平方米。

探究三：上场人数与比赛时间

每场比赛最多只能允许每队有 11 人上场，其中必须有 1 名守门员，如果有球员受伤或被罚下，场上最少要有 7 名队员，每场比赛允许有 7～15 名替补队员，但只能替换其中的 5 人。

每场比赛的时间为 90 分钟，其中上、下半场各 45 分钟，中场休息时间为 15 分钟。

查一查，说一说：

（1）为什么一场比赛每队队员的人数最多是 11 人？这 11 人是怎么安排的？

我的调查结果：_____

（2）关于一场比赛的时间你还知道些什么？和大家一起分享吧！

我知道：_____

自评蓄能站：	
能主动通过收集资料、观察、操作等具体的活动，进一步培养数感，发展数感。	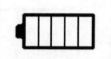

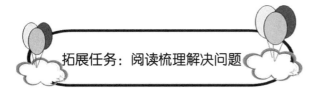

拓展任务：阅读梳理解决问题

数学阅读：足球中的数学

你知道吗？古代足球起源于中国。众所周知，我国早在春秋战国时期就有踢球的活动了，那时候不叫踢足球，而叫"蹴鞠"或"踢鞠"，唐宋是蹴鞠的鼎盛时期。

蹴鞠经过阿拉伯人传到欧洲，演变发展成了现代足球。1863年10月26日，英国伦敦成立了世界上第一个足球协会，统一了足球运动的竞赛规则，人们把这一天定为现代足球的诞生日。

1904年5月21日在巴黎，法国、瑞士、比利时、西班牙、丹麦、荷兰等国的代表发起成立了国际性的足球组织"国际足联（FIFA）"。目前，全球顶级的足球赛事是"世界杯"。

1928年，国际足联在荷兰的阿姆斯特丹举行会议，决定每4年举行一届世界足球锦标赛。第一届世界足球锦标赛于1930年举行，1956年改名为儒勒斯·雷米特杯，后来简称雷米特杯或世界杯足球赛。世界杯足球赛至今已举办_____届。

回顾与整理

通过今天的数学阅读，我的收获：

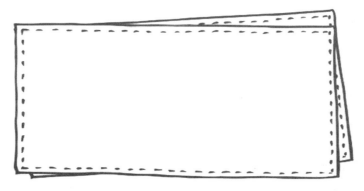

自评蓄能站：	
正确梳理本单元的知识脉络；从生活中发现数学知识，尝试提出新的问题。	

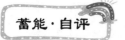

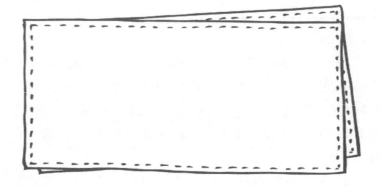

在本单元学习过程中,你表现得怎么样?你的同学呢?

请老师或家长根据你本单元学习过程中的表现,说一说。

【五年级案例解读】

学习单设置在"挑战答题"的情境之中,让学生在此情境中边完成挑战任务,边学习知识,边巩固解决问题的策略。此学习单包括:基础任务——联系实际解决问题,探究任务一——数形结合解决问题，探究任务二——拓展提升解决问题，拓展任务——阅读梳理解决问题，让学生根据自己的学习情况进行任务选择，再经历任务挑战过程中巩固解决问题的策略，并用自评蓄能站来检验自己的学习效果。最后通过蓄能自评、互评和师评环节检验学生的任务达成情况，为后续学习蓄能。

  教师在挑战的过程中引导学生发现，有些题目可以通过一一列举解决。学生通过列举、按顺序思考等，培养列举时不重复、不遗漏的好习惯和实际应用能力。

  通过数形结合的方式，学生理解画图法和连线法的方法，明确列举法的优点。借助画图、连线等方式，学生有序地掌握举例法，为后面的学习做好铺垫。

  五年级新课程标准中明确要求学生会用数学的语言表达世界。

  为了帮助学生更好地掌握列举法，教师设计了足球比赛的情境。通过列举 8 支足球队进行淘汰赛的过程，提升了学生的推导能力。教师通过创设真实的问题情境、联系生活实例以及多种形式的巩固练习等方式，帮助学生更好地理解和掌握列举法。

长方体和正方体

同学们,图形王国里有许多数学知识和问题哦!今天,我们就一起边探索边完成挑战任务吧!
请在以下任务中选择你们想要挑战的任务,画"√"。

基础任务:细心观察初步认识

认识长方体和正方体的基本特征。理解体积(容积)的意义,知道常用的体积(容积)单位。

探究任务一:动手操作深入理解

认识长方体、正方体的展开图,能根据展开图想象出相应的正方体或长方体。

探究任务二:联系情境巩固迁移

会计算长方体、正方体的表面积和体积。解决与表面积和体积计算相关的实际问题。

拓展任务:审美融合体验价值

融合画图,趣味实践,活学活用新知识。

选择好任务后,就让我们一起边探索边完成挑战任务吧!

基础任务：细心观察初步认识

1. 细心观察，把长方体与正方体特征的区别和联系填写完整。

物体	相同点			不同点		
	面/个	棱/条	顶点/个	面的特点	面的大小	棱长
长方体				一般都是_____，也有可能有_____个相对的面是正方形	相对的面_____	相对的棱_____
正方体				_____个面都是相等的_____	_____个面_____	_____条棱的_____

2. 一个汽油桶最多可以装 75 升汽油，"75 升"既是汽油桶的（　　），又是汽油的（　　）。

　　A. 体积　　　　B. 容积　　　　C. 表面积

3. 林芳把一块长方体橡皮泥搓捏成一个球状的橡皮泥，（　　）变了，（　　）没变。

　　A. 体积　　　　B. 容积　　　　C. 表面积

4. 相同数量的 1 元硬币分别垒成右面的形状，它们体积之间的关系是（　　）。

　　A. 相等　　B. 不相等　　C. 无法判断

5. 下面的四个物体都是由同样大小的小正方体摆成的。（　　）的体积最大，（　　）的体积最小，（　　）和（　　）的体积一样大。

　　A　　　　B　　　　C　　　　D

6. 在括号里填上合适的体积单位。

一个水桶的容积大约是 10（　　）。　　一块橡皮的体积大约是 8（　　）。

冰箱冷藏室的容积大约是 200（　　）。　　一个衣柜的体积大约是 2（　　）。

教室所占的空间大约是 150（　　）。　　一瓶滴眼液的容积大约是 10（　　）。

自评蓄能站：	
认识长方体和正方体的基本特征。理解体积（容积）的意义，知道常用的体积（容积）单位。	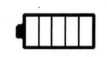

探究任务一：动手操作深入理解

1. 动手拼一拼正方体展开图并归纳。

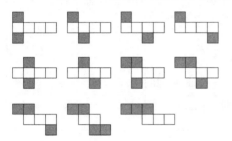

正方体展开图种类：
"141"：共_____种，"231"共_____种，
"222"：共_____种，"33"共_____种，
一共加起来有_____种。

2. 正方体的六个面分别用字母 A、B、C、D、E、F 标注，下图是从三个不同角度看到的正方体部分面的字母，与 D 相对的面是（　　）。

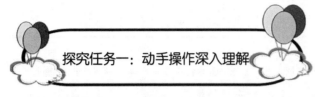

  A. A 面　　　　　　B. B 面

  C. E 面　　　　　　D. F 面

3. 把下图中左边正方体的表面展开，得到的展开图是（　　）。

 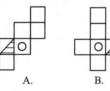

     A.   B.   C.   D.

4. 右图是一个正方体展开图，相对两个面上数的和的最小值是（　　）。

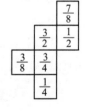

5. 如下图，一只蚂蚁在正方体箱子的一个顶点 A 处，发现相距它最远的另一个顶点 B 处有它感兴趣的食物。这只蚂蚁想尽快得到食物，怎么走路线最短？在图中将路线画出来。

自评蓄能站：	
认识长方体、正方体的展开图，能根据展开图想象出相应的正方体或长方体。	

探究任务二：联系情境巩固迁移

1. 先填一填，再算一算：做一个这样的纸盒需要多少硬纸板？

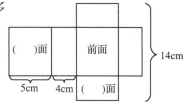

2. 一盒饼干长 25 厘米，宽 10 厘米，高 30 厘米，现在要在它的四周贴上商标纸，如果商标纸的接头处是 4 厘米，这张商标纸的面积是多少平方厘米？

3. 如图，一个无盖的长方体木箱，木料的厚度是 0.1 分米，从里面量，它的长是（　　）分米，宽是（　　）分米，高是（　　）分米。它的体积是（　　）立方分米，容积是（　　）立方分米。

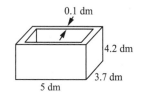

4. 有一个长 50 厘米、宽 10 厘米、高 10 厘米的全密闭容器，里面装有 8 厘米高的水。如果把这个容器竖放，水面的高度是多少厘米？

5. 一个长、宽都为 4 分米的长方体木箱，两面靠在墙角，长方体露在外面的面积是 112 平方分米，这个木箱的体积是多少立方分米？

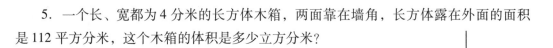

自评蓄能站：
会计算长方体、正方体的表面积和体积。解决与表面积和体积计算相关的实际问题。

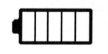

 拓展任务：审美融合体验价值

1. 融合劳动，趣味实践——最美展开图。

（1）将正方体剪一剪、拼一拼，把你拼出来的展开图画一画。

（2）把拼出来的展开图分类，你有什么发现？

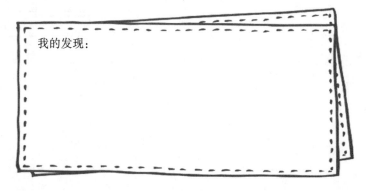

我的发现：

2. 活学活用。

在下面三幅图中分别增加 2 个小正方形，使所得图形经过折叠能围成 1 个正方体。

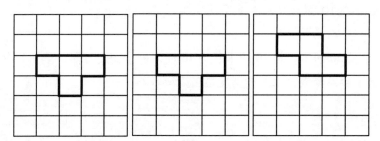

自评蓄能站：
融合画图，趣味实践，活学活用新知识。

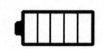

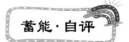

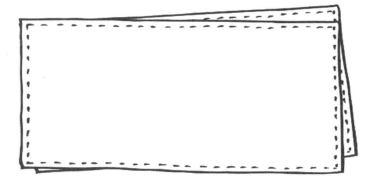

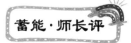

在本单元学习过程中，你表现得怎么样？你的同学呢？

蓄能·师长评

请老师或家长根据你本单元学习过程中的表现，说一说。

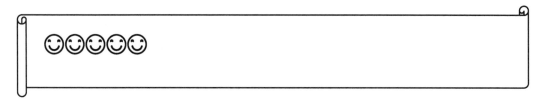

【六年级案例解读】

学习单设置在"挑战答题"的情境之中，让学生在此情境中边挑战边掌握知识，巩固对长方形和正方形的认识。此学习单包括：基础任务——细心观察初步认识，探究任务———动手操作深入理解，探究任务二——联系情境巩固迁移，拓展任务——审美融合体验价值，让学生根据自己的学习情况进行任务选择，再利用任务挑战巩固对长方体和正方体的认识。最后通过蓄能自评、互评和师评环节检验学生的任务达成情况，为后续学习蓄能。

教师在观察和操作的过程中引导学生发现长方体和正方体点、线、面的特点以及计算表面积和体积的方法。例如归纳正方体展开图的种类，进行整理得出规律，并依据正方体面的特点，寻找相对面位置关系解决实际问题，培养学生的观察能力和空间想象能力。

通过认识长方体和正方体六个面的特点，学生自我理解并归纳得出求表面积的计算方法，为后面计算侧面积和无盖等特殊情况做好铺垫。

六年级新教材要求学生学会构建数学问题的直观模型，这有助于学生把握问题本质，明晰思维路径。

为了帮助学生更好地掌握长方体和正方体的特征以及表面积和体积的计算方法，教师设计了有趣的"最美展开图"，让学生进一步巩固从立体图形转化成平面展开图的方法。教师通过创设真实的问题情境、联系直观图形实例以及多种形式的巩固练习等方式，帮助学生更好地理解和掌握长方体和正方体的概念和相关知识点。

第三节　英语学科案例

小学英语学习不仅是语言技能的培养，更是自主学习能力发展的重要一环。沧浪实验小学校将单元整体英语学习单作为教学辅助工具，在设计上承载着结构相对完整的课程知识，从旧知到新知，从基础任务到进阶任务，从独立任务到小组合作，让学生在自主学习的过程中有路径可以回顾、查找和整合知识。学习单通过生动有趣的活动方式和多元化的评价体系，引导学生对板块知识产生线性化认知，激发学生自主学习动力，帮助学生构建自主学习能力。

沧浪实验小学校英语教师深入理解作业评价的育人功能，坚持能力为重、素养导向，将自我评价、伙伴评价、教师评价的三维作业评价机制融入进阶任务的设置。教师在英语学习单中设置自我评价栏，如"自评蓄能站""Ticking time"等，引导学生对学习过程和学习效果进行反思，在自我对话中认识到自己的学习强项与弱点，进而调整学习策略，设定更加实际的学习目标。由此，学生逐步养成自主评价和自我激励的习惯，形成积极向上的学习态度，为自主学习能力的提升打下基础。教师设计"蓄能·互评"伙伴评价板块，通过小组合作或同伴互助的形式，鼓励学生之间的相互学习与评价。学生就同伴的任务完成情况、团队合作态度等方面给予正面反馈和提升建议，在相互欣赏与指正中共同成长。通过"蓄能·师长说""老师评价"等板块，一方面，教师能够及时了解学生的学习进度，对学生的学习成果和创意给予肯定，鼓励学生持续进步；另一方面，教师能根据学生的学习特点，为学生指出具体的改进方向，设计个性化的学习任务，帮助学生深入探索感兴趣的领域，激发自主学习的热情。

单元整体英语学习单将自我评价、伙伴评价和教师评价三者有机结合，为学生构建了全面、动态的自主学习体系。学习单在记录学生英语学习的点滴进步的同时，不断引导学生自我激励、合作互助和接受反馈，帮助学生成长为自我导向型学习者，为未来的英语学习奠定坚实基础。

I can dance

小朋友们，本单元我们将要认识一个新朋友——Robot Roy。他会做很多事情呢！我们还将学习用英语讲述自己"能做的事"和表示赞叹的日常用语。希望学完这个单元后，你们也能用英语介绍自己能做的事哦！

在以下任务中选择你们想要挑战的任务，画"√"。

基础任务：认识Robot Roy

认识Robot Roy并进行角色扮演，介绍自己的本领有哪些。

探究任务一：听一听，说一说

认识图片，能知道图片所代表的本领，并能正确说出图片意思。

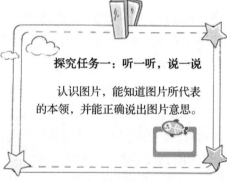

探究任务二：听一听，找一找

能正确认读单词，了解单词的意思。能运用can来表达自己或他人会做的事。

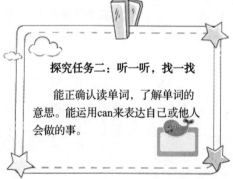

探究任务三：看一看，说一说

能看懂单词、图片、句子所表达的意思。用英语正确讲述"能做的事"。

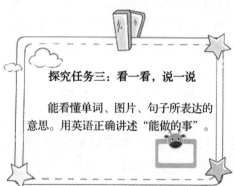

选好任务后，让我们一起去认识新朋友机器人Robot Roy吧！

基础任务：认识Robot Roy

【V】一、听一听、认一认、读一读。

【V】二、请你扮演成 **Robot Roy** 来演一演课文吧！

 探究任务一：听一听，说一说

【V】一、听录音，找出正确的图片，听两遍。

1. A   B  2. A   B

3. A B 4. A B

【S】二、听录音，判断所听内容是否和图意相符，正确的画"√"，错误的画"×"，听两遍。

1.   2.

3.  4.

自评蓄能站：
    认识图片，能知道图片所代表的本领，并能正确说出图片意思。

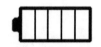

探究任务二：听一听，找一找

【S】一、听录音，找出你听到的句子，听两遍。

1. A. I can dance.　　　　　　B. I can draw.
2. A. Mr Li can dance.　　　　B. Miss Li can dance.
3. A. Hello, I'm Robot Roy.　　B. Hello, I'm a robot.
4. A. Wow!　　　　　　　　　B. Woof!

【E】二、听录音，找出你听到句子的最佳答句，听两遍。

1. A. Goodbye, Robot Roy.　　B. Hello, Robot Roy.
2. A. I can dance.　　　　　　B. Great!
3. A. I can cook.　　　　　　 B. Su Hai can cook.

【V】三、听录音，将正确单词的序号写在横线上，听两遍。

① friend　② peach　③ draw　④ sing　⑤ puppy　⑥ cook

1. —A pink _____, please.　—OK.
2. I can _____, my good _____.
3. Robot Roy can _____ and _____.
4. Look at my red _____.

自评蓄能站：	
能正确认读单词，了解单词的意思。能运用 can 来表达自己或他人会做的事。	

探究任务三：看一看，说一说

【R】一、看图，选择所给单词说一说下面的小动物都有些什么本领。

jump　run　fly　swim

This is a monkey. It can jump.	This is a bird. It can _____.	This is a tiger. It can _____.
This is a fish. It can _____.	This is a frog. It can _____.	This is a turtle. It can _____.

【R】二、画一画，说一说：介绍一下爸爸妈妈和你都有什么本领。

Hello, I'm _____. This is my family.

This is my mum.

She can _____.

This is my dad.

He can _____.

This is me. I can _____.

mum　　dad

me (我)

自评蓄能站：	
能看懂单词、图片、句子所表达的意思。用英语正确讲述"能做的事。"	

蓄能·自评

本单元对题数 _____

这次我和上单元比：一样棒，继续保持 ☺ □

　　　　　　　　　进步了，继续努力 ☺ □

　　　　　　　　　退步了，要加油 😣 □

蓄能·互评

在本单元学习过程中，你表现得怎么样？你的同学呢？

蓄能·师长评

请老师或家长根据你本单元学习过程中的表现，说一说。

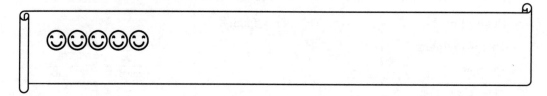

【一年级英语学习单设计意图】

本单元为译林小学英语一年级上册第七单元，单元话题是"能做的事"。本单元的教学目标是学生能用英语讲述自己能做的事，并学会表达赞叹的日常用语。

本单元的基础任务是熟悉课文和单词，希望学生能通过听一听、读一读和演一演来掌握本单元的词汇、句型。在演一演时，学生可以用自己会的其他同类单词来进行表演。这不仅增加了学生的学习积极性和趣味性，同时也能拓宽学生的词汇量。通过演一演，学生可以进行互评。

另外，探究任务三是本学习单的一个亮点。该探究分了两个环节。在第一个环节中，我们由课本中的机器人拓展到了生活中的小动物们，小朋友们可以结合学过的单词来说一说小动物们有什么本领。这样的设计是在课本的基础上进行了一定的延伸，同时又很贴近生活，对于一年级的孩子们来说是有趣又好玩的。第二个环节是请小朋友画一画自己的一家，然后介绍一下家庭成员都分别有什么样的本领。这个环节非常贴近学生生活，并且在本单元的基础上结合家庭成员的主题进行了整合。

通过这张学习单，我们希望学生能对自己进行自我评价，了解到自己学得好的部分和有所欠缺的部分；也鼓励孩子们勇于展示自我，学会赞美他人，树立学习自信心。

My dad is a doctor

小朋友们，你们了解和你们朝夕相处的爸爸妈妈吗？你们知道他们是做什么工作的吗？本单元我们要一起学习一些职业的英文表达。希望学完这个单元后，小朋友们也能用英语介绍自己爸爸妈妈的职业哦！

在以下任务中选择你们想要挑战的任务，画"√"。

基础任务：认识不同职业

能知道六种不同职业的英文表达，能借助书本图片进行人物职业介绍。

探究任务一：听一听，读一读

认识图片、单词，能准确说出图片对应的职业，能用英语介绍图片中人物的职业。

探究任务二：听一听，找一找

能正确认读图片、句子，了解句子的意思。能简单进行关于职业话题的对话。

探究任务三：看一看，说一说

能看懂单词、图片、句子所表达的意思。用英语正确介绍爸爸妈妈。

选好任务后，让我们一起去看看让世界井井有条、缤纷多彩的各种职业吧！

基础任务：认识不同职业

【V】一、听一听、认一认、读一读、连一连。

doctor　　teacher　　nurse　　cook　　worker　　farmer

【V】二、请你扮演成课文中的人物来演一演课文吧！

自评蓄能站：
　　能用英语说出相应的职业，并能扮演书本人物进行职业介绍。　　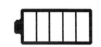

 探究任务一：听一听，读一读

【V】一、听录音，找出正确的图片，听两遍。

(　　) 1.　A 　　B 　　C

(   ) 2. A 　B 　C

(   ) 3. A 　B 　C

【S】二、看图，根据所给的信息，介绍人物职业。

1. 　　2.

3. 　　4.

自评蓄能站：
认识图片，能知道图片所代表的职业，并能用完整的句子介绍图片中人物的职业。

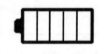

探究任务二：听一听，找一找

【S】一、听录音，找出你听到的句子，听两遍。

(　　) 1. A. OK.　　　　　　　　　B. Wow!

(　　) 2. A. She's a doctor.　　　　B. He's a doctor.

(　　) 3. A. I am a cook.　　　　　B. I can cook.

(　　) 4. A. Yes! He's a farmer.　　B. Yes! She's a farmer.

(　　) 5. A. She can draw well.　　B. She can help people feel well.

【E】二、听录音，根据听到的对话，选出正确的内容，听两遍。

(　　) 1. A. My cousin is a cook.

　　　　　B. My aunt is a nurse.

　　　　　C. This is my dad. He's a doctor.

(　　) 2. A. I'm a farmer.

　　　　　B. My uncle is a farmer.

　　　　　C. My uncle and aunt are farmers.

【V】三、听录音，将正确的单词填写在横线上，听三遍。

Wang Bing：This is my aunt. She's ＿＿＿＿＿＿＿＿＿＿ .

　　　　　She is dressed in ＿＿＿＿＿ . She works ＿＿＿＿＿ and night.

Su Hai：This is my mum. She's a ＿＿＿＿＿ . She can ＿＿＿＿＿ well.

自评蓄能站：	
能正确认读、默写单词，了解单词的意思。简单进行关于职业的交流。	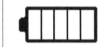

【R】一、根据所给信息，选择一个人物，介绍一下她/他的爸爸妈妈。

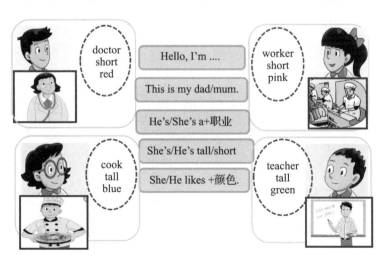

【R】二、画一画，说一说：介绍一下你的爸爸或妈妈。

Hello, I'm _____.

This is my dad/mum.

He's/She's a _____.

He's/She's _____.

He/She likes _____.（颜色或食物）

He/She can _____.

自评蓄能站：
根据所给信息用英语介绍人物。用英语准确介绍自己的爸爸妈妈。

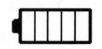

蓄能·自评

本单元对题数 _____

这次我和上单元比：一样棒，继续保持 ☺ ☐

进步了，继续努力 ☺ ☐

退步了，要加油 ☹ ☐

蓄能·互评

在本单元学习过程中，你表现得怎么样？你的同学呢？

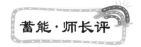

请老师或家长根据你本单元学习过程中的表现,说一说。

【二年级英语学习单设计意图】

本学习单是译林小学英语二年级上册第八单元的单元整体学习设计。在整体把握单元话题和单元知识点的基础上,我们衔接和整合了一年级上册第三单元和本册教材第一单元的内容,帮助学生整合语言知识,引导学生积累词汇,积极开展简单的日常交流,培养良好的学习习惯。

在基础任务中,我们主要从课标要求出发,引导学生指认职业相关图片和单词,能根据录音模仿课文中的人物进行人物职业的介绍。

在探究任务一中,我们设计了两个活动。在第一个活动中,我们展现了不同职业形象,让学生根据所听内容,指认对应人物。在第二个活动中,我们利用图片引导学生运用所学表达介绍人物职业。两项活动循序渐进,调动学生多感观参与学习,增强学生自信心。

在探究任务二中,我们通过关于职业的语言输入,引导学生注意倾听,帮助学生更好地理解语言、积累词汇。该任务充分调动和整合已学知识,促进学生完整丰富的语言表达,从而培养学生思维能力。任务结尾为学生自评,学生通过自评能发现自己对于本单元职业相关单词的掌握情况,能适时查漏补缺。

在探究任务三中,预设的两项任务也为学生留足了操练的空间。学生先根据所给信息扮演书本人物介绍他们的父母,这项任务充分整合了之前所学的英语知识和表达,有助于学生在操练新知识的同时复习已学的知识,丰富语言表达。学生在完成练习一的任务后,也充分熟悉了语段内容,提升了表达能力。再进行练习二中,教师先请学生简单画一画爸爸妈妈,再进行介绍,让英语学习结合生活实际,在最真实的情境中呈现,帮助学生充分体验英语学习的成就感,提升英语学习能力。

I can do this for you!

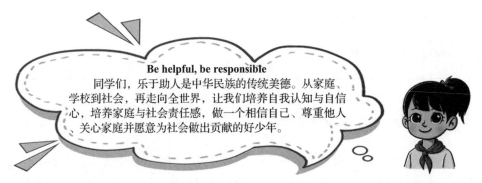

Be helpful, be responsible

同学们，乐于助人是中华民族的传统美德。从家庭、学校到社会，再走向全世界，让我们培养自我认知与自信心，培养家庭与社会责任感，做一个相信自己、尊重他人、关心家庭并愿意为社会做出贡献的好少年。

同学们，我们能为家人或朋友做哪些事呢？今天我们就一起边找找边完成挑战任务吧！请在以下任务中选择你们想要挑战的任务，画"√"。

基础任务：联系实际
Know your abilities
了解自己的能力

探究任务一：口语交际
Know what other people can do
了解他人的能力

探究任务二：语言表达
Say what I can do for my family
说出我能为家人做什么

拓展任务：设计调查
Know what my friends can do for their families
了解我的朋友们能为家人做什么

选择好任务后，就让我们一起去探索吧！

基础任务：联系实际

一、Choose what you can do.

二、Write what you can do.

I can …

自评蓄能站：
　　我了解自己的能力。

探究任务一：口语交际

一、Find your friends: Who's my friend?

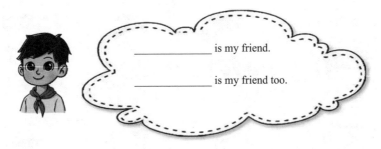

_____ is my friend.
_____ is my friend too.

二、Ask your friends: What can he/she do?

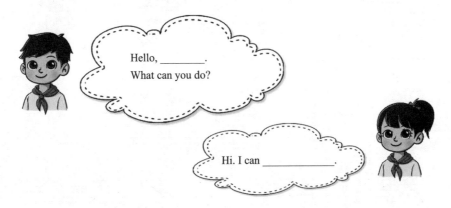

Hello, _____.
What can you do?

Hi. I can _____.

三、Compliment your friends.

_____ is my friend.
He/ She can _____.

Great! / Well done!

自评蓄能站：	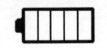
我知道朋友或同学的能力。	

探究任务二：语言表达

一、Match and say：What can the children do for their families?

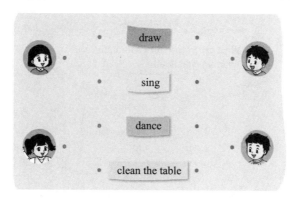

1. Liu Tao can … for the family.
2. Liu Hao can … for the family.
3. Liu Tao's cousins can … for the family.

二、Say and write：I can do many things for …（my family/my friends/my classmates）

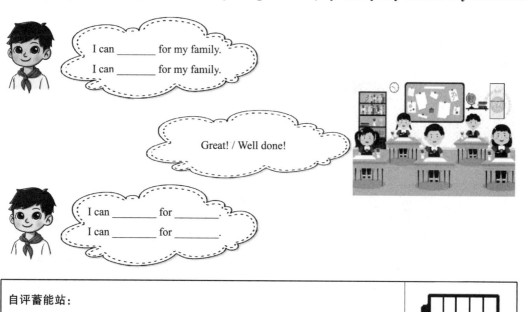

自评蓄能站：
正确说出我能为他人做什么。

拓展任务：设计调查

一、Do a survey: What can you do for …

What can you do for your family?
What can you do for _____ ?

I can _____ for my family.
I can _____ for _____ .

Name	Ability	For someone

二、Show time

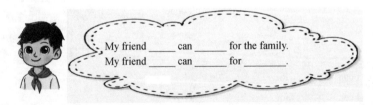

My friend _____ can _____ for the family.
My friend _____ can _____ for _____ .

自评蓄能站：
我会询问并能了解朋友或同学能为他人做什么。

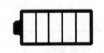

蓄能·自评

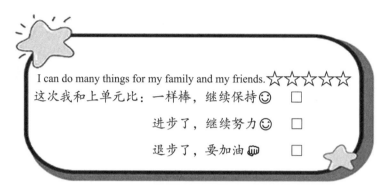

 蓄能·互评

在本单元学习过程中,你表现得怎么样?你的同学呢?

 蓄能·师长评

请老师或家长根据你本单元学习过程中的表现,说一说。

【三年级英语学习单设计意图】

一、培养自主学习能力

1. 激发学习兴趣:三年级学习单以生动有趣的形式呈现内容。比如设置"我能行"环节,将单词和对应的有趣图片结合,这种方式能迅速吸引学生的注意力,激发他们对英语学习的兴趣,让学生主动参与到学习单的任务中,开启自主探索英语知识的旅程。

2. 引导学习策略:学习单上通过简单易懂的步骤引导,帮助学生掌握基础学习方法。例如在学习新单词时,教师指导学生先听单词发音,再跟着模仿读,最后尝试拼写并默写。长期依照这样的步骤学习,学生能逐渐形成自主学习单词的策略,提高学习效率,为后续更深入的英语学习奠定坚实基础。

二、构建多元评价体系

1. 自我评价:学习单上设计自我评价栏,让学生根据自己的表现画"√"。通过自我评价,学生能清晰认识到自己在学习过程中的优点与不足,如发现自己朗读时发音不够标准,从而有针对性地加强练习,提升自主学习的主动性。

2. 教师评价:教师根据学生学习单完成情况,给出具体且有指导性的评价。对于书写认真、单词拼写全对的学生,教师可在学习单上批注:"你的书写非常工整,单词掌握很棒,继续保持!"对于存在较多错误的学生,教师详细指出问题所在,如"个别元音发音不准确,可多听录音模仿",帮助学生明确改进方向。

3. 同伴互评:安排同伴互评环节,让学生相互交流学习单。例如在完成英语书写后,同桌之间互相评价。学生可以学习他人漂亮的书写,同时也能指出对方的小瑕疵,如某个单词拼写错误。在这个过程中,学生不仅提高了英语水平,还锻炼了沟通能力与批判性思维。

学习单能反映学生英语综合能力的提升。学生从一开始不敢开口说英语,到后来能在学习单的口语练习任务中大胆表达;从只能写出简单单词,到能运用所学句型写出完整句子。这些变化都记录在学习单中,成为学生英语学习成长的宝贵见证,激励他们不断向更高目标迈进。

Enjoy sports, enjoy life!
I can play basketball

"Faster, Higher, Stronger—Together."（"更快、更高、更强——更团结。"）2024年夏天，奥林匹克运动会在法国巴黎落下帷幕，奥运健儿热爱运动、挑战自我的精神是否感染了你？你和你的小伙伴们会做什么运动？瞧！学校体育社团正在招新。让我们一边参与招新活动，一边完成以下任务，体会挑战的快乐吧！

基础我在行：

Get to know sports and get to know ourselves!

认识多彩的运动，
了解亲爱的自己！

拓展我能行一：

Ask about ability and challenge ourselves!

询问会做的运动，
体验挑战的快乐！

拓展我能行二：

Know more about sports and share the joy!

介绍有趣的运动，
感受运动的快乐！

实践我能试：

Develop the habit of exercising and lead a healthy life!

养成运动的习惯，
倡导健康的生活！

运动健康，快乐成长！新学期，学校体育社团又开始招新了。体育社团成员Liu Tao 和Mike忙碌起来了，让我们一起去看一看吧！

Get to know sports and get to know ourselves!
认识多彩的运动，了解亲爱的自己

- ACTIVITY 1：Get to know sports.

【V】Look at the poster. What sports can you see? Try to write.

体育社团招新海报上有哪些运动？试着写一写！

【V】Listen to the song and try to sing along.

社团招新的宣传歌曲也很好听！试着听一听，跟着唱一唱！

- ACTIVITY 2：Get to know yourself.

【C】What sports can you do? Try to think and say.

社团活动真是丰富多彩！小朋友，你会做什么运动呢？请先想一想，然后和你的小伙伴一起说一说！

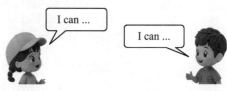

 I can name some sports and activities. ☆☆☆☆☆

Ask about ability and challenge ourselves
询问会做的运动，体验挑战的快乐

【R】 **ACTIVITY 1：Can all the boys play basketball? Try to read the text and finish the mind map.**

Mike，Wang Bing，Liu Tao 想要加入篮球社团，他们正为社团选拔赛热身呢！试着读读课文，完成思维导图！

【C】 **ACTIVITY 2：Try to retell the story.**

如果你是 Liu Tao，试着分享一下这个故事！

Wang Bing, Mike and I would like to join the basketball club. We are playing basketball now for the coming match.
　　Look! Wang Bing ... Mike ... But I ... I feel a little sad.
　　My friends don't leave me alone. They encourage me to ... So I try again. Finally, I ... They are happy for me. And I, too, feel proud of myself.
　　Hey, my dear friend, do you want to join us?

【E】 **ACTIVITY 3：What can we learn from the story? Try to think and say.**

你从这个故事中学到了什么？试着想一想，说一说！

shy　　*afraid*
let down　*leave alone*　*comfort*
　　　　cheer up
　encourage
　　Go for it!

 I can understand the story well. ☆☆☆☆☆

Know more about sports and share the joy
介绍有趣的运动，感受运动的快乐

- ACTIVITY 1: Get to know "can" for ability.

【S】Try to read and say. 篮球社团有一支优秀的女子篮球队，Amy 和 Paula 也想加入。阅读他们的对话，感知如何用 can 谈论能力。

- ACTIVITY 2: Try to use "can" or "can't" to talk about ability. 学会用 "can" 或 "can't" 谈论能力。

【S】Look and circle. 这里应该用 can 还是 can't，根据图片内容圈一圈。

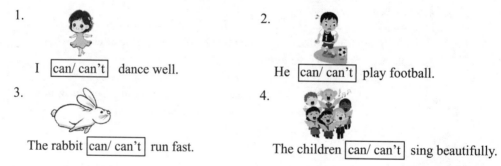

1. I can/ can't dance well.
2. He can/ can't play football.
3. The rabbit can/ can't run fast.
4. The children can/ can't sing beautifully.

- ACTIVITY 2: Try to use "Can …?" to ask about ability. 学会用 "Can …?" 询问能力。

【S】Look and write. 根据图片内容填空。

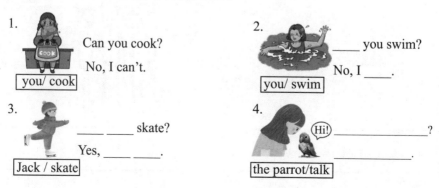

1. Can you cook?
   No, I can't.
   you/ cook
2. ____ you swim?
   No, I ____.
   you/ swim
3. ____ ____ skate?
   Yes, ____ ____.
   Jack / skate
4. Hi! _____?
   the parrot/talk

5. _____?
_____.

the monkeys/ climb

I know which club is suitable for me. ☆☆☆☆☆

Develop the habit of exercising and lead a healthy life
养成运动的习惯，倡导健康的生活

- **ACTIVITY 1：Complete the interview.**

Amy 和 Paula 加入了女子篮球队，打了一场漂亮的比赛，记者正在采访她们。请你根据表格内容，完成访谈记录，分享她们挑战自我的快乐！

Ability	Amy	May	Paula	Sandy	Jenny
pass the ball（传球）well	√				
dribble the ball（运球）well			√		
jump high				√	√
shoot the ball（投球）well	√	√			

Let's start, Amy. Can you pass the ball well?

_____, I _____.

_____ you dribble the ball well?

No, I can't. But Paula _____ dribble the ball well.

Can she jump high?

_____, _____ _____.

But Sandy and Jenny can.

_____ they shoot the ball well?

No, they can't. May and I can _____ _____ _____ well.

Great! You're such a good team!

- **ACTIVITY 2：Interview and write.**

你和你的小伙伴们会做什么运动？想加入哪个运动社团？试着互相采访，并将采访结果记录下来！

（在会做的运动下方方框内画"√"，在不会做的运动方框内画"×"）

全程学习单
——素养导向的过程性评价实践新探

Name:_____ Age:_____
Class_____, Grade_____

◆ *What can you do?*
　I can...

Hello! I'm _____.
_____
_____
_____
I hope to join the _____ club.
This is my friend _____.
_____

I know which club is suitable for me.　　☆☆☆☆☆

 Assessment

同学们，希望你们的社团生活丰富多彩，现在请给自己完成任务情况评分吧！你们能得到几颗星呢？同时，看看老师能给你们点亮几颗星。

自己评价：I get _____ stars.
（注：得18~20颗☆：Super stars！ 得15~17颗☆：Good kids！
　　　得12~14颗☆：Keep trying！）

老师评价：☆☆☆☆☆
You can do it, if you try！你能做到，只要你勇敢尝试！

【四年级英语学习单设计意图】

《义务教育英语课程标准（2022年版）》明确指出，教师应深入理解作业评价的育人功能，坚持能力为重，素养导向。单元整体学习单的设计承载着结构相对完整、内容更为全面的英语课程知识，有助于学生关注板块之间、课时之间和单元之间的联系，避免学习碎片化；有助于减少简单机械的操练，培养学生的核心素养。

以译林版英语四年级上册第四单元为例，在单元整体目标统领下，本单元学习单设计围绕"找到合适自己的社团"这一核心任务，对单元各板块内容进行深入研读和研究，挖掘语篇中蕴含的育人价值，在单元主题和课时作业内容中间建立关联，由浅入深，层层递进。在学习单中，教师除了设计有助于学生巩固语言知识和语言技能的作业，更需要挖掘其中蕴含的学科思想，注重对学生英语思维的培养，使之建立正确的英语学习观。例如，本单元学习单设计均围绕单元主题"成为更好的自己"，从自信地表达自己能做的事情，到接受自己的不足，再到悟出热爱与坚持不懈是成功的重要条件，由此，学生结合所学内容形成深入认知、多角度认识和理解周围世界的能力，从而做出正确的价值判断，为实现立德树人、知行合一奠定基础。此外，在完成整个单元学习任务后，教师基于学情制定可操作、可检测的目标，构建清晰的评价标准，并为学生提供足够的时间与空间反思和调控学习进度，使其学习不断深入，让课程内容助推学生成长。教师为学生设计了自我评价标准，积极渗透育人目标的评价。最后，教师的评价以积极反馈为主，注重对学生学习过程、认知过程和成长过程的评价，以增强学生学习的成就感。

Learn new things, enjoy colourful life
A new student

迈着轻盈欢快的脚步，我们走进校园。今天我们将迎来一位新同学 Nancy Black，我们将带领她熟悉美丽的校园环境、了解校园设施、一起参加学校的特色活动，快快做好准备迎接新同学吧！

基础性任务：

Getting to know places in the school.

热爱校园，和我们的校园设施亲密接触。

探究性任务：

Talking about classrooms and culture.

欢乐英语角，畅所欲言争做听说小达人！

拓展性任务：

Getting to know fantastic stories at school.

沉浸体验阅读角，畅享有趣的校园故事！

实践性任务：

Drawing your ideal school.

打开想象的大门，亲手绘制心目中理想的校园。

Nancy 怀着激动的心情来到了新学校，同学们非常期待新同学的到来，并打算带着她游览校园，体验学校的各种特色活动，让我们一起去看看吧！

基础性任务：介绍校园设施 体验助人乐趣

【V】ACTIVITY 1：Which one is Nancy's new school?

老师带着 Nancy 进入校园，同学们争相为她介绍校园情况。根据同学们的介绍，你能判断出哪一张图片是 Nancy 的新学校吗？

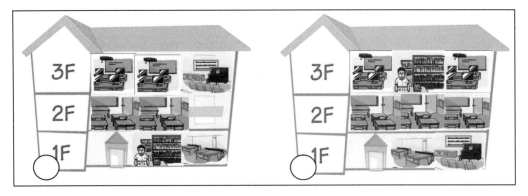

【V】ACTIVITY 2：Match the pictures with the explanations.

Nancy 想了解这些校园设施日常是如何使用的，一起帮帮她吧！

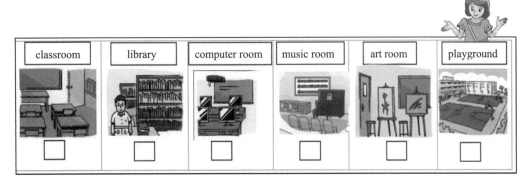

a. My teacher often plays the piano for us in this room.

b. Students can paint pictures in this room.

c. We spend most of our time learning Chinese, English and Maths in this room.

d. Things like books, magazines and newspapers are kept here for students to read.

e. Students are able to learn how to use a computer here.

f. It is an outdoor area where children can play, especially at a school.

Assessment time

探究性任务：体验校园活动，探索学习的乐趣
English Corner 英语角

【E】ACTIVITY 1：Introduce Nancy's new classroom.

Nancy 在向英语角的同学们展示她新教室的照片，可是图片不清楚了，你能帮她介绍一下新教室吗？

This is ...
There is a ... It's ...
There are ... They're ...
There is not a ... in my classroom.
There are not any ... in my classroom.

【E】ACTIVITY 2：Talk about the differences between British English and American English.

学生们在英语角讨论英式英语与美式英语的不同，快快加入进来吧！

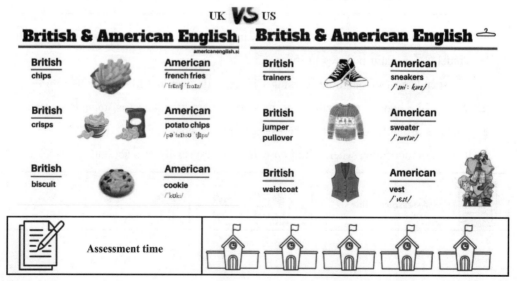

Assessment time

拓展性任务：体验校园活动，畅享有趣的校园故事
Reading zone 阅读角

【R】ACTIVITY：Order the pictures.

来到了图书馆，Nancy 找到了一本讲校园里发生的有趣故事的故事书，可由于这本故事书太受欢迎，已经被传阅掉页了，我们一起帮忙读一读并排一排序吧！

(　　)　　　(　　)　　　(　　)　　　(　　)　　　(　　)

1. Zob is an Alien. On Monday, he comes down to Earth and goes to school.

2. He has to get a new maths book from the teachers' office. Jen shows him which way to go. Billy helps.

3. Zob goes up to the first floor, past the library, past the language room, and then turns left.

"Now where? Is this the teachers' office?"

"No. This is the art room."

4. Zob starts again. He goes up to the first floor, past the library, past the computer room, and then turns right.

"Is this the teachers' office?"

"No. This is the music room. It's next to the science lab."

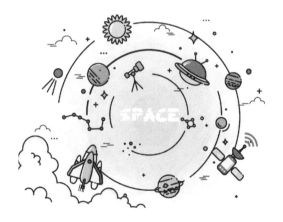

5. When Zob gets back to class, the maths class is over.

"Did you get lost?"

"Yes."

"I just followed the map."

"But that's a space map, Zob!"

"The school map is here!"

 Assessment time

实践性任务：体验校园活动，亲手绘制理想校园

Art zone 美术角

【E】ACTIVITY 1：Draw your ideal school.

你理想中的校园是什么样子的呢？快快拿出画笔，把它画出来吧！

【E】ACTIVITY 2：Introduce your ideal school to your friends.

你的想象力太丰富了，想把你理想的校园介绍给你的朋友们吗？快来试一试吧！

【C】ACTIVITY 3：Finish the introducing card for Sam.

瞧，这是 Sam 画的理想校园，让我们观察图片，一起帮他完成下面的校园介绍卡片吧！

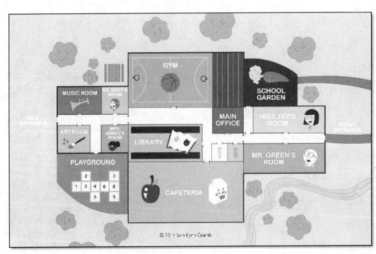

My ideal school

　　This is my ideal _____ . There is a _____ in the school. We usually have Music lessons in it. Opposite the music room, there is an _____ room. We enjoy drawing pictures there. We also have g_____ and a l_____ in the school. Students can read books and do their homework in the library. The places I like best are the p_____ and the school g_____ . We can play in the playground after class and we can pick up vegetables in our school garden!

 Assessment time

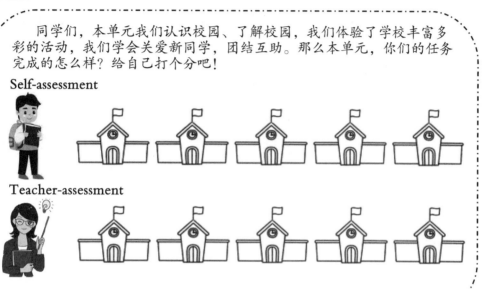

【五年级英语学习单设计意图】

本单元学习单通过创设生动、真实的语言情景，激发学生的学习兴趣和积极性，从而有效提升学生的自主学习能力，提升学生的英语综合素养，为其语言能力的长期发展奠定坚实基础。

1. 情境创设激发兴趣。

本单元主题是校园生活，学习单由一段话"迈着轻盈欢快的脚步，我们走进校园。今天我们将迎来一位新同学 Nancy Black，我们将带领她熟悉美丽的校园环境、了解校园设施、一起参加学校的特色活动，快快做好准备迎接新同学吧！"把学生带入大单元语言学习情境中。

接下来，同学们开始带领新同学熟悉校园设施和课程情况，和新同学一起体验学校丰富多彩的活动，这里有欢乐英语角、趣味阅读角，还有创意美术角，整个过程衔接自然流畅。这种真实情境的创设使学生感受到英语就在身边，与日常生活紧密相连，从而提高了他们学习英语的积极性和主动性，增强了语言学习的实际效果。

2. 目标导向明确任务。

学习单中每个情境有特定的具体目标和任务，包括词汇掌握、句型运用、语法理解以及口语表达和阅读等方面的要求。让学生介绍校园和课程可以保障学生本单元目标词汇的学习和应用；"英语角"训练学生的句型使用、口语表达以及语法理解方面的能力；"阅读角"锻炼学生阅读技能，培养学生阅读能力；"美术角"培养学生创新实践和文本表达的能力。

本单元学习单在情境中将抽象的英语知识具象化，使学生能够身临其境地感受英语的实际运用，从而极大地激发他们的学习热情和主动参与意识，让他们在轻松愉悦的氛围中开启自主学习之旅。

Chinese New Year

Chinese New Year is coming! Let's find and learn more interesting facts about the festivals and make a pamphlet. Choose the tasks you like and let's begin our journey.

同学们，让我们展开一场中国节日探索之旅吧！

Task 1: Review the festivals

China has a long and rich history.
We have many traditional festivals.
Do you remember them?

同学们，你们还记得哪些中国传统节日呢？

Task2: The activities of the festivals

We do different things at different festivals.
Let's find more about the festivals.

同学们，你们知道多少节日相关的习俗呢？

Task 3: Chinese New Year

Do you want to know more
about Chinese New Year?
Let's do some surveys.

关于春节你们知道多少？

Task 4: Fun in New Year

What are you going to do this
Chinese New Year?

你们打算怎么度过今年的春节呢？

HAPPY CHINESE NEW YEAR

Let's start our festival research!
让我们开始节日探索之旅吧！

Task 1　Review the traditional festivals in China

Can you write down the names of those festivals we learned？

同学们，还记得五年级我们学过的这些节日名称吗？一起来写一写，看谁又快又好！

_____　　_____　　_____

_____　　_____

Let's find more traditional Chinese Festivals.

中国文化源远流长，还有很多传统节日等着我们去了解，试着将下面图片中的节日中英文名称连一连吧！

Laba Festival　　　Double Seventh Festival　　　Qingming Festival

Assessment time

Task 2　Explore the activities of the festivals

Can you match the foods and activities with the festivals?

同学们，还记得这些传统佳节有哪些传统美食和有趣的活动吗？试着连一连线！

　　Spring Festival　　

　　Dragon Boat Festival　　

　　Mid-Autumn Festival

　　Double Ninth Festival　　

　　Lantern Festival

　　Qingming Festival　　

Power up　你能说出下面短语的意思吗？

guess the lantern riddles	sweep the tombs
fly kites	clear and bright day
watch the moon	worship the ancestors

Assessment time

Task 3　Learn our most important festival

Let's do a research on our most important festival.

春节知多少？

Discuss with your classmates to get more information about the festival!

制作春节小档案并和小伙伴们交流一下，你会发现春节的更多趣事！记录下来吧！

Assessment time

Task 4 Plan your Chinese New Year

What are you going to do during Chinese New Year? Let's do a survey.

你打算怎么度过今年的春节呢？采访一下你的小伙伴吧！

What food are you going to eat?

What things are you going to buy?

Where are you going?

What places are you going to visit?

Whom are you going to visit?

Name	Activity	Food	Where	When	Whom
Mike	buy some new clothes	make some *tangyuan*		before Chinese New Year	with Helen

Can you make a short report and share your plans with other groups?

和全班分享一下你的春节计划吧！

Assessment time

Self Assessment 单元蓄能：这个单元你有什么新的发现和不足？

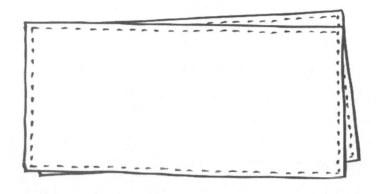

【六年级英语学习单设计意图】

　　本张学习单是六年级上册第八单元的单元整体学习设计。在整体把握单元话题和单元知识要点的基础上，我们向下衔接和涵盖了学生在五年级下册第七单元学过的中国传统节日的知识话题，希望站在小学全学段的角度，帮助学生对中国节日有全面的认知和掌握。

　　在单元导览学习单中，我们通过任务块引导学生对板块知识产生线性化认知。从复习五年级传统节日名称（Task 1）到回忆传统节日的习俗（Task 2），学生产生了节日和活动相关联的思维模式，为本单元重点学习新年每一天的活动习俗做思维铺垫。在 Task 1 中，考虑到是五年级旧知复习，我们提高了学习活动的难度：要求学生写一写节日名称、拓展要求学优生辨认教材没有提及的传统节日名称。复习中也力求体现趣味性和挑战性，通过梯度任务，帮助学生唤起旧知、引发兴趣并自我评价。

　　在 Task 2 中，我们通过图片的方式展现节日风俗和活动，要求学生将它们与中国节日匹配。复习中也体现了知识螺旋式上升的拓展：连线任务需要学生调动课外知识积累，学生也可以通过辨认传统习俗短语进行拓展和提高。活动结尾为学生自我评价。

　　在 Task 3 中，我们正式进入六年级中国新年话题，我们将春节化为一个文字符号，请学生对它进行探究式学习，让学生通过查资料、调查讨论等方式完善春节的小档案。在这个过程中，学生可以充分调动课文的春节活动知识，更可以通过自己的生活经验，丰富春节习俗的内容。在后续交流中，学生的板块知识得到了进一步完善。活动结尾可以进行同桌互评。

　　在 Task 3 中，学生拥有了比较完善的春节知识。于是在 Task 4 中，学生有了更多的语言素材来表述和讨论自己的春节计划。小组采访和记录中，反复使用本单元语言结构（be going to），也让学生在真实的语境和熟知的话题中，逐渐习得语言技能，培养语用能力。活动结尾处可以进行小组互评和老师评价。

　　整份学习单从旧知到新知、从基础任务到进阶任务、从独立任务到互访和小组统计都力图通过生动有趣的活动方式，激发学生的自主学习动力，帮助学生构建自主学习能力，在这个支架之下，学生有路径可以回顾、查找、整合知识。

第四节　科学学科案例

随着新时代的到来，科技创新推动国家经济发展的进程不断加速，做好科学教育加法变得尤为重要。苏州市沧浪实验小学校通过学习单的创新改革，促进学生科学思维、科学兴趣、科创能力一体化推进，积极探索科学教育实践育人新路径。

美食奇遇记：揭秘食物的消化之旅

无论是走路、玩耍、学习还是睡觉，我们的身体都与和外界进行着物质和能量的交换。食物是我们身体所需养料和能量的主要来源，我们吃进肚子里的食物都需要通过身体一点一点地转化为生命所需的养料和能量，这个过程叫作消化。消化对于维持我们的生命具有重要的意义，让我们来进一步探究吧！在以下任务中选择你们想要挑战的任务，画"√"。

基础任务：
食物中的能量宝藏探索
对食物进行分类，丰富对食物中的营养成分的认识。

探究任务一：
构建合理饮食结构
用自己一天中的食物搭配与科学的"膳食宝塔"比较，了解均衡膳食的意义。

探究任务二：
揭秘消化器官的作用
认识人体的消化器官，知道它们的作用。

拓展任务：
食物在人体内的奇幻旅程
描述食物在人体内的消化过程。

选择好任务后,就让我们一起开始人体奥秘探索之旅吧!

基础任务:食物中的能量宝藏探索

1. 营养原意为"谋求养生",也指人类从外界获取食物满足自身生理需要的过程,包括摄取、消化、吸收和体内利用等。食物中富含人体所需的各种营养物质。

食物中的营养成分通常分为＿＿＿＿、＿＿＿＿、＿＿＿＿、＿＿＿＿、矿物质和水。

2. 通过实验或查资料的方法,了解食物中含有哪些营养物质。(含该成分的画"√",不含的画"×")。

食物	碳水化合物	脂肪	蛋白质	维生素
馒头				
马铃薯				
西红柿				

3. 下列食物中含有的主要营养是什么?填在下方横线上。

_____ _____ _____ _____

_____ _____ _____ _____

评价加油站:
对食物进行分类,丰富对食物中的营养成分的认识。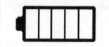

探究任务一：
构建合理饮食结构

1. 人是铁，饭是钢，一顿不吃饿得慌。记录一天中我们吃了哪些食物。

一日三餐食物统计表
___月___日 姓名：_____

早餐	午餐	晚餐

2. 对比居民膳食宝塔，说一说你的一日三餐有什么需要改进的地方。

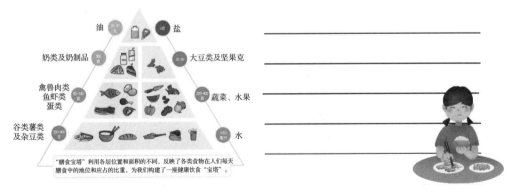

评价加油站：
了解膳食宝塔，认识均衡膳食的意义。

探究任务二：揭秘消化器官的作用

1. 下列不属于人体消化器官的是（　　）。

　　A.　　　　　　　B.　　　　　　　C.

2. 穿越消化系统。

（1）材料准备：大张纸板、彩色马克笔、A4 纸、苹果、丝带。

（2）制作步骤：

① 在纸板上画出人体消化系统的各个结构；

② 将 A4 纸裁剪成条状，首尾相连卷成纸圈，粘贴在消化系统的结构图上；

③ 把丝带系在苹果柄上；

④ 模拟苹果被消化的过程，让丝带以此穿过消化系统结构图上的纸圈。

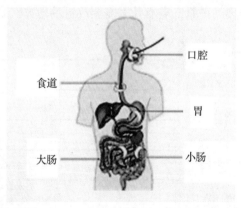

评价加油站：	
认识人体的消化器官，知道它们的作用。	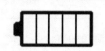

拓展任务：食物在人体内的奇幻旅程

1. 漫画故事：食物的奇妙旅程。

食物在人体各个消化器官"旅行"的过程中会发生什么呢？请你发挥创意，运用我们学习到的知识内容，创作一个主题为汉堡的"旅行"的漫画故事。故事的开头两格已经给出，如果格子不够用，你可以在空白的 A4 纸上继续作画；如果不想画画，可以写字代替。

评价加油站：	
描述食物在人体内的消化过程。	

蓄能进阶

1. 本单元学习，我在科学知识方面最大的收获是：
   （   ）
2. 本单元学习，我掌握了什么科学思维方法？
   （   ）
3. 我的动手能力在哪个活动中得到了加强？
   （   ）

【案例解析】

随着人们对健康生活的追求和对科学教育的重视，将科学学习与日常生活相结合的教学模式日益受到青睐。在教科版科学四年级上册《呼吸与消化》单元的学习中，学生已经初步了解消化系统的结构和功能。为了加强学习效果，我们设计了本学习单，旨在通过实践操作和亲身体验，使学生更加深入地理解消化过程及其对人体健康的重要性，并培养科学探究能力和健康生活习惯。

本学习单围绕消化系统的结构与功能，设计了四个核心任务，旨在通过多样化的学习方式，加深学生对消化的理解。在"基础任务：食物中的能量宝藏探索"中，学生可以小组合作，制作食物分类海报，展示各类食物及其主要营养成分。在"探究任务一：构建合理饮食结构"中，学生自行记录一天的食物摄入，包括种类、数量和大致的营养成分，制订个人或小组的饮食调整计划，并尝试实施。在"探究任务二：揭秘消化器官的作用"中，学生制作消化器官模型或绘制消化过程示意图，标注各器官名称和作用；进行角色扮演游戏，扮演不同的消化器官，通过对话和动作展示消化过程。在"拓展任务：食物在人体内的奇幻旅程"中，学生自行创作食物消化过程的连环画或故事，用图画和文字描述；进行班级分享，评选最佳创意作品，将所学知识以多种形式呈现。

我们注重过程性评价和表现性评价的结合，通过观察学生在活动中的表现、实验操作的准确性、讲解内容的丰富性和逻辑性等方面进行评价。同时，我们也鼓励学生进行自我评价和同伴评价，在培养他们的自我评价能力和团队合作精神的同时，教师也得以根据反馈调整教学策略，确保教学活动更加贴近学生的实际需求，有效提升了教学质量。

计量时间

从前，人类经历了一段没有钟表的时期。他们怎样来安排工作和生活呢？他们怎样知道时间？后来又怎样发明了计时的钟表呢？今天就让我们一起走进时间博物馆，探索计时工具的奥秘吧！

在以下任务中选择你们想要挑战的任务，画"√"。

基础任务：古钟探秘行

了解计时工具的发展历史，认识各种古代计时工具。

探究任务一：水速计时趣

探究水流速度的变化，理解水钟计时的方法。

探究任务二：摆动探因乐

发现摆的等时性，根据实验现象推测摆的摆动快慢与什么因素有关。

拓展任务：小小水钟师

根据水钟的计时原理，设计制作一个计时10分钟的水钟。

选择好任务后，就让我们一起开启时间之旅吧！

基础任务：古钟探秘行

1. 想一想：古人利用太阳来进行计时，发明了日晷和圭表，他们是利用什么变化来计时的？

日晷利用太阳光影子的_____变化　　　圭表利用太阳光影子的_____变化

2. 搜集资料，看一看以下两种水钟分别是什么类型的水钟？

_____水钟　　　　　　　　　　　　　_____水钟

3. 连一连：请将下面计时工具与对应的名称连线。

机械摆钟　　　　沙漏　　　　石英钟表　　　　燃香

评价加油站：

能知道计时工具的发展历史，认识各种古代计时工具。　　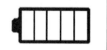

探究任务一：水速计时趣

把一个透明塑料饮料瓶去掉底部，倒过来盛水，在瓶盖上扎一个小孔，让水可以从小孔中缓缓流出。

1. 观察水流的速度。

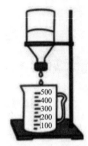

图中装置的水流速度_____。
（填"均匀"或"不均匀"）

2. 测量水流速度的变化。

测量杯内的水积聚"第1个50毫升""第2个50毫升""第3个50毫升"所用的时间_____。

3. 让水以均匀的速度往下流。

容器里的水以均匀的速度往下流　　保持一直加水　　多余的水流到分水槽，保持水位不变

当容器中_____时，水以均匀的速度从容器底部流出。

4. 右图是古代人们用来计时的水钟，仔细观察，回答下列问题。

（1）这个水钟的溢水口的作用是（　　）。

A. 为了美观　　B. 使漏斗内水面高度保持不变

C. 让杂质或脏水从溢水口流出

（2）这个水钟的水从漏斗出水口流入下方容器的速度（　　）。

A. 固定不变　　B. 不断加快　　C. 不断减慢

评价加油站： 能通过实验发现影响水流速度变化的主要因素，理解水钟计时的方法。

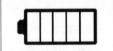

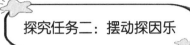 探究任务二：摆动探因乐

1. 思考：摆的快慢和什么因素有关？

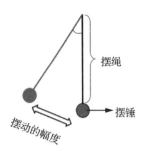

2. 尝试调整你自己制作的摆的摆绳长短，看看对摆动快慢的影响。

不同绳长的摆 30 秒摆动次数记录表

摆绳长度/厘米	第一次	第二次	第三次
10			
15			
20			

3. 尝试调整你自己制作的摆的摆锤轻重，看看对摆动快慢的影响。

不同质量的摆 30 秒摆动次数记录表

摆锤质量/克	第一次	第二次	第三次
20			
40			
60			

评价加油站：
发现摆的等时性，能根据实验现象推测摆的摆动快慢与什么因素有关。 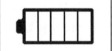

拓展任务：小小水钟师

让我们制作一个计时 10 分钟的水钟。

1. 请你思考，并把你的答案记录下来。

① 你准备做一个什么类型的水钟？

② 你需要哪些材料？

③ 如何来划分 10 分钟的时间刻度？

2. 用画图的方法把你的设计方案表示出来吧！

材料	
设计方案	

3. 按照自己的设计，加工组装我们的水钟吧！

评价加油站：	
根据水钟的计时原理，设计制作一个计时 10 分钟的水钟。	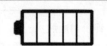

蓄能进阶

1. 本单元学习，我在科学知识方面最大的收获是：
   (   )
2. 本单元学习，我掌握了什么科学思维方法？
   (   )
3. 我的动手能力在哪个实验中得到了加强？
   (   )

【案例解析】

在本单元中，学生将系统性地探索人类计时工具发展历程中的几个标志性阶段，从古老的日晷，再到水钟，然后为相对精确的摆钟。此过程旨在培养学生观察并分析这些计时工具间差异的能力，同时深入理解其精确计时的科学原理。基于这些理论知识，学生将动手实践，模拟设计与制作水钟、摆钟等简易计时装置。回顾整个单元的学习历程，学生将能够明确地认识到：具有一定周期性运动的事物可用于计时。

在设计小学科学《计量时间》这一单元的学习单时，我们致力于创造一个既富有教育意义又充满乐趣的学习环境。核心理念在于通过自主探索、实践操作，让学生深入理解计时工具的科学原理。本单元学习单围绕计时工具的历史及原理，通过一系列互动性强、实践性高的教学活动，引导学生观察、实验、讨论，深入理解计时工具，掌握准确计量时间的方法，并能够运用所学知识解决实际问题。

本学习单由四个任务构成，在"基础任务：古钟探秘行"中，学生通过了解计时工具发展历史，体会重大的发明和技术会给人类社会发展带来的深远影响和变化。在"探究任务一：水速计时趣"中，在教师的指导下，学生通过多次的观察、推测、实测水流时间，进一步完善对水流流动速度的认识，理解水钟计时的方法。教师需要引导学生研讨、总结水钟计时的核心知识，为拓展任务中制作水钟进行铺垫。在"探究任务二：摆动探因乐"中，教师引导学生讨论并预测影响摆的摆动速度的因素，并通过两组对比实验分别研究摆锤质量、摆绳长度与摆动速度的关系。学生通过研究摆钟，进一步提高计时的精确性。最后是"拓展任务：小小水钟师"，学生在对水流特点认识的基础上，开始设计制作自己的水钟。这是学生在本单元经历一项简易工程的过程，学生将自己简单的创意转化为实物，体会完成一项工程的基本过程，进而获得进步的成就感。

总之，小学科学《计量时间》单元的学习单设计旨在通过自主探索、实践操作和互动讨论等方式，激发学生的学习兴趣和动力，同时发挥评价在诊断学习成效、激励学习动力、促进反思与调整等方面的作用，最终提高教师的教学效率，增强学生的自主学习能力和科学素养。

能　量

我们身边发生的每一件事情，都和能量有着密切的关系。世间万物的运动都依靠能量驱动，如生活中驾驶汽车、开灯照明等都在进行能量转换。人类的生产生活离不开能量的应用，我们来探索能量的秘密吧！

在以下任务中选择你们想要挑战的任务，画"√"。

基础任务：能量小达人
做个有心人，看看生活中有哪些形式的能量存在。

探究任务一：电的"磁"密码
电在我们的生活中非常常见，电流与"磁"会碰撞出什么火花？

探究任务二：电磁铁奥秘
认识电磁铁，知晓电磁铁的用途，通过实验探究电磁铁磁性强弱与什么因素有关。

拓展任务：神奇小电动机
玩转小电动机，认识小电动机的组成部分，熟悉小电动机的运转原理。

选择好任务后，就让我们一起体验神奇的能量吧！

基础任务：能量小达人

1. 我们身边有很多的能量形式，都有自己的用途，把表格填写完整。

观察到的现象	能量的来源	物体发生的变化
转动的电扇	_____	叶片的转动
风筝在天上飞	_____	风筝飘在天上
煮熟锅里的食物	热	食物由生变熟
磁铁吸铁钉	_____	铁钉被吸在磁铁上
电灯泡亮	电	灯泡发光
燃气热水器	_____	_____
超声波清洗眼镜	超声波	_____

2. 公园里也有许多能量的表现形式，你能找出几种？分别是什么呢？写一写。

评价加油站：
　　看看生活中有哪些能量形式的存在，至少能说出 5 种以上。

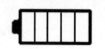

探究任务一：电的"磁"密码

1. 1820年丹麦科学家奥斯特在一次实验中，偶然让通电导线靠近指南针，发现了一个奇怪的现象，查阅资料，看看奥斯特究竟发现了什么吧！

2. 动手完成第一组实验——探究简单电路通路以及短路状态下小磁针的变化。把观察到的现象用图画的形式记录下来。

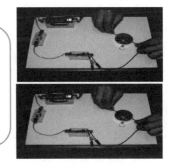

3. 动手完成第二组实验——通电线圈作用下小磁针的变化。把观察到的现象用图画的形式记录下来。

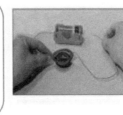 

评价加油站：
　　能正确有序地进行实验，并完成实验现象的记录。

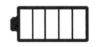

探究任务二：电磁铁奥秘

1. 下面这些都是电磁铁在生活中的应用，想想电磁铁还能用在哪些方面，为什么能产生这么大的磁性。

| 电铃 | 扬声器（喇叭） | 电磁起重机 | 磁悬浮列车 |

2. 电磁铁磁性强弱与什么因素有关？完成两个实验并依次填写表格。

研究的问题			
我们的假设	电流大，磁性强；电流小，磁性弱		
改变的条件（变量）			
怎样改变这个条件	1.	2.	3.
实验要保持哪些条件不变			

研究的问题	电磁铁的磁性强弱与线圈匝数多少的关系		
我们的假设	线圈匝数多，磁性强；线圈匝数少，磁性弱		
改变的条件（变量）			
怎样改变这个条件	1. 20匝	2. 40匝	3. 60匝
实验要保持哪些条件不变			

3. 通过实验，我们发现了电磁铁磁性强弱的什么秘密，写一写。

评价加油站：
知晓电磁铁的用途，通过实验验证电磁铁磁性强弱与什么因素有关。

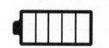

拓展任务：神奇小电动机

1. 拆开小电动机，我们发现它由三大部分组成，它们的名称分别是什么？连一连。

转子 外壳 后盖

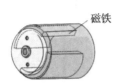 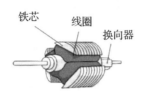 

2. 转子上有线圈绕在铁芯上，它是电磁铁吗？想办法验证你的猜想。换向器与电刷又有什么作用呢？

3. 安装转子，通过导线架给转子线圈通上电流，用一个磁铁靠近转子，转子转动了吗？把磁铁拿开，转子还能转动吗？试一试，用两个磁铁会使转子转得更快吗？

4. 通过学习，你能大致说说小电动机工作的原理吗？

评价加油站：	
认识小电动机的组成部分，熟悉小电动机的运转原理。	

蓄能进阶

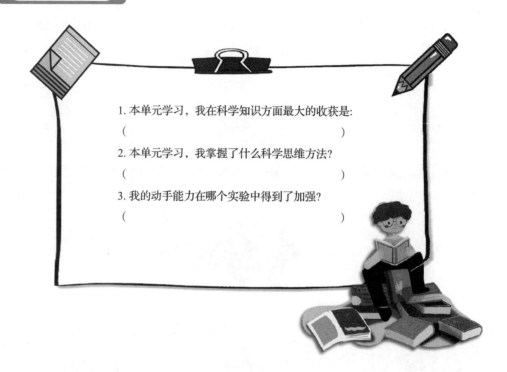

1. 本单元学习，我在科学知识方面最大的收获是：
（　　　　　　　　　　　　　　　）
2. 本单元学习，我掌握了什么科学思维方法？
（　　　　　　　　　　　　　　　）
3. 我的动手能力在哪个实验中得到了加强？
（　　　　　　　　　　　　　　　）

【案例解析】

在本单元，学生将探索能量的基本概念、形式、转换以及在日常生活中的应用，这对学生的实验能力、观察能力、记录能力提出了一定的要求。本案例旨在通过一系列探究任务，帮助学生由表及里去理解能量的本质，掌握能量转换的基本规律，并培养他们实验、观察、分析和解决问题的能力。

本学习单以学生实验为主体、实验记录为载体、习题练习为辅助进行撰写，均衡动手实践与动脑构思，达到知行合一的目的。我们也注重学生的获得感与自我评价，在不加重学生学业负担的前提下，让学习形式更加多元化、灵活化。

本学习单由四个主题任务构成，在"基础任务：能量小达人"中，我们从身边常见的现象出发，挖掘出其中蕴含的能量，使得学生初步体会到能量的存在。再让学生找一找公园中的能量，达到初步掌握能量概念的目的。"探究任务一：电的'磁'密码"中，我们参照书本的教学顺序，设置三个小实验，让学生层层递进，不断去探索"磁场是如何产生的、磁场是如何越来越强的"这两个问题。一边实验一边记录，不错过实验的细节现象。"探究任务二：电磁铁奥秘"以"电磁铁磁性强弱影响因素"为抓手进行展开，学生分组进行实验，在实验中去发现电流大小、线圈匝数是怎么影响磁性强弱的，并主动填写实验记录表，达到及时巩固的目的。"拓展任务：神奇小电动机"是本单元学习难点，学生对小电动机构造往往不是很了解。通过连一连的方式，学生初步了解了小电动机的构造，然后由表及里去探索转子的组成、换向器与电刷的作用、转子转动速度的秘密等问题，从而把握小电动机的构成与原理。

最后的"蓄能进阶"中，教师引导学生说一说自己的收获、科学思维与动手能力的提升方面等，通过自评与教师评价让学生感受学习科学的乐趣与学业进步的欣喜。

第五节　跨学科案例

《义务教育课程方案（2022 年版）》明确提出义务教育课程应遵循"加强课程综合，注重关联"的原则，强调加强课程内容与学生经验、社会生活的联系，强化学科内知识整合，统筹设计综合课程和跨学科主题学习，开展跨学科主题教学，强化课程协同育人功能。本章节立足跨学科主题学习理念与实践指导，以实践为原则，以综合为方法，打造完整、可操作的跨学科全程学习单，帮助教师转变传统育人方式，因地制宜开发有特色的跨学科主题学习课程资源，从而促进学生综合素养提升，促使教师专业能力发展。

探秘苏式花窗博物馆

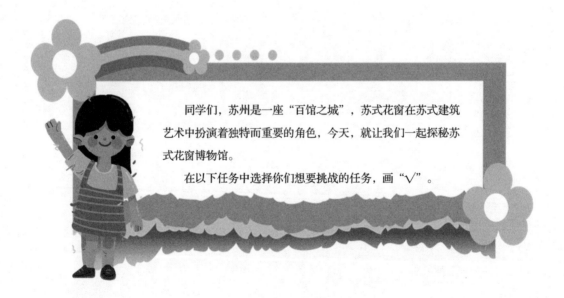

同学们，苏州是一座"百馆之城"，苏式花窗在苏式建筑艺术中扮演着独特而重要的角色，今天，就让我们一起探秘苏式花窗博物馆。

在以下任务中选择你们想要挑战的任务，画"√"。

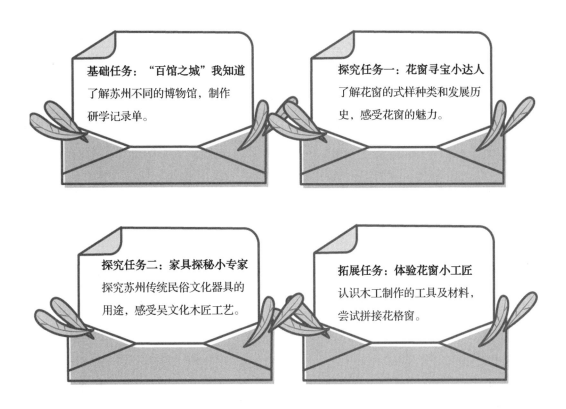

基础任务: "百馆之城"我知道
了解苏州不同的博物馆,制作研学记录单。

探究任务一: 花窗寻宝小达人
了解花窗的式样种类和发展历史,感受花窗的魅力。

探究任务二: 家具探秘小专家
探究苏州传统民俗文化器具的用途,感受吴文化木匠工艺。

拓展任务: 体验花窗小工匠
认识木工制作的工具及材料,尝试拼接花格窗。

选择好任务后,就让我们开启有趣的综合实践活动之旅吧!

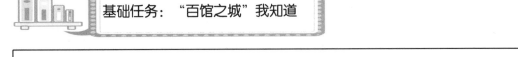

基础任务: "百馆之城"我知道

研学旅行是综合实践活动的有机组成部分。作为"百馆之城",苏州有众多的博物馆,你曾经去哪座博物馆研学打卡,把你参观打卡经历记录下来和同学们分享吧!

班级		姓名	
研学时间		研学地点	
活动一: 研学路线我绘制	你是按照怎样的路线研学打卡的?请绘制一份最佳研学打卡路线图,分享给更多的同学。|		

活动二： 沿途风景我描绘	在实地研学过程中，让你印象最深刻的是什么？请用拍照或手绘的方式记录下来。
活动三： 研学收获我分享	请晒晒你的研学收获，和大家分享此次博物馆研学的体会吧！

评价与反思

我的表现	我为自己亮星星
积极参与	☆☆☆
遵守规则	☆☆☆
勇敢表达	☆☆☆
活动成果	☆☆☆

探究任务一：花窗寻宝小达人

1. 成立"寻宝小队"。

小组名称		组长	
组员			
研究方法	（　）观察法　　　（　）调查法 （　）资料研究法　（　）经验总结法 （　）实验研究法　（　）其他：_____		

2. 寻一寻，再连线。

　　最生动的花窗　　重工满雕的花窗　　屏风功能的花窗　　可以行走的花窗

年代最久远的花窗　　最稀有材料的花窗　　最有福气的花窗　　最文气的花窗

3. 你知道下面这些花窗纹样、图案的寓意吗？

评价与反思

我的表现	我为自己比个"耶"
我能区分花窗的不同种类	✌ ✌ ✌
我知道简单的花窗纹样及图案的寓意	✌ ✌ ✌
我积极探究花窗的发展历史	✌ ✌ ✌

探究任务二：家具探秘小专家

1. 你知道以下苏式家具的名字吗？它们分别有什么作用？

图片1　　　　　　　图片2　　　　　　　图片3

探秘内容	图片1	图片2	图片3
名称			
用途			

2. 选择一个花窗博物馆中的苏式家具进行体验，了解相关的江南民俗文化。

蔗凳　　　　　　　纺车　　　　　　　糕点模具

我体验的苏式家具是_____，它是_____。

3. 你还知道哪些苏式小家具？制订一次苏式家具寻访计划。

寻访计划表

寻访对象			
寻访时间		寻访地点	
寻访问题			
人员分工			
所需工具			

拓展任务：体验花窗小工匠

1. 看一看，连一连。

把木材表面刨光或加工方正　　　用于凿眼、挖空、剔槽、铲削锯　　　割木料

2. 做一做：做实验，发现不同木料的特性。

实验材料：各种木材、锤子、放大镜、酒精灯、镊子、小刀、水槽等。

实验方法：（1）用放大镜看，发现＿＿＿＿＿＿＿＿＿＿＿＿＿＿＿＿＿＿＿＿＿。

　　　　　（2）用小刀刻划，发现＿＿＿＿＿＿＿＿＿＿＿＿＿＿＿＿＿＿＿＿＿。

　　　　　（3）用酒精灯烧，发现＿＿＿＿＿＿＿＿＿＿＿＿＿＿＿＿＿＿＿＿＿。

　　　　　（4）都放入水中，发现＿＿＿＿＿＿＿＿＿＿＿＿＿＿＿＿＿＿＿＿＿。

3. 拼一拼：选择图纸，拼花窗。

晒晒我的作品：

评价与反思

评价内容	高度达成	基本达成	有待努力
了解苏式家具的发展历史，体验苏式家具结构的巧妙，感受木匠工艺			
知晓花窗制作的流程与工艺，认识花窗制作的工具和材料			

蓄能·进阶

1. 通过本次活动，我们小组的研究成果有：（　　　　　　）
2. 我们在此次探究过程中，遇到了（　　　　　　）的困难，我们是这样解决的：（　　　　　　）
3. 在综合实践的活动过程中，我还有以下研究收获：（　　　　　　）

【案例解析】

苏州是一座"百馆之城"。作为苏式家具的代表，苏式花窗在苏式建筑艺术中有着举足轻重的作用，其制作技艺是联合国人类非遗代表作"苏州香山帮传统建筑营造技艺"的重要组成部分。

跨学科学习单"探秘苏式花窗博物馆"旨在充分发挥苏式花窗博物馆作为苏州市未成年人社会实践体验站的重要载体作用，让学生以学习单为抓手，在参观、探究、实践、体验的过程中，经历信息的收集、整理和分析等过程，通过小组合作、多元评价，充分感受苏州地域文化特色，学习了解非遗制作工艺，从而提高综合应用多学科知识、自主解决实际问题的能力。

本学习单主要由四个主题任务构成，在"基础任务：'百馆之城'我知道"中，教师可以引导学生结合研学经历，自主制作研学记录单，让学生充分感受苏州不同博物馆的魅力。"探究任务一：花窗寻宝小达人""探究任务二：家具探秘小专家"，适用于已经参观过苏式花窗博物馆的学生或由教师带领学生在参观苏式花窗博物馆的过程中完成,能够有效帮助学生了解花窗的式样种类和发展历史,感受花窗的魅力;探究苏州传统民俗文化器具的用途,感受吴文化木匠工艺。而"拓展任务:体验花窗小工匠",对学生的动手能力有一定的要求,学生须在认识木工制作的工具及材料的基础上尝试完成花格窗的拼接。

此外,本学习单突出发展导向,通过在不同任务中设置自我评价、同伴互评、教师评价等多元评价方式,以评价促进学生综合素质持续发展。

解锁国潮养生茶文化

中国茶文化博大精深,源远流长,茶文化中的养生之道,更是以其独特的魅力,深受国人的关注与重视。当下,国潮养生茶饮风靡全国,同学们,你们对此感兴趣吗?今天,就让我们一起来解锁国潮养生茶饮吧!

在以下任务中选择你们想要挑战的任务,画"√"。

基础任务:养生茶饮我知道
了解中国传统茶文化,探究养生茶饮的成分。

探究任务一:功效探究小能手
了解养生茶饮的发展历史和功效,感受古人的智慧。

探究任务二:茶饮设计小专家
探究食材功效,设计一款适宜的养生茶饮。

拓展任务:茶饮制作小导师
认识制作茶饮的工具及步骤,尝试制作养生茶饮。

选择好任务后,就让我们开启有趣的综合实践活动之旅吧!

基础任务：养生茶饮我知道

同学们，调查法是综合实践活动研究的重要方法。善于观察的你们，想必一定留意到生活中的养生茶饮了，请把你们了解到的信息记录下来和同学们分享吧！		
班级：_____ 姓名：_____		
茶饮名称		
成分		
味道		
功效		
注意事项		

评价与反思

我的表现	我为自己亮星星
积极参与	☆☆☆
遵守规则	☆☆☆
勇敢表达	☆☆☆
活动成果	☆☆☆

探究任务一：功效探究小能手

1. 你知道以下养生茶饮的名称吗？试着连一连。

  桑菊饮   金银花茶   山楂荷叶饮   百合饮

2. 选择一个你们小组感兴趣的养生茶饮进行探究，体验古人智慧的结晶。

小组名称			组长	
组员				
研究方法	（　）观察法　　　　（　）调查法 （　）资料研究法　　（　）经验总结法 （　）实验研究法　　（　）其他：_____			
研究价值				
活动过程	时间	地点	活动内容	负责人

探究任务二：茶饮设计小专家

同学们，生活中很多常见的食材都有养生功效，你们知道多少？请你们选一选。

1. 菊花的功效是（　　）。

　　A. 明目　　　　B. 补血　　　　C. 化痰　　　　D. 止痛

2. 小明由于受到风寒，一直咳嗽，下面哪一种食材不宜食用。（　　）

　　A. 甘草　　　　B. 杏仁　　　　C. 红枣　　　　D. 陈皮

同学们，现在是什么季节？你们觉得在这个季节里适宜喝什么？和小伙伴一起创意设计一款养生茶饮吧！

小组名称		组长	
组员			
茶饮名称			
原料			
预期功效			
注意事项			

评价与反思

我的表现	我为自己比个"耶"
我能说出常见食材的名称	✌✌✌
我知道一些食材的基本功效	✌✌✌
我积极参与茶饮设计活动	✌✌✌

拓展任务：茶饮制作小导师

唐代陆羽所著的《茶经》中对制茶工具都有详细记载，体现了古代制茶工艺的精细和讲究。你知道这些工具的名称吗？

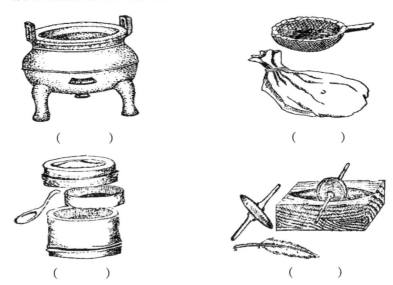

(　　)　　　　　　　　　(　　)

(　　)　　　　　　　　　(　　)

利用家中工具及食材，尝试制作一份独一无二的养生茶吧！请将你的制作步骤记录下来。

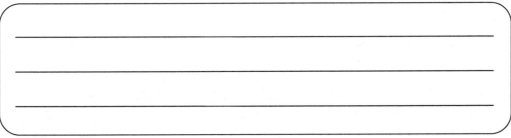

评价内容	高度达成	基本达成	有待努力
了解制茶工具的发展历史，感受古人的智慧			
了解茶饮制作的方法与流程，能利用已有工具制作茶饮			

蓄能·进阶

1. 通过本次活动，我们小组的研究成果有：（　　　　　　　　　）
2. 我们在此次探究过程中，遇到了（　　　　　　　　　）的困难，我们是这样解决的：（　　　　　　　　　）
3. 在综合实践的活动过程中，我还有以下研究收获：（　　　　　　　　　）

【案例解析】

近年来，随着人们对健康和传统文化的日益重视，国潮养生茶文化逐渐兴起，成为时下流行热潮。这种融合了传统养生文化与现代茶饮形式的新型饮品，不仅满足了当下人们对于口感和健康的双重需求，同时也推动了中国传统文化的传承与创新。

本跨学科实践课程《解锁国潮养生茶文化》通过合理的课程设置和丰富的实践活动，让学生深入了解养生茶文化的成分功效、养生理念以及制作流程，课程着重依据中药药性，带领学生认识和了解养生茶饮的成分功效并引导他们亲自动手设计合适的养生茶饮。通过小组合作、多元评价，充分了解养生茶中的有益成分及其对人体健康的益处，培养了学生的健康观念、养生意识以及人文素养，同时传承和弘扬中华优秀传统茶文化。

本学习单由四个主题任务构成，在"基础任务：养生茶饮我知道"中，教师可以引导学生结合生活经验，探究一款养生茶饮的成分、口感、功效，并在班级里进行交流。在"探究任务一：功效探究小能手"中，教师可以引导学生结合已有相关养生茶文化知识和茶饮介绍，自主合作完成探究单，让学生充分发挥自主探究能力，感受国潮养生茶文化的专属魅力。"探究任务二：茶饮设计小专家"适用于学生已经了解养生茶成分以及原料功效后完成，能够有效帮助学生了解养生茶设计过程中需要注意的各项原则，探究适合时令的养生茶饮，感受源自国潮养生茶文化以及茶叶和各类配料的独特魅力。"探究任务三：茶饮制作小导师"，需要学生了解古代制茶工艺的精细和讲究，知道制茶的工具，对学生的课外知识、动手实践能力有一定的要求。

  本学习单在"教—学—评"一体化的教学思想指导下，设置了多元评价方式，将教学与评价自然融合在一起，不同的评价方式促进了学生的自主学习，同时也改进了教师的教学。

缂丝技艺探索之旅

让我们一起踏上这段缂丝技艺探索之旅,揭开古老丝绸艺术的神秘面纱,穿梭于经纬之间,感受每一根丝线背后的匠心独运与千年传承。同学们准备好了吗?

在以下任务中选择你们想要挑战的任务,画"√"。

1、基础任务:缂丝知识我知道(　　)
走进缂丝博物馆,发现经纬交错间的秘密,感受缂丝艺术的文化魅力。

2、探究任务一:缂丝的历史与发展(　　)
探究缂丝的历史和发展,了解它的文化内涵和发展脉络。

3、探究任务二:缂丝的技法与实践(　　)
探索学习缂丝的技法,对缂丝进行配色实践。

4、拓展任务:缂丝线稿我设计(　　)
以速写、摄影、素描等形式捕捉创作灵感,创意设计自己的缂丝线稿。

让我们携手步入缂丝的世界,共同见证那些细腻精致、色彩斑斓的织物如何在匠人的手中绽放出不朽的光彩。

基础任务：缂丝知识我知道

　　亲爱的同学们，欢迎你们来到一场特别的探索之旅！我们即将穿越回古代，走进一个色彩斑斓、细腻精致的世界——那里有一种叫作"缂丝"的神奇技艺，今天，我们就将化身为小小探险家，手牵手走进丝绸博物馆，去揭开那些藏在经纬交错间的秘密，感受千年传承的文化魅力。你们准备好了吗？

班级		姓名	
研学时间		研学地点	
活动一： 研学采风我来拍	让我们带上相机，去博物馆采风，感受魅力，汲取灵感。		
活动二： 缂丝秘密我发现	一起去发现博物馆里缂丝机的小秘密，你发现了什么原理？		
活动三： 研学收获我分享	请晒晒你的研学收获，分享一下你今天的收获和心得！		

 评价与反思

我的表现	我为自己亮星星
我能积极参与研学活动	☆ ☆ ☆
我能敢于思考，探索发现	☆ ☆ ☆
我能勇敢表达收获的喜悦	☆ ☆ ☆

探究任务一：缂丝的历史与发展

1. 成立探究小组。

问题1：你们通过哪些渠道了解缂丝方面的知识？（例如纪录片、图书等）

问题2：小组以何种形式分享获得的学习成果？（手抄报或PPT等）

小组名称		组长	
组员			
探究方法			
汇报方式			

2. 这些缂丝作品分别是什么朝代的？请你连一连。

缂丝群仙拱寿图　　　　瑶池吉庆图轴　　　　岁寒三友图轴

清代　　　　　　　　宋代　　　　　　　　明代

3. 缂丝历史我知道。

> 缂丝是中国传统丝绸艺术品中的精华，是一种以_____为经线，_____为纬线，采用_____的方法织成的平纹织物。
> _____年5月，苏州缂丝织造技艺入选第一批国家级非物质文化遗产名录；
> _____年9月，缂丝又作为中国蚕桑丝织技艺入选世界非物质文化遗产。代表性传承人有_____、_____、_____、_____等。

探究任务二：缂丝的技法与实践

1. 请你标出经线和纬线。

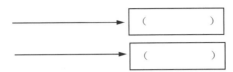

缂丝织物结构示意图（资料来源：中国数字科技馆网站）

2. 技法辨识。

缂丝技法包括掼、结、长短戗、木梳戗、凤尾戗、包心戗法等，以下缂丝作品用的是掼织法还是结织法？

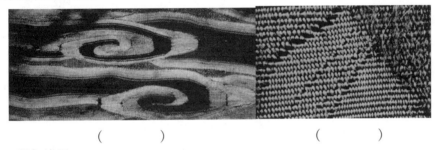

（　　　　）　　　　　　（　　　　）

3. 配色练习。

请你尝试给"中国龙"缂丝设计稿配色，注意色彩和谐。

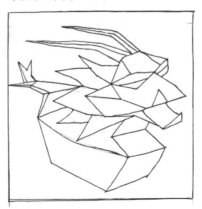

拓展任务：缂丝线稿我设计

1. 以速写、摄影、素描等形式捕捉创作灵感。

同学们，让我们走出教室，徜徉在校园中，带上相机，带上一双发现美的眼睛，在校园里捕捉创作灵感。

示范：

2. 小试身手。

① 用相机捕捉校园里的创作灵感。　　② 用速写的方式画出相应的缂丝线稿。

评价与反思

评价内容	高度达成	基本达成	有待努力
能够用相机捕捉光线、巧妙构图记录校园中的美好景色			
敢于用速写的形式创作出富有美感的缂丝线稿			

蓄能·进阶

1. 通过本次活动,我的研究成果有:(　　　　　　　　)

2. 我在此次探究过程中,遇到了(　　　　　　　　)的困难,

   我是这样解决的:(　　　　　　　　)

3. 在这次缂丝活动中,我还收获了:(　　　　　　　　)

【案例解析】

"缂丝技艺探索之旅"是一个旨在通过深度参与和亲身体验,引领学生全面探索缂丝艺术魅力的跨学科学习单。它不仅是一次艺术之旅,更是一次提升学生自主学习能力的锻炼机会。

设计理念上,我们倡导"实践出真知",鼓励学生通过走进丝绸博物馆,近距离观察、感受缂丝艺术的独特魅力;通过查阅历史资料,深入了解缂丝的历史渊源与发展脉络,增强文化底蕴。在技法实践中,学生亲手操作,体验缂丝制作的乐趣与挑战,深化对缂丝艺术的理解。最后,我们鼓励学生发挥创意,设计自己的缂丝线稿,将所学转化为个人作品,展现个人风采。

在学习过程中,学生不仅获得了丰富的艺术知识,更重要的是学会了如何自主学习、如何解决问题。他们通过查阅资料、观察实物、动手实践,逐渐形成了自己的思考方式和解决问题的方法。"蓄能·进阶"环节,我们引导学生回顾整个探索过程,思考自己的收获与不足,鼓励他们提出疑问,共同探讨解决方案。这一过程不仅加深了学生对缂丝艺术的理解,更培养了他们的批判性思维和自主学习能力。

通过缂丝探索之旅,学生不仅掌握了缂丝艺术的基本知识和技能,更重要的是学会了自主学习与解决问题,为未来的学习和生活打下了坚实的基础。在教学中使用跨学科学习单,不仅提升了学生的艺术素养,更培养了他们的自主学习能力和创新精神,为学生的全面发展提供了有力的支持。

第七章

实践成效

在教育改革与创新的大潮中,全程学习单作为一种新型的教学模式,以其独特的设计理念与实施策略,为学生提供了更加个性化、高效的学习路径。我们始终秉持着对学生全面发展的深切关怀,致力于评估这一创新实践对学生学业成绩、自主学习能力、合作学习能力、综合素养以及个性发展等方面的深远影响。通过详尽的数据分析与丰富的案例展示,本章将全面揭示全程学习单在促进学生全面发展方面的显著成效。

第一节 学生发展

学生作为教育的核心主体,其成长与进步是衡量教育实践成效的试金石。全程学习单以其独特的设计理念与实施策略,为学生提供了更加个性化、高效的学习路径,有效促进了学生的全面发展。以下我们将从学习成绩与知识掌握提升、自主与合作学习能力增强、综合素养与个性发展三个方面,详细阐述全程学习单对学生发展的积极影响。

一、学习成绩与知识掌握提升

全程学习单通过其精准定位的学习目标、细致划分的知识点以及过程性评价机制,为学生构建了一条清晰的学习路径,有效提升了学生的学习效率和知识掌握程度。

1. 数据对比:直观展现知识掌握进步情况

为了直观展示全程学习单对学生知识掌握情况的影响,我们选取了2022—2024年度学生学业成绩进行对比分析(表7-1)。(注:数据来源于苏州市沧浪实验小学校教务处)

表 7-1　2022—2024 年度学生学业成绩对比

年份	学科	平均分提升	优秀率提升	及格率提升
2022	语文	5.1%	3.3%	2.2%
	数学	3.5%	2.2%	1.6%
	英语	3.2%	2.4%	1.5%
	科学	2.9%	3.6%	1.2%
2023	语文	6.2%	6.3%	7.2%
	数学	5.3%	7.1%	8.4%
	英语	4.9%	5.5%	5.6%
	科学	3.1%	5.2%	3.1%
2024	语文	7.1%	7.2%	8.9%
	数学	6.2%	6.5%	7.6%
	英语	5.1%	5.3%	8.4%
	科学	5.6%	4.1%	4.5%

从表 7-1 可见，全程学习单的实施显著提升了学生的学业成绩。各学科的平均分、优秀率和及格率均呈现出逐年上升的趋势。特别是在 2024 年，语文、数学、英语和科学的平均分提升均超过了 5%，优秀率和及格率的提升也均达到了较高水平。这一数据充分证明了全程学习单在引导学生深入学习、提高学业成绩方面的显著成效。

2. 机制解析：全程学习单的核心优势

全程学习单之所以能够显著提升学生的知识掌握程度，关键在于其设计理念与实施机制的科学性。

明确的学习目标：全程学习单为每个学习单元设定了清晰、具体的学习目标，帮助学生明确学习方向，减少盲目性，提高学习效率。

细化知识点与梯度问题：通过将知识点细化并设置梯度问题，全程学习单引导学生逐步深入探究，从浅入深，从易到难，确保学生对知识的全面掌握和深入理解。

过程性评价机制：通过定期的自我检测、同伴互评及教师反馈，全程学习单鼓励学生及时反馈学习成效，调整学习策略，形成良性循环。这种机制有助于学生及时巩固所学知识，发现学习中的薄弱环节，并进行有针对性的补救。

个性化学习路径：全程学习单尊重学生的个体差异，提供多样化的学习资源与挑战任务，满足不同学生的学习需求，促进个性化发展。这种个性化学习路径有助于激发学生的学习兴趣和积极性，从而提高其知识掌握程度。

3. 成效展示：数据对比与分析

为了进一步说明全程学习单在提升学生知识掌握程度方面的成效，我们结合具体数据进行分析（图 7-1）。

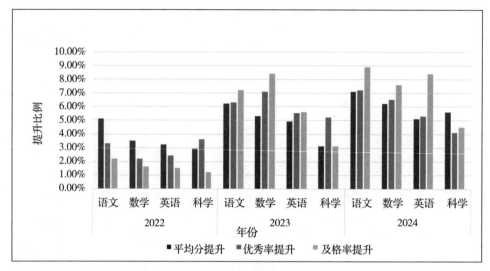

图 7-1　2022—2024 年度学生学业成绩对比

平均分提升：实施全程学习单后，各学科的平均分均有显著提升。这表明学生在基础知识掌握上取得了长足进步，对学科内容的理解更加深入和全面。

优秀率提升：全程学习单不仅有助于巩固基础知识，还能提升学生的思维能力和解题技巧，使其能够在更高层次上理解和应用所学知识。

及格率提升：及格率的提高意味着学习困难的学生得到了有效帮助。全程学习单通过细化知识点和设置梯度问题，降低了学习难度，使学生能够逐步掌握所学知识，从而提高及格率。

综上所述，全程学习单通过其独特的设计理念与实施机制，有效提升了学生的知识掌握程度。通过具体数据对比分析，我们可以清晰地看到全程学习单对知识巩固与拓展的积极影响。

二、自主与合作学习能力增强

全程学习单作为一种创新的教学模式，其核心优势之一在于其能够显著增强学生的自主与合作学习能力。这一成效不仅体现在学生日常学习过程中的行为变化上，更通过一系列具体数据得到了有力佐证。

1. 自主学习能力提升

全程学习单鼓励学生自主规划学习、自我监督，并在这一过程中逐步培养起强大的自主学习能力。以下是学生在自主学习能力方面提升的具体数据（表 7-2）。

表 7-2　自主学习能力提升情况

能力指标	提升比例
自我规划	87%
时间管理	82%
自我检测	93%

从表 7-2 可以看出，全程学习单的实施对学生自主学习能力的提升产生了显著影响。

自我规划：在使用全程学习单后，学生能够更加自主地规划自己的学习时间和学习内容。全程学习单为每个学习单元设定的清晰目标和细化知识点，使学生能够明确自己的学习方向，减少盲目性，提高学习效率。

时间管理：全程学习单通过设定阶段性学习任务和截止日期，促使学生合理安排时间，确保每个学习任务都能按时完成。这种时间管理能力的培养不仅有助于学生在学业上取得优异成绩，更对其未来的生活和职业发展具有重要意义。

自我检测：学生能够更加主动地进行自我检测，及时发现学习中的薄弱环节并进行补救。全程学习单中的梯度问题和过程性评价机制为学生提供了自我检测的机会，鼓励他们及时反馈学习成效，调整学习策略，形成良性循环。

2. 合作学习能力提升

除了自主学习能力的提升，全程学习单还显著增强了学生的合作学习能力（表 7-3）。

表 7-3　合作学习能力提升情况

能力指标	提升比例
团队协作	85%
沟通表达	80%
角色分工	76%

从表 7-3 可以看出，全程学习单的实施对学生合作学习能力的提升同样产生了显著影响。

团队协作：全程学习单鼓励学生以小组合作的形式完成任务，这促使学生学会与他人协作、共同解决问题。在小组合作的过程中，学生学会了倾听他人意见、尊重他人观点，并学会了在团队中发挥自己的优势，共同推动任务的完成。

沟通表达：全程学习单中的小组讨论和汇报环节为学生提供了大量沟通和表达的机会。通过参与小组讨论和汇报，学生学会了清晰、准确地表达自己的观点，倾听和理解他人的意见，并学会了在沟通中寻求共识和解决方案。

角色分工：全程学习单鼓励学生根据小组成员的特长和兴趣进行角色分工，这促使学生学会识别他人的优势并合理利用这些优势。在角色分工的过程中，学生学会了如何承担责任、如何与他人协作以及如何在团队中发挥自己的作用。

3. 集体荣誉与团队竞争力

为了更直观地展示全程学习单在提升学生自主与合作学习能力方面的成效，我们选取了2022—2024年度集体荣誉获得情况（表7-4）以及学生团体获奖情况统计（表7-5）。

表7-4 2022—2024年度集体荣誉统计

年份	级别	荣誉类别与数量
2022	市级	英语书写比赛二等奖等4项
	区级	先进班集体等6项
2023	市级	钢笔字比赛一等奖等6项
	区级	先进班集体等6项
2024	市级	钢笔字书写比赛二等奖等3项
	区级	先进班集体等5项

表7-5 2022—2024年度学生团体获奖情况统计

年份	级别	获奖类别与数量
2022	省级	体育1项
2023	市级	体育4项、艺术5项等23项
	区级	体育4项、艺术4项等8项
2024	市级	体育3项、科技1项等5项
	区级	科技1项

从统计数据中可以看出，全程学习单的实施显著提升了学生的集体荣誉感和团队竞争力。在市级、区级各类比赛中，学生团体获奖数量逐年增加，荣誉类别也更加多样化。这不仅体现了学生在学业上的优异成绩，更展示了他们在团队协作、沟通表达能力以及创新思维等方面的显著提升。这些荣誉的获得不仅为学生个人带来了荣誉和成就感，更为学校和班级赢得了良好的声誉和影响力。全程学习单通过鼓励学生自主规划学习、自我监督以及团队协作完成任务，显著增强了学生的自主学习与合作学习能力。

三、综合素养与个性发展

全程学习单作为一种创新的教学模式，其核心价值不仅在于提升学生的学科成绩，更在于全面培养学生的综合素养与促进学生个性发展。通过鼓励创新思维、强化实践能力、培养批判性思考，全程学习单为学生的全面发展提供了坚实的支撑。

1. 综合素养提升

全程学习单不仅关注学科知识，更重视学生的创新思维、实践能力、批判性思考等综合素养的培养，为学生的个性发展提供了广阔空间（表7-6）。

表 7-6 综合素养提升情况

素养指标	提升比例
创新思维	84%
实践能力	81%
批判性思考	77%

从表 7-6 可以看出，全程学习单在培养学生综合素养方面取得了显著成效。

创新思维：全程学习单鼓励学生跳出传统思维模式，勇于尝试新的学习方法和解题策略。通过参与项目式学习、跨学科整合等活动，学生学会了从不同角度审视问题，提出了许多富有创意的解决方案。

实践能力：全程学习单注重将理论知识与实践活动相结合，鼓励学生将所学知识用于解决实际问题。通过参与实验操作、社会实践、志愿服务等活动，学生不仅加深了对知识的理解，还锻炼了动手能力和解决实际问题的能力。

批判性思考：全程学习单鼓励学生质疑现有知识，学会独立思考和判断。通过参与课堂讨论、辩论赛等活动，学生学会了如何分析问题、评估证据、提出观点，并学会了在多元观点中寻求共识和解决方案。

2．实践活动与创新竞赛获奖

为了更直观地展示全程学习单在培养学生综合素养方面的成效，我们统计了2022—2024 年度学生各类实践活动和创新竞赛的获奖情况（表7-7、图7-2）。

表 7-7 学生各类实践活动和创新竞赛获奖情况

年份	类别	级别	获奖项目总数/个	获奖人数/人
2022	艺术素养	省级	2	2
		区级	4	4
	语言表达	省级	8	8
		市级	21	21
	科技创新	省级	6	6
		市级	19	19
		区级	3	3
2023	艺术素养	市级	11	11
		区级	5	5
	语言表达	省级	4	4
		市级	2	2
	科技创新	省级	3	3
		市级	17	17
		区级	24	23

续表

年份	类别	级别	获奖项目总数/个	获奖人数/人
2024	艺术素养	市级	16	16
	科技创新	省级	8	8
		市级	34	34
	语言表达	省级	10	10
		市级	26	26

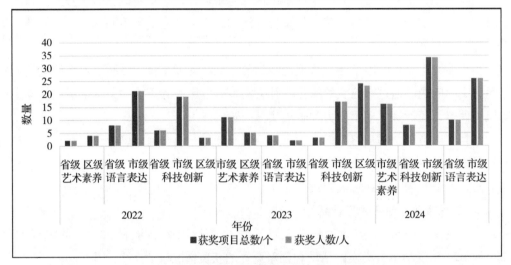

图 7-2 学生各类实践活动和创新竞赛获奖情况

从上述统计数据可以看出，学生在各类实践活动和创新竞赛中的获奖数量逐年增加，获奖级别也不断提升。这充分说明了全程学习单在培养学生综合素养方面的有效性。通过参与这些活动，学生不仅锻炼了自己的创新思维和实践能力，还学会了如何与他人合作、如何面对挑战和困难。

3. 特殊才能与个性特长发掘

全程学习单作为一种创新的教育工具，不仅致力于全面提升学生的综合素养，还尤为关注个体学生的特殊才能与个性特长的发掘与培养。以下我们精选几个案例，通过多维度分析，展现全程学习单如何精准对接学生的个性化需求，激发其内在潜能。

- 案例一：小学语文——文学新星的璀璨绽放

背景：A 同学自小对文学有着浓厚的兴趣，但传统的课堂教学往往难以满足他对深度阅读和创作的渴望。全程学习单的引入，为他提供了一个自由探索的广阔天地。通过定制化的学习任务，如"经典文学作品赏析与创意写作""现代诗歌创作与朗诵"，A 同学的文学才华得到了充分展现。

多角度分析：

创新思维：在仿写与创作过程中，A 同学不仅能模仿经典，更勇于融入个人见解，创造出具有独特风格的文学作品，展现了他非凡的创新能力。

实践能力：参与校内外的文学比赛和朗诵活动，A 同学将所学知识转化为实际操作能力，不仅赢得了多项荣誉，更在实践中锻炼了自己的舞台表现力。

个性特长：全程学习单鼓励下的个性化学习路径，让 A 同学的文学天赋得以充分释放，为他未来可能选择的文学道路奠定了坚实的基础。

- 案例二：小学数学——逻辑大师与编程天才的萌芽

背景：B 同学在数学课堂上展现了出超乎寻常的逻辑思维能力和对数字游戏的热爱。全程学习单敏锐捕捉到了这一点，为他设计了结合数学与编程的学习任务，如"利用编程解决数学问题""设计数学游戏 APP"。

多角度分析：

创新思维：在编程解决数学问题的过程中，B 同学不仅巩固了数学知识，更学会了运用逻辑思维创新性地解决问题，这种跨学科的融合学习激发了他的无限创造力。

实践能力：通过实际动手编程，B 同学将抽象的数学概念转化为具体的程序语言，这一过程极大地增强了他的动手能力和问题解决能力。

个性特长：在全程学习单的支持下，B 同学的编程才能得到了充分展现，他在校内外编程比赛中屡获佳绩，为未来的 STEM（科学、技术、工程和数学）领域发展奠定了坚实基础。

- 案例三：小学英语——跨文化交流小使者的成长之路

背景：C 同学对英语有着浓厚的兴趣，尤其擅长口语表达和跨文化交流。全程学习单为她设计了"模拟国际文化交流活动""英语戏剧表演"等任务，旨在提升她的语言运用能力和跨文化交际能力。

多角度分析：

创新思维：在模拟国际文化交流活动中，C 同学不仅学会了如何用英语介绍中国文化，还积极吸收外国文化元素，创造出新颖的交流内容，展现了她的跨文化创新能力。

实践能力：英语戏剧表演不仅锻炼了 C 同学的口语表达能力，还让她在实践中学会了团队合作与舞台表现，这些实践经验对她未来的社交和职业发展都大有裨益。

个性特长：全程学习单为 C 同学提供了一个展示自我、拓宽视野的平台，她在校内外的英语演讲和戏剧比赛中屡获佳绩，逐渐成长为一名优秀的跨文化交流小使者。

全程学习单在培养学生综合素养与个性发展方面取得了显著成效。通过鼓励创新思维、强化实践能力、培养批判性思维以及发掘和培养学生的特殊才能与个性特长，全程学习单为学生的全面发展提供了坚实的支撑。

第二节　教师成长

在教育的广阔天地里，教师的成长是推动教学质量提升的关键力量。随着对"全程学习单：过程性评价的创新实践"的深入探讨，我们不难发现，全程学习单不仅为学生提供了自主学习的平台，更为教师的专业成长开辟了新的路径。

一、教学理念与方法革新

在苏州市沧浪实验小学校，如何在"双减"背景下实现提质增效，是每一个教师关注和思考的课题。学校要求教师压缩课堂上"教师讲"的时间，以"为学而导"为基本主张，以全程学习单为引导组织课程内容和学习资源，让学生动起来、思维深起来、知识用起来、课堂活起来，构建"为学而导"的课堂新生态，深刻转变课堂育人模式。

1. 以学生为中心的教学理念的深化

全程学习单的应用深化了以学生为中心的教学理念。这一理念强调，教学应围绕学生的需求、兴趣和能力展开，而非单纯依赖教师的讲授。通过全程学习单，教师能够更清晰地了解学生的学习进度、难点和兴趣点，从而设计出更符合学生实际的教学活动。

语文课堂上，教师利用全程学习单引导学生自主阅读、思考和表达，鼓励学生提出自己的见解和疑问，使课堂成为师生互动、共同探索的场所。数学教学中，全程学习单帮助学生明确学习目标，通过多样化的练习和实践活动，培养学生的逻辑思维和问题解决能力。英语课堂上，全程学习单则成为学生参与角色扮演、小组讨论等互动活动的桥梁，提升学生的语言运用能力和跨文化交流意识。科学教学中，全程学习单则引导学生观察、实验和记录，培养他们的科学探究精神和实证思维。

2. 混合式学习模式的探索与实践

随着科技的快速发展，混合式学习模式已成为当前教育领域的热点之一。全程学习单的应用为混合式学习提供了有力的支持。教师结合线上和线下资源，设计了一系列线上和线下相结合的学习活动，为学生提供更加灵活多样的学习路径。

在线上平台，学生通过观看教学视频、参与在线讨论、完成在线测试等，获取丰富的学习资源和信息。线下课堂则成为师生互动、答疑解惑和深化理解的场所。教师通过全程学习单收集学生的线上学习数据，了解学生的学习进度和难点，然后在课堂上进行有针对性的讲解和指导。这种混合式学习模式既充分利用了线上资源的便捷性和互动性，又保留了线下课堂的互动性和情感交流，有效提高了学习效果和学习体验。

3. 多元化评价体系的构建

全程学习单的应用促使教师构建多元化的评价体系。传统的评价体系往往过于依赖考试成绩，忽视了学生在学习过程中的表现和努力。而全程学习单则要求教师结合课堂表现、作业完成情况、项目研究成果等多种评价方式，全面、客观地评价学生的学习成果和综合能力。

语文教学中，教师通过全程学习单记录学生的朗读、写作、口语表达等方面的表现，进行综合评价。数学教学中，全程学习单帮助教师了解学生在解题过程中的思维方式和解题策略，从而进行有针对性的评价和指导。英语和科学教学中，教师通过记录学生的语言运用、实验操作和科学探究等方面的表现，全面评价学生的学习成果和综合能力。

二、教学设计与组织能力优化

在教育的不断探索与革新中，教学设计与组织能力的优化成了提升教学质量的关键所在。这一过程不仅深度聚焦于教师对全程学习单的精妙设计与灵活运用，更在于如何以此为基石，推动教学各个环节的深度精细化与高效运作。全程学习单作为教师教学的得力助手，其设计理念与实践策略的有效融合，对于促进教学活动的精准实施、学生个性化需求的满足以及教学资源的高效整合等方面，均发挥着不可替代的作用。

1. 精准教学设计的实施

全程学习单作为连接学生与教学内容的重要桥梁，其设计质量直接影响到教学目标的达成度。教师依据全程学习单的设计原则，针对不同学科特点和素养目标，进行个性化设计。语文教学中，教师通过设计与课文内容相关的拓展阅读、写作练习和口语表达活动，激发学生的学习兴趣和积极性。数学教学中，教师设计具有挑战性的数学问题或数学游戏，引导学生进行探究和发现。英语和科学教学中，教师设计跨学科的学习任务，如用英语描述科学实验过程、用科学知识解决英语问题等，培养学生的综合素养和跨学科能力。

2. 灵活教学组织的实践

通过应用全程学习单，教师具备更加灵活的教学组织能力，能够及时关注学生的学习状态和学习效果，适时调整教学策略和方法。例如，当发现学生对某个知识点理解困难时，教师可采用更加直观、生动的教学方式进行解释和演示；当发现学生的学习兴趣低落时，教师可设计更加有趣、富有挑战性的学习任务来激发他们的学习兴趣。

一个积极、和谐、富有创造力的学习环境能够激发学生的学习兴趣和积极性，提高他们的学习效果。教师通过全程学习单收集学生的反馈和建议，了解他们对课堂管理的看法和需求，从而不断改进和优化课堂管理策略。

3. 教学资源的整合与利用

教学过程中，教师积极寻找和挖掘各种教学资源，如网络资源、图书馆资源、社区资源等，并将其整合到教学设计中。这些资源可以为学生提供更加丰富多样的学习材料和实践活动，帮助他们更好地理解和掌握所学知识。

随着信息技术的快速发展和教育领域的不断创新，新的教学理念和技术手段不断涌现。教师不断学习和掌握这些新技术和新方法，并将其应用到教学实践中，以提高教学效果和学生的学习体验。例如，利用虚拟现实技术为学生提供更加逼真的实验环境，利用人工智能技术为学生提供个性化的学习辅导等。

三、教育科研与专业发展

学校将"全程学习单：过程性评价的创新实践"研究置于"教—学—评"一体化视域下，全程学习单的开发设计，升级迭代，更注重凸显学生的主体地位，通过丰富数据平台、梳理知识图谱、研制学习单、建构教学范式等实践路径，达成"支持儿童差异化学习，让每一个儿童成为主动学习者"的核心目标。

1. 开展"四个一"课题研究

课题组坚持每周一次学科研讨、每月一次专题例会、每学期一次主题活动，每年沉淀一次研究成果。

2. 梳理"四学科"知识图谱

课题组根据语文、数学、英语、科学 4 个学科课程标准和学科教材，分析教材内容、整理知识框架、梳理知识点，初步形成了各科知识图谱。

3. 编制"四样态"学习单

学校充分认识学生的差异，考虑学生的已有基础、认知特点，从教学需求、思维路径、能力培养等维度出发，设计了 4 种样态的学习单（导学单、探究单、练习单以及检测单），力求体现学科核心素养，并关注学生的整体发展。导学单与探究单以课例为载体进行研究，练习单和检测单初步完成了 12 册教材配套内容的编制，及平台内容的更新。通过几个学期的研制，学校的智能学习资源库已初具雏形，现有数学资源 1704 个，语文资源 1568 个，英语资源 1344 个，科学资源 698 个。

4. 形成"全域式"学习共同体

学生的学习是全方位、全过程的，学校通过建立课内外、校内外、线上线下的"全域式"学习共同体（图 7-3），实现独立学习与合作探究、课堂学习与学科生活共融共通，支持学生定制化、个性化学习的需要。

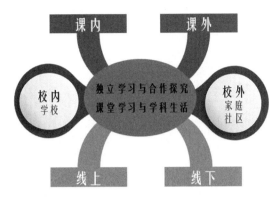

图7-3 "全域式"学习共同体

5. 多样的特色活动深化研究

集团辐射。学校将全程学习单的研究经验向沧浪教育集团的成员校推广,现集团内已全面铺开。

联盟辐射。学校与苏州市阳山实验小学校、苏州工业园区车坊小学及省内泰兴师范附属小学校等9所学校结成了研究联盟,协作互助,共同进步,共开设10余次讲座辐射研究经验。

媒体宣传。全程学习单研究活动曾多次被《苏州日报》《姑苏晚报》等市级主流媒体报道,影响广泛。

辐射带动。研究期间,学校承办的省、市、区各级研讨活动达10余次(表7-8),以活动来推动课题的研究。课题组负责人、决策领导小组成员在"国家智慧教育示范区教育大数据主题研讨会"等高端学术活动中做交流,向外界推广课题的研究经验和研究成果。

表7-8 学校承办各级研讨活动情况汇总表

活动级别	省级	市级	区级	集团	校级
承办次数	2	6	6	1	2

6. 激励自省,促进教师专业成长

教师通过参与课题研究,在教学中不断反思、总结经验、改进教学,从单纯的教书匠,向科研型、专家型教师转变。全程学习单研究带动了学校教师科研能力水平的整体发展。自课题开展以来,成就了一批骨干教师。学校新增正高级教师1名,高级教师5名,省教科研先进个人1名,姑苏教育领军人才1名,青年拔尖人才2名,市级学科带头人4名,市教科研先进个人4名。

教师的成长是一个持续不断、与时俱进的过程,而全程学习单的应用则为这一过程注入了新的活力与方向。通过革新教学理念、探索混合式学习、构建多元评价体系,以及优化教学设计、增强组织能力,教师不仅提升了教学质量,还为学生营造了更加高效、个性化的学习环境。同时，教育科研的深入参与促使教师向科研型、专家型转变，个人成长与学校教育质量同步提升。

第三节 学校品牌形象的有力塑造

全程学习单的设计和实施，体现了学校对高质量教育的追求。这种以学生为中心、注重个体差异的教学方法，传达了学校先进的教育理念，对外展示了学校的专业性和创新性。随着全程学习单的推行、教学质量的提升和学校特色的展示，学校的品牌影响力逐渐增强。良好的品牌形象有助于学校吸引更多的优质教育资源，包括优秀的教师和合作伙伴，从而形成良性循环，推动学校持续发展。

一、教学质量与特色彰显

学校采用了基于全程学习单的教学模式，涵盖了课前预习、课堂互动、课后巩固等环节，引导学生全程主动参与学习过程。在课前预习阶段，学习单为学生提供了详细的学习目标、知识要点及拓展资料。学生可据此预先了解课程内容，为课堂学习做好充分准备。在课堂环节，学习单包含一系列富有启发性的问题和探究任务，促进师生互动，激发学生的思考和探究欲望。课后巩固环节的学习单则帮助学生进行知识梳理和技能训练，及时检视学习效果。这种基于学习单的教学模式，有效调动了学生的学习主动性，提升了课堂教学的互动性和实效性。

近年来，基于全程学习单运用与落实，我校在区域内的排名呈现出整体提升的趋势。随着全程学习单的深入运用落地，越来越多的教师开始重视学生的全程学习，而不仅仅是关注最终的考试成绩。全程学习单作为一种有效的学习工具，能够全面记录学生的学习过程，反映学生的学习态度、努力程度以及掌握知识的情况，因此得到了广泛的应用和推广。这种转变使得学校在评价学生时更加全面、客观，也更加注重学生的个体差异和成长过程，从而推动了学校整体教学质量的提升。

学校在不断加强全程学习单教学管理和教学质量监控的同时，也积极探索和创新利用学习单的教学方法，以提高学生的学习效率和学习成果。例如，通过大数据分析技术对学生的全程学习数据进行深入挖掘和分析，教师可以更加精准地了解学生的学习状况和需求，从而制定更加个性化的教学方案，帮助学生更好地掌握知识、提升能力。这种精准教学模式的实施，不仅提高了学生的学习水平，也助力教师在有限的教学时间内更加高效地完成教学目标。

随着教育数字化转型的推进，越来越多的学校开始利用信息技术手段优化教学过程和提升教学效果。例如，通过建设智慧校园、引入智能化教学系统等措施，学校可以更加便捷地管理学生的学习数据、提供个性化的学习资源和服务，从而进一步提升学生的学习体验和满意度。这些创新举措的实施，也为学校在区域内的排名稳步提升奠定了坚实的基础。

近年来，学校在区域内的排名呈现出整体提升的趋势，始终名列前茅。这得益于全程学习单的深入使用、教学方法的创新以及教育数字化转型的推进等多方面的综合努力。

二、教育声誉与社会认可

学校在全程学习单管理、教学方法改革等方面的创新实践，不仅在教育界引起了广泛关注，也大幅提升了学校在社会中的声誉和影响力。

1. 家长反映学生学习效果显著

对于全程学习单的使用与运用，学校十分重视家长的意见反馈，定期开展家长满意度调查。为了评估小学全程学习单的使用成效，我们开展了一次家长满意度调查。此次调查旨在了解家长对学习单在提升学生学习兴趣、学习效果以及家校沟通等方面的看法。本次调查面向使用全程学习单的小学生家长，共收集到有效问卷1450份。调查采用线上问卷的形式，问题涵盖家长对学习单的整体满意度、具体成效评价以及改进建议等方面。

整体满意度方面，72%的家长对全程学习单的使用表示满意，其中非常满意的占35%。24%的家长表示基本满意，认为学习单有一定的积极作用。仅有4%的家长表示不满意，认为学习单没有达到预期效果。

学习兴趣提升方面，62%的家长认为学习单有助于提升孩子的学习兴趣，孩子更愿意主动参与学习。30%的家长认为学习单对孩子学习兴趣的提升作用不明显。8%的家长认为学习单反而降低了孩子的学习兴趣，孩子对学习的积极性有所下降。

学习效果上，56%的家长认为学习单显著提升了孩子的学习效果，表现在作业完成质量和考试成绩上。38%的家长认为学习单对孩子学习效果的提升有一定帮助，但效果并不显著。6%的家长认为学习单没有提升孩子的学习效果，甚至有负面影响。

家校沟通上，81%的家长认为全程学习单增强了家校沟通，使家长更清楚地了解孩子的学习进度和困难。15%的家长认为学习单的沟通作用一般，没有显著增强家校联系。4%的家长认为学习单没有起到沟通作用，家校之间的信息交流没有明显变化。

调查结果显示，绝大多数家长对全程学习单给予了很好的评价。整体来看，小学全程学习单的使用得到了大部分家长的认可，特别是在提升学习兴趣、增强家校沟通方面表现突出。未来，学校可以发挥全程学习单的作用，促进学生全面发展，提升家校合作的成效。家长普遍认为，全程学习单大大提高了孩子的学习效率和自主性，家校合作更加紧密,学生的学业成绩也有了明显改善。

2. 社区合作项目的积极反馈

全程学习单促进了对社区资源的整合与利用,为学生的学习提供了更广阔的平台。学生通过参与社区活动,不仅丰富了课外知识,还增强了社会责任感,提升了实践能力。学校与当地多家企事业单位建立了长期合作关系,开展了一系列富有特色的学生实践参与项目。学生参与社区服务活动,不仅锻炼了动手能力,培养了社会责任感,而且进一步增进了学校与社区的联系。参与合作项目的单位普遍反馈良好,他们对学生的表现和学校的支持表示高度赞赏。

为让全程学习单的实践项目落地,学校积极主动与当地社区联系,充分利用社区资源,为学生创设更加丰富多彩的教育实践机会。社区人士对学校的教育理念和实践活动给予了大力支持。一位社区代表说:"学校注重培养学生的实践能力和创新精神,这不仅符合时代发展需求,也为社区未来发展注入了新的活力。我们愿意继续为学校提供各种资源支持。"

通过多年来的不懈努力,全程学习单的教育实践成效得到了广泛认可。社区人士普遍认为,学校培养出来的学生不仅具备扎实的知识功底,而且拥有良好的品德修养和创新能力。

3. 媒体报道聚焦学校教学创新

学校推行的全程学习单制度引起了主流媒体的广泛关注。《中国教育报》《江苏教育》等先后对此进行了深入报道,详细介绍了学校在教学管理方面的创新实践。报道纷纷指出,学校通过实行全程学习单制度,有效整合了课堂教学、课后辅导、自主学习等环节,使得学生的学习过程更加规范有序。每位学生都拥有一份个性化的学习单,记录了从入学到毕业的全部学习轨迹。教师可以实时掌握学生的学习动态,及时发现并解决存在的问题。学生也能够在学习单的指引下,合理安排学习时间,提高学习效率。

在报道中,媒体还重点关注了学校在教学方法创新方面的探索。报道称,学校鼓励教师运用启发式、讨论式等教学方式,激发学生的主动参与,培养其独立思考和实践能力。同时,学校还积极推行信息化教学手段,利用多媒体课件、在线资源等丰富了课堂教学内容,增强了全程学习单教学的趣味性和互动性。

学校教学改革的报道引发了社会各界的广泛关注和讨论。一些专家学者对学校的做法给予了高度评价,认为这种"以学生为中心"的教学模式值得其他学校借鉴。业内人士也表示,学校敢于打破常规,勇于创新,为本地教育圈树立了新的标杆。

三、示范引领与辐射带动

学校在品牌形象方面的终极目标是在所在区域乃至行业内部树立起领军地位。只有当学校成为当地教育的标杆和行业的典范,其品牌形象才算真正得到了广泛认可。

1. 区域联盟经验分享

学校积极参与当地区域教育联盟的建设与发展。学校认识到单打独斗的局限性，只有主动融入区域联盟，才能在教育教学改革与实践中相互学习、交流经验、取长补短。因此，校长亲自牵头，与联盟成员学校校长召开多次会议，商议联盟的组织架构、运行机制、工作重点等，并就如何发挥各自优势、携手推进区域教育改革达成共识。在区域联盟内，学校积极分享全程学习单在教学中的实践经验。学校教师首先介绍了全程学习单的设计思路与实施要点，并展示了具体的操作流程和教学效果。随后，学校邀请联盟内其他学校的教师到本校进行观摩课，现场观摩全程学习单的教学实施，并就相关问题进行深入探讨。通过这种方式，学校全程学习单的使用得到了联盟内其他学校的认可和推广。

学校借助区域联盟的平台积极宣传全程学习单背后的教学理念。全程学习单的核心在于调动学生的主动性和自主学习能力，培养学生的学习兴趣和解决问题的能力。这种理念符合素质教育的要求，也契合了当前教育改革的方向。联盟内其他学校纷纷表示认同，并表示将在自己的学校推广使用全程学习单。

为了进一步推广全程学习单，学校还组织了一系列区域内的教研活动，邀请联盟内其他学校的教师来本校进行观摩课，然后就课堂实践进行深入交流。同时，学校还组织教师参加跨校的教研活动，互相观摩交流，共同探讨全程学习单在不同学科、不同年级的实施方法。通过这些活动，学校的全程学习单经验得到了更广泛的推广。

2. 展示全程学习单的教学成效

在区域联盟内，学校还积极展示全程学习单取得的教学成效，从学生学业成绩的提高、学生学习兴趣的增强、学生解决问题能力的增强等方面，全面展示了全程学习单的优势。同时，我们还组织学生参加各类学科竞赛，取得了优异的成绩，进一步印证了全程学习单在培养学生核心素养方面的成效。

凭借在全程学习单方面的成功实践，学校在区域教育联盟中发挥了引领作用。我们积极建议联盟内其他学校也使用全程学习单，并就具体实施方法提供了指导和帮助。同时，我们还就区域教育改革的方向和重点进行了研讨，为联盟内学校的发展提供了有价值的建议。在学校的带动下，区域教育联盟的整体水平得到了显著提升。

3. 全程学习单区域内辐射带动效果

优质教育资源的带动效应在区域内开始显现。作为领军学校，苏州内其他中小学包括省内、省外学校参观团纷纷前来学校学习交流，希望从中吸取有益经验，优化自身教育教学模式。比如邻近学校的校长和教师代表来到本校参观学习，认真听取师生的分享交流，并就校本课程建设、教学方法创新等方面进行深入探讨。他们表示，通过这次交流活动，对教育改革创新有了更加深入的认识和理解，将在回校后积极推动相关工作的开展。

学校的教育发展水平和教师专业素质密切相关。随着学校软硬实力的持续提升，教师队伍的专业能力也随之不断增强。一方面，学校注重组织教师参加各类培训研讨活动，充分调动教师的积极性和主动性，引导他们持续提高教学水平；另一方面，学校鼓励教师积极开展课题研究、教学方法创新等，不断探索更加有效的教育教学模式，这进一步提升了教师的专业素养。随着一批又一批学校骨干教师的不断涌现，区域内教师专业发展水平整体上呈现良好态势。

　　学校的教育质量提升也使得其在区域内的影响力不断增强。一方面，学校逐步成为区域内教育改革的排头兵，引领着其他学校的教育发展方向。另一方面，学校的品牌影响力也不断提升，在家长心中的地位越来越重要。越来越多的家长开始主动选择将孩子送到苏州市沧浪实验小学校就读，因为他们认为这里能够为孩子提供更加优质的教育资源。

　　随着学校教育质量的持续提升，以及其带动效应的逐步显现，区域内教育整体水平也呈现良好发展态势。一方面，区域内其他学校开始主动学习借鉴，纷纷采取措施提高自身教学质量，教师专业素质也不断增强。另一方面，区域内学生的整体学习兴趣和成绩都呈现出积极态势，家长对本地教育的认可度也在不断提高。这些都标志着区域内教育质量正在朝着更高水平迈进，教育公平性和普惠性也在逐步增强。区域内各学校携手并进，共同推动着整个区域教育事业的持续发展。

　　综上所述，学校以全程学习单为核心的教育理念得以凸显与传播。学校的教育理念是其教育实践的核心，也是其品牌形象的基石。要想在教育领域建立起良好的品牌形象，必须首先明确学校的教育理念，并通过各种渠道有效地传播到师生和社会公众中。

　　在不断推广全程学习单的过程中，学校品牌形象得以建立与推广，甚至在社会中都有了一定的知名度。学校在当地乃至全国范围内广为人知，品牌形象真正深入人心。学校通过参与社会公益活动、组织学术交流会、邀请权威专家访校等方式，不断提升了学校的社会影响力，扩大了学校在公众心中的知名度。同时，学校积极利用新媒体进行品牌传播，使学校形象在网络上广泛传播，增强了学校的社会美誉度。

参考文献

中华人民共和国教育部. 义务教育语文课程标准（2022年版）[M]. 北京：北京师范大学出版社，2022.

中华人民共和国教育部. 义务教育数学课程标准（2022年版）[M]. 北京：北京师范大学出版社，2022.

中华人民共和国教育部. 义务教育英语课程标准（2022年版）[M]. 北京：北京师范大学出版社，2022.

冯慧. 多元智能理论视角下小学生学业评价研究：以张家口市X小学为例[D]. 大连：辽宁师范大学，2023.

张明. 小学STEM课程中运用多元评价提升学生核心素养的实践研究[J]. 上海教育，2024（C2）：105.

王健. 自能生长：育人导向下小学评价改革探索与实践[J]. 基础教育论坛，2024（20）：12-14.

杨磊. 小学语文阶段性评价的三种实施路径探析[J]. 语文建设，2024（22）：9-13.

朱月霞. 教学评一致性视域下小学数学课堂教学评价路径探究[J]. 中国教师，2024（11）：121-123.

葛永红. 小学数学教学中多元评价方式的应用策略探究[J]. 数学学习与研究，2024（27）：80-82.

徐慧春. 多元·反思·发展：青岛四方区小学英语学科发展性评价体系的构建与实践[J]. 课程·教材·教法，2024（5）：50-56.

许笑笑. 指向学习进阶的小学习作分项等级评价策略探究[J]. 小学教学研究，2024（18）：35-36.